Fortsetzung am Ende des Buches

SACHSEN-ANHALT

Autor: Dr. Ernst Badstübner, Dr. Peter Findeisen, Hartmut Wiehr

Fotos: Roland Werner, Helene Hartl, Klaus König, Franz N. Mehling, Erhard Pansegrau, Hans-Joachim Schwerdhöfer, Hans-Horst Skupy, Josef Wöstmann

Genehmigte Lizenzausgabe für
Weltbild Verlag GmbH, Augsburg 1998
Vollständige Ausgabe

Idee: Redaktionsbüro Harenberg (Schwerte)
Gestaltung und Herstellung: von Delbrück, München
Karten: Herbert Winkler, München
Stadtplan: Kartographie Huber, München
Grundrisse: Karl Schneider, Solms
Reproduktion: Repro Ludwig, Zell am See
Einbandgestaltung: Franz Wöllzenmüller
Umschlagabbildung: Der Dom zu Magdeburg (Foto: Jürgens, Köln)
Texterfassung und Filmbelichtung: Appl, Wemding
Umbruch: Ventura Publisher im Verlag
Druck: Appl, Wemding
Aufbindung: Großbuchbinderei Sigloch, Künzelsau
Printed in Germany
ISBN 3-8289-0700-8

Vorwort

Sachsen-Anhalt ist kein historisch gewachsenes Land. Im Unterschied zu den anderen neuen Bundesländern ist es auch als ein *politisches* Gebilde zu begreifen, das in seinen Traditionen nicht so weit zurückgreifen kann wie z.B. das benachbarte Brandenburg oder Sachsen. Als selbständiges Land in seiner heutigen Gestalt existierte es nur in dem Zeitraum vom Juli 1945 bis zum Juli 1952. Nach der Niederlage Deutschlands im 2. Weltkrieg bildete die sowjetische Militäradministration in Deutschland (SMAD) am 9. Juli 1945 die neue Provinz Sachsen bzw. das ab 21. Juli so genannte Land Sachsen-Anhalt. Es setzte sich aus den früheren preußischen Regierungsbezirken bzw. Provinzen Magdeburg und Halle-Merseburg sowie dem bis 1945 selbständigen Land Anhalt zusammen. Später kamen der östliche Teil des Kreises Blankenburg/Harz und die Gegend um Calvörde hinzu. Nach der Wiedereinführung der 1952 abgeschafften Länder auf dem Gebiet der ehemaligen DDR im Jahre 1990 finden wir das Land Sachsen-Anhalt nun in einer Gestalt, die den von den Sowjets nach dem Krieg gesetzten Fakten entspricht.

Auch unter geographischen Gesichtspunkten bildet Sachsen-Anhalt keine fest umrissene Einheit. Der Hauptteil des Landes gehört zu Mitteldeutschland, nur die Altmark im Norden ist Teil der Norddeutschen Tiefebene. Kerngebiete sind die Gegenden an der mittleren Elbe und der unteren Saale, Grenzorte sind etwa die Städte Halberstadt im Westen, Wittenberg im Osten, Stendal im Norden und Merseburg im Süden. Im Südwesten ist der Harz mit seinen steil aufragenden Gebirgsmassen, die zum großen Teil zu Sachsen-Anhalt gehören, eine natürliche Grenze nach Westen; klimatisch bildet er einen umfangreichen Regenschutz. Hiervon profitiert besonders die Magdeburger Börde, die mit ihren fruchtbaren Schwarzerde-Lößböden die besten Böden Deutschlands abgibt.

Im Norden Sachsen-Anhalts, der Altmark, ist die Bevölkerungsdichte sehr gering; hier leben teilweise weniger als 50 Menschen pro Quadratkilometer. Weiter nach Süden zu leben wesentlich mehr Menschen, bedingt auch durch die recht fortgeschrittene Industrialisierung. Zu Sachsen-Anhalt gehört nicht nur das zu trauriger Berühmtheit gekommene Bitterfeld mit seinem Chemiekombinat – im Süden liegen das Zentrum der chemischen Industrie mit den Leuna-Werken (1952 vom damaligen SED-Vorsitzenden Walter Ulbricht den »werktätigen Massen« aus den Händen der sowjetischen Militärverwaltung als »Volkseigentum« übergeben), die Bunawerke in Schkopau mit dem auch im Westen bekannt gewordenen Slogan »Plaste und Elaste aus Schkopau«, die Filmproduktion in Wolfen (ORWO) und der Industriestandort Halle. In vielen Teilen Sachsen-Anhalts stößt der Reisende auf die Zeugnisse einer ausgedehnten Industrielandschaft und des rücksichtslosen Umgangs mit der Natur, z.B. die Halden des Kupferschieferbergbaus im Mansfelder Raum. Auch das gehört zur historischen kulturellen Identität des Landes Sachsen-Anhalt.

Doch wären diese – sicher nicht zu verleugnenden – Tatbestände (die die Menschen bzw. die moderne Industriegesellschaft innerhalb der letzten 150 Jahre verursacht haben) nur ein Teil der historischen Wahrheit, wenn nicht berücksichtigt würde, daß gerade Sachsen-Anhalt außerordentlich viele kulturell interessierende Orte und Bauwerke zu bieten hätte. Gerade in diesem Raum konzentrieren sich sehr viele Meisterwerke der deutschen und europäischen Kulturgeschichte. Hier liegt der Naumburger Dom mit seinen epochemachenden Skulpturen, hier findet sich das noch heute das moderne Bauen und Design bestimmende »Bauhaus« in Dessau, die von Walter Gropius begründete Hochschule für Architektur; hier liegen so bedeutende Bauwerke wie das Schloß Mosigkau oder das Schloß Wörlitz mit seinem einzigartigen Park in romantisch-englischem Stil.

Die Kulturlandschaft Sachsen-Anhalt wurde vor allem im Lößgebiet des Nordens

schon sehr früh besiedelt, bereits für die Epoche vor der Jungsteinzeit sind Spuren bezeugt. Besonders im Saalegebiet sind Funde aus dem Neolithikum zahlreich, so aus der sog. Rössener Kultur im Merseburger Gebiet. Viele ehemalige slawische Siedlungen finden sich in den verschiedenen Landesteilen, unter ihnen solche der Sorben.
Ab 775 begann Karl der Große mit der Einbeziehung der Sachsen in das Fränkische Reich. Der slawische Einfluß wurde zurückgedrängt, und es setzte eine systematische Missionierung der Einwohner zum Christentum ein. In diesem Sinne betätigten sich besonders das hessische Kloster Hersfeld sowie die Klöster Fulda und Corvey. In Halberstadt entstand aus diesen Anfängen der Bekehrung das erste Bistum im Raum Sachsen-Anhalt. 1479 wurde es durch Personalunion mit dem Magdeburger Erzbistum verbunden. Weitere bedeutende Bistümer bestanden in Merseburg und Naumburg. Bis zur Reformation war der Einfluß (und der territoriale Besitz) der Bistümer Brandenburg, Mainz und Meißen vorherrschend; ab dieser Zeit vereinigten sich weltliche und geistige Herrschaft, der Landesherr war zugleich höchster Vertreter Gottes auf Erden. 1815 wurden die ehemaligen Kirchenprovinzen der verwaltungsmäßigen Neugliederung des preußischen Staates angeglichen.
Der Wiener Kongreß 1814–15 hatte u. a. zur Folge, daß Preußen aus den zersplitterten Kleinfürstentümern Mitteldeutschlands die neue Provinz Sachsen bilden konnte, womit neben dem Land Anhalt ein einheitlicher politischer und wirtschaftlicher Raum mit starken Bindungen an Berlin entstand. Ein eigenständiges Territorium konnte sich nur in Anhalt behaupten, wo die Herrschaftslinie der Askanier (die in Brandenburg und Wittenberg mit dem 14. und 15. Jh. ausgestorben war) weiterbestand.
1603 brachte die Landesteilung die Linien Dessau, Bernburg, Köthen und Zerbst hervor, von denen Dessau das kulturgeschichtlich bedeutendste Land war. Unter dem Fürsten und Herzog Leopold Friedrich Franz von Anhalt-Dessau (1740–1817), dem »Vater Franz«, bildete sich hier ein kultureller Schwerpunkt des 18. Jh. mit starken volksaufklärerischen Tendenzen heraus. Zusammen mit seinem Freund Friedrich Wilhelm von Erdmannsdorff, mit dem er Reisen nach England und Italien unternommen hatte, schuf der Fürst Franz zahlreiche Bauwerke, darunter Wörlitz.
Bemerkenswerte Gartenanlagen befinden sich neben Wörlitz u. a. in Bad Lauchstädt, Ballenstedt, Blankenburg, Harbke, Hundisburg oder in Burgscheidungen. Auch kennt die Stadt Magdeburg einige herausragende Parkanlagen. Gerade die Gartenanlagen müssen als eine Art Gesamtkunstwerk verstanden werden: Sie ergeben sich aus dem engen Zusammenwirken von Bau- und Gartenkunst und sind häufig Ausdruck eines modernen, aufklärerischen Gedankenguts. Dafür stehen viele Beispiele in Sachsen-Anhalt; die Entwicklung geht weg von den geometrisch fest vorgegebenen Anlagen des französischen Typs hin zu einem modernen Landschaftspark nach englischem Vorbild, der die Natur gewissermaßen zu ihrem Recht kommen läßt.

Sachsen-Anhalt ist auch eine historische Stätte des deutschen Bauernkrieges von 1524–25, der hier in der Landschaft zwischen den südlichen Ausläufern des Harzes und den Vorbergen des Thüringer Waldes einen seiner Höhepunkte erlebte. Orte, in denen das Gedenken an diese Zeit und an eine ihrer wichtigsten Persönlichkeiten, Thomas Müntzer, wachgehalten wird, sind Allstedt und Heldrungen.

Schloßbauten der Renaissance und des Barock in Sachsen-Anhalt sind im Vergleich zu den berühmteren Beispielen von Torgau, Schmalkalden, Potsdam oder Pillnitz nicht so bekannt geworden. Dabei müssen die Anlagen von Bernburg, Plötzkau, Merseburg, Leitzkau und Dornburg nicht zurückstehen. Hervorzuheben sind auch die Schloßbauten von Mansfeld, Dessau, Coswig oder die Moritzburg in Zeitz und Neu-Augustusburg in Weißenfels. Auch wenn nach der von den Sowjets 1945 angeordneten Bodenreform viele kleinere Schlösser oft jahrelang ungenutzt waren, konnten in der nachfolgenden Zeit doch viele Gebäude erhalten werden. Sachsen-Anhalt bietet hier viele Ansatzpunkte für individuelle Entdeckungsreisen.

Die Stadtkirchen Sachsen-Anhalts bilden einen weiteren Schwerpunkt dieses Bandes. Gerade sie haben die Entwicklung der mittelalterlichen Städte begleitet. Sie waren nicht nur der erste und zunächst auch einzige Monumentalbau der Städte – sie dienten nicht nur dem Gottesdienst, sondern auch weltlichen Zwecken. Die Stadtkirche war Versammlungsraum der Bürgerschaft, des Rates und der Zünfte. Herausragende Beispiele finden sich u.a. in Magdeburg, Merseburg, Bernburg, Halberstadt, Halle, Naumburg, Osterwieck, Quedlinburg, Wernigerode oder Wittenberg.
Während Dorfkirchen und Burganlagen häufig in das frühe Mittelalter zurückführen und uns das Nach- und Miteinander verschiedener Stilrichtungen vor Augen führen, informieren uns die oft wesentlich jüngeren Profanbauten über die Geschichte des Alltags und der Bauinteressen der bürgerlichen Schichten. Viele interessante Beispiele aus Architektur und Stadtgestaltung verdanken sich dem aufstrebenden Bürgertum und seinen Ansprüchen nach Selbstdarstellung. Äußerst sehenswerte und gut erhaltene Stadtensembles gibt es u.a. in Osterwieck oder in Quedlinburg. Doch auch andere Orte und Städte vermitteln Eindrücke einer historischen Lebenswirklichkeit. Paradoxerweise haben 40 Jahre »Realer Sozialismus« in der ehemaligen DDR wegen einer oft fehlenden und nicht an westlichen Modernisierungsbestrebungen (»Kahlschlag-Modernisierung« oder »autogerechte Stadt« wären hier die Stichworte) ausgerichteten Struktur- und Entwicklungspolitik dazu geführt, daß ausgesprochen viele Baudenkmäler früherer Epochen (wenn auch nicht selten in eher fragwürdigem Zustand) erhalten geblieben sind. Hier gilt es in der nächsten Zeit, dieses kulturhistorische Erbe zu erhalten und zu sanieren.
Abschließend sei noch hingewiesen auf ein häufig vernachlässigtes Kapitel der Kulturgeschichte, die sog. technischen Denkmäler. Vorliegender Band enthält einige Beispiele der Verkehrs- und Produktionsgeschichte; sie informieren auch über die Entstehung der heutigen Industrielandschaften in Sachsen-Anhalt, die vor allem im Süden das Gesicht des Landes prägen. Die erhalten gebliebenen Anlagen wie z.B. das Gradierwerk in Schönebeck-Salzelmen sind auch wegen ihrer baulich-ästhetischen Qualitäten sehenswert.

Wie in den übrigen Bänden der Reihe stehen auch hier die Farbabbildungen gleichrangig neben dem Text. Von mehr als 360 beschriebenen Orten werden Burgen, Kirchen und Klöster, Schlösser, Rathäuser, Herrensitze, Theater und Museen, vorgestellt. Über 300 farbige Fotos und Skizzen sowie 6 Seiten Karten illustrieren den Text. Und analog zu den Vorgängerbänden sind die Artikel alphabetisch nach Orten geordnet. Die Brücken zwischen den Orten, die geographisch benachbart sind, in diesem Buch jedoch durch das Alphabet getrennt wurden, schlägt der Kartenteil auf Seite 288–291. Er führt alle behandelten Orte auf.
Große Punkte kennzeichnen einen Hauptort, kleine Punkte der gleichen Farbe im Umkreis die dazugehörenden Umgebungsorte. Verschiedene Farben wurden verwendet, um deutlich zu machen, zu welchem Hauptort die betreffenden Umgebungsorte gehören.

Die Karte bietet so einen Überblick darüber, welche Orte in der Nachbarschaft eines Zielpunktes liegen und deshalb vielleicht zusätzlich in einen Reiseplan einbezogen werden können. Bei jedem Ort sind im Kopf des Artikels Einwohnerzahl und ein Hinweis auf die betreffende Karte (S. 291 □ F7 = Seite 291, Planquadrat F7) angegeben. Die einzelnen Sehenswürdigkeiten sind jeweils fett gedruckt. Im Anhang befinden sich ein Register der Fachausdrücke, ein Künstlerregister und ein Register aller behandelten Orte.

A

06385 Aken

Köthen

Einw.: 9870 Höhe: 589 m S. 291 □ F 7

Der ursprüngliche Ort ist an einer ehemaligen Elbefurt entstanden und war von Wällen gegen Hochwasser geschützt. Die Gründung des Ortes an der heutigen Stelle geht auf Albrecht den Bären zurück, der um 1160 flämische Siedler hierher brachte. Von ihnen stammt vermutlich der an Aachen angelehnte Stadtname. 1270 wurde Aken zur Stadt ernannt. Bedeutung hatte sie seit Ende des Mittelalters als Schiffsbauplatz und als Wohnsitz von Elbschiffern.
Das gitterförmige Straßennetz aus der Gründungszeit ist trotz späterer wiederholter Stadtbrände erhalten geblieben.

Pfarrkirche St. Marien: Die im 13. Jh. aus Back- und Werksteinen erbaute spätroman. Pfeilerbasilika wurde nach einem Stadtbrand (1485) in baulicher Anlehnung an die Nikolaikirche spätgot. erneuert. Das Westwerk der Pfarrkirche wird durch ein Glokkenhaus zwischen kurzen Oktogonaltürmen bekrönt. Im Inneren mit Flachdecke sehenswerter *Schnitzaltar* (Mitte: Muttergottes, die hll. Anna und Barbara, Flügel: je 6 Heilige; alle um 1500) und darüber ein restauriertes spätgot. *Triumphkreuz* (um 1460).

Naumburg, Dom,
< Hermann und Reglindis

Nikolaikirche: Die mehrfach erneuerte Pfarrkirche war auch urspr. eine flachgedeckte spätromanische Pfeilerbasilika (um 1200), von der 2 säulengeschmückte Rundbogenportale erhalten sind, so das skulpturengeschmückte *Südportal* mit unterteiltem Bogenfeld.
Aus der Zeit kurz vor oder nach 1300 stammt der wuchtige Westbau mit gedrungenen Achtecktürmen und got. Hauptportal. Er vertritt einen im südlichen Ostfalen verbreiteten Typus, der in vereinfachender Ausführung auf die Braunschweiger Kirchenbauten zurückzuführen ist. Im flachgedeckten Innenraum massiges gotisches *Taufbecken* aus Sandstein, die übrige Ausstattung neugot. erneuert.

Rathaus: Es steht am großen, rechteckigen Marktplatz an der Kreuzung der Hauptstraßen und ist ein spätgot. Neubau v. 1490, der 1609 im Stil der Renaissance vergrößert wurde. An der s Seite schmückt ein Backstein-Ziergiebel aus der Zeit der Erbauung das Haus.

Heimatmuseum: Neben historischen Zeugnissen zu Stadt und Handwerk verdienen v. a. Exponate zur *Elbschiffahrt,* darunter ein Modell des 1. Elbdampfers (1818), Beachtung.

Aken, St. Marien

06542 Allstedt

Sangerhausen

Einw.: 3660 Höhe: 134 m S. 290 □ D 8

Aufgrund der guten natürlichen Voraussetzungen an der Rohne (fruchtbarer Boden und geschützte Lage) wird die erste Besiedlung schon für das 6./7. Jh. angenommen. Erste Missionsspuren sind für das 8. Jh. nachgewiesen. Der Königshof und die Pfalz in Allstedt sind schon von den Karolingern angelegt worden. Die Pfalz Allstedt war bis zur Stauferzeit ein beliebter Aufenthaltsort der Könige und Kaiser, von Heinrich I. (935) bis zu Philipp (1200). Um 1330 wurde eine planmäßige Besiedlung geschaffen, die Neustadt. Allstedt erhielt um 1500 Stadtrechte.

Burg: Die strategisch günstig auf einem an drei Seiten vom Flüßchen Rohne umflossenen Felsrücken gelegene, weiträumige Höhenburg wurde im 9. Jh. erstmals urkundlich erwähnt. Die dreiteilige, noch gut erhaltene Burg wird v. einem tiefen Graben umfaßt; die Kernburg besitzt einen eigenen Wehrgraben. Durch einen got. *Torturm* mit Renaissancegiebel gelangt man in die beiden polygonalen Innenhöfe der *Vorburg* und über eine Brücke zur mehrfach umgebauten w *Kernburg,* ebenfalls mit gotischem Portal und Innenhof. Die Räume der an drei Seiten angrenzenden Burggebäude beherbergen heute das örtliche *Kreisheimatmuseum* mit vor- und frühgeschichtlichen Funden. Im Obergeschoß des ö Palas findet man die *Schloßkapelle* (restauriert), in der Thomas Müntzer am 13.7. 1524 seine bekannte »Fürstenpredigt« hielt, in der er den Hochadel an die Seite der Bauern rief, um für eine wahre Reformation zu kämpfen. Die Kapelle ist Bestandteil der Thomas-Müntzer-Gedenkstätte. Hier werden historische Hintergründe des Bauernkrieges und das Wirken Müntzers in Allstedt dokumentiert.

Müntzerturm: In dem Turm (um 1200), der den Rest der roman., während des Bauernkrieges zerstörten Wigbertikirche (9./10. Jh.) vorstellt, erinnert die Thomas-Müntzer-Gedenkstätte an den hier 1523–24 wirkenden Pfarrer, der als kampfesmutiger und sprachgewaltiger Bauernführer Geschichte machte.

< Aken, Nikolaikirche

Stadtkirche St. Johannes: Errichtet um 1775 als barocker Bau anstelle einer Kirche aus dem 14. Jh. Die Kirche birgt einen beeindruckenden Emporensaal mit dreiseitig geschlossenem Chor und Kassettendecke. Hervorzuheben sind der stuckverzierte Kanzelaltar und ein ebenfalls barocker Orgelprospekt (Ende 18. Jh.).

Außerdem sehenswert: Das *Renaissance-Rathaus* (16./17. Jh.) an der Schmalseite des Marktes ist im Erdgeschoß im Kern spätgot. Im Obergeschoß befindet sich ein hübscher Sitzungssaal mit Balkendecke und Täfelung. – Beachtung verdient auch das ehemalige *Amtsgericht* (in der Nähe der Wigbertikirche) vom Anfang des 18. Jh. mit auffälligem Portal.

Umgebung

Niederröblingen (4 km nw): Neben der *Dorfkirche,* einem schmucken Bau aus dem 15. Jh. mit einer Holztonne im Schiff und hufeisenförmiger Empore, ist das ehem. *Gutshaus* (urspr. 1597, erneuert 1708) mit rundem Erker an der Straßenecke sehenswert.

Oberröblingen (7 km nw): Barocker *Kirchenbau* aus den Jahren 1743–45 mit spätbarockem Orgelprospekt. Die Taufe aus Kalkstein ist spätroman. Ursprungs.

Wolferstedt (4 km nö): Die im Kern roman. *Dorfkirche* hat ein roman. S-Portal vom Ende des 12. Jh. Das Innere wurde durch die Renovierung v. 1953 stark verändert. Zu beachten ist die hölzerne Kreuzigungsgruppe (um 1500).

06425 Alsleben/Saale

Bernburg

Einw.: 2970 S. 290 □ E 7

Die Stadt liegt an der Stelle einer ehemaligen Saalefähre. Aus einem Dorf hervorgegangen, entwickelte sie sich seit dem 11. Jh. und wurde urkundlich 1479 zum erstenmal genannt. Von der Burganlage und dem Kloster, die im 10. Jh. errichtet wurden, sind keine baulichen Reste mehr erhalten. Ein Tympanon und ein Taufstein aus der 2. Hälfte des 12. Jh. befinden sich heute in der Stiftskirche in Gernrode.

Schloß: Es wurde 1698 auf dem Gelände des ehem. Nonnenklosters und der Burganlage erbaut. Die urspr. Barockanlage wurde im 18. Jh. verändert. Hervorzuheben ist die feine Pilastergliederung des rechteckigen Gebäudes. Der FDGB, der Gewerkschaftsbund der ehem. DDR, richtete in dem ehem. Schloß eine Bezirksschule ein.

Stadtkirche St. Cäcilia: Im romanisierenden Kirchenschiff befinden sich ein offener Dachstuhl und eine Hufeisenempore. Der spätroman. w Querturm mit gekuppelten zugespitzten Schallöffnungen erhielt 1662 eine barocke Haube. Die restaurierte Kirche enthält ein Pastorenbildnis (Scholinus, † 1763) und 2 silbervergoldete Kelche aus dem 15. Jh.

St.-Gertrud-Kirche: Der einschiffige, kreuzförmige Feldsteinbau ist roman. Ursprungs und wurde später barock umgebaut. Lang- und Querschiff sind mit einem hölzernen Tonnengewölbe ausgestattet, Chor und Apsis in got. Stil gewölbt. Beachtenswert ist der Taufstein (1532) mit runder Kuppa auf prächtig ornamentiertem Schaft.

Außerdem sehenswert: Das einfache barocke *Torhaus* des Saaltores ist neben einigen Mauerresten das einzige erhaltene Teil der ehem. ma Stadtummauerung.

Umgebung

Beesenlaublingen (3 km nö): Die *Dorfkirche* datiert vom Ende des 12. Jh. und gehört in die Reihe zahlreicher ähnlicher Dorfkirchen roman. Typus, wie man sie in allen Randgebieten des Harzes, aber auch in der Altmark oder im brandenburgischen oder selbst im westfälischen Raum finden kann. Der Feldsteinbau umfaßte urspr. einen w Querturm und Langhausmauern. Der Chor stammt aus dem Jahre 1740. Die Fenstererweiterungen im Langhaus und in der Vorhalle wurden Ende des 19. Jh. eingefügt. Die Kirche weist 2 romanische Portale auf, v. denen bes. das in der s Schiffswand auffällt: Es ist reich gestaltet, die Säulenschäfte sind ornamentiert, auch am äußeren Portalpfosten befinden sich Halbsäulen. Das Tympanon ist von Wellenranken umrahmt.

Plötzkau (Alsleben), Schloß

Die spätmittelalterlichen Türflügel weisen üppige Eisenbeschläge auf. Auf den Brüstungen der Emporen Malereien v. der Mitte des 18. Jh. – Im Ortsteil *Poplitz* befindet sich ein *Schloß* aus dem Jahre 1671 (unter Benutzung älterer Baukomplexe); es gehörte der Familie v. Krosigk. Bernhard Friedrich v. Krosigk, der Erbauer des Schlosses, richtete auf dem Dach ein Observatorium für seine astronomischen Studien ein. Weitere Sternwarten ließ er auf eigene Kosten in Archangelsk und Berlin bauen.

Plötzkau (6 km n): Der aus dem Altsorbischen stammende Name (plot) bedeutet eine durch einen Zaun oder Hagen befestigte Siedlung. Das *Schloß,* das herausragend auf einem Felsrand über den Saaleauen liegt, wurde 1049 erstmals erwähnt. Mehrfach umgestaltet, überstand es den Dreißigjährigen Krieg fast unbeschädigt: Noch heute vermittelt es den Charakter eines Renaissanceschlosses der damaligen Zeit mit seinen zahlreichen Wohnräumen und Festsälen. Von der Saaleaue aus bietet der Bau mit seinen vielen Giebeln einen malerischen Anblick. Von den repräsentativen Fürstenzimmern in den Hauptgebäuden ist der ehem. Fürstensaal mit seinem eindrucksvollen Sandsteinkamin von 1566–67 (errichtet von dem Torgauer Bildhauer G. Schröter) erhalten geblieben. Er findet Verwendung für Kulturveranstaltungen. Sehenswert sind ferner der Bergfried und der Treppenturm. Seit 1980 werden die Gebäude als Depot für die Sammlung des Landesmuseums für Vorgeschichte in Halle eingerichtet.

39619 Arendsee

Altmarkkreis Salzwedel

Einw.: 3090 Höhe: 33 m S. 288 □ E 5

Kloster: Die Stiftung des Benediktinernonnenklosters im Jahre 1183 geht auf Markgraf Otto I., Sohn Albrechts des Bären, zurück; der daraufhin errichtete und bis heute bestehende Kirchenbau wurde 1208 fertiggestellt. Die n anschließenden, malerisch über dem hohen Seeufer gelegenen Klostergebäude sind spätmittelalterlich. Das Kloster bestand nach der Reformation, 1540, als adliges Damenstift noch bis 1812. Die spätromanische kreuzförmige Pfeilerbasilika beeindruckt durch die Sorgfalt des Backsteinbaus und seine reiche Bauzier. Das Innere ist mit kuppeliger Kreuzgratwölbung versehen, die Empore im S-Seitenschiff wurde im 15. Jh. eingebaut. Zutat der Instandsetzung des 19. Jh. ist u. a. der Dachreiter über der Vierung. Die *Ausstattung* umfaßt bedeutende Stücke: Über dem Altar des 13. Jahrhunderts ein Aufsatz aus der Zeit um 1370/80 mit dem zentralen Motiv der Marienkrönung; die Außenseiten der ersten Wandlung mit gemalten Szenen aus dem Leben Christi. Berühmter noch ist der *Kruzifixus* aus Eichenholz, entstanden um 1240. Deutlich unter dem Einfluß der sächs. Triumphkreuzgruppen wie der in Wechselburg stehend, ist dieses Werk jedoch entschieden kleiner als die Mehrzahl dieser Kreuze. Vorzüglich ist auch das originale Trägerkreuz mit den Evangelistensymbolen an den Kreuzenden erhalten; als Holz des Lebens hat das untere Kreuz kräftige Blätter »ausgetrieben«. Ein spätroman. Taufstein, einzelne Schnitzfiguren, Geräte, Epitaphe und Grabsteine vervollständigen die Ausstattung (z. T. aus Kirchen der Umgebung). – Das *Heimatmuseum* ö der Klausur verdient einen Besuch. – Der ursprünglich zum Kloster gehörende Marktort brannte 1831 völlig ab, die meisten der im altstädti-

Plötzkau (Alsleben), Schloß

schen Bereich stehenden Häuser entstanden im Anschluß an diesen Brand.

Umgebung

Binde (7 km sw): Die *Dorfkirche,* eine spätroman. Feldsteinkirche, vertritt mit breitem W-Turm, bündig ansetzendem Saal des Langhauses und rechteckigem Chor einen in der Altmark vielfach vorkommenden Typus; kennzeichnend ist die materialbedingte Schmuckarmut.

06449 Aschersleben

Aschersleben

Einw.: 30490 Höhe: 116 m S. 290 □ D 7

An der Stelle einer slawischen Siedlung vor dem 6. Jh. und eines ehemaligen *Thingplatzes* entwickelte sich im 9. und 10. Jh. im Schutz einer Wehrburg der Askanier ein deutscher Marktflecken, der als Stadt (seit 1266) eine 1. und im 15. Jh. eine 2. *Ringmauer* (mit Graben, Zwinger und Wehrtürmen) erhielt. In A. wurde um 1599 der Barockdichter Adam Olearius geboren. Er gilt als Begründer der wissenschaftlichen Reisebeschreibung. Heute wird das Städtchen seiner Lage wegen auch als »Tor zum Ostharz« bezeichnet.

Stephanikirche: Über den Resten einer karolingischen Vorgängerkirche (um 827) wurde eine dreischiffige spätgot. Hallenkirche (1406–1507) mit eingezogenem Chor errichtet. Von den vorgesehenen 2 Türmen ist nur der s Turm ausgeführt worden. Die Kreuzgratgewölbe ruhen auf Achtecksäulen und enden in figürlich skulptierten Schlußsteinen. Die w *Orgelempore* (1596) ist eine Zutat im Stil der Spätrenaissance. Die Kirche ist reich ausgestattet: Neben der Bronzetaufe (1464) sind der Petrialtar (Apostel Petrus und Heilige, um 1500) und der *Marienaltar* (Muttergottes zwischen den Aposteln Johannes und Andreas, um 1520/30) aus der Werkstatt v. Lucas Cranach d. Ä. und einige Altargemälde aus der Zeit um 1450–1550 sehenswert. Eine Tafel mit dem hl. Stephanus und der hl. Katharina (1. Hälfte 15. Jahrhundert) steht unter dem Einfluß der flämisch-nordfranzösischen Schule.

Pfarrkirche St. Margarethen: Die urspr. got. Kirche entstand nach einem Brand seit 1586 neu; 1715–17 wurde sie barock erneuert. Der einschiffige Bau wird v. einer flach gewölbten Holzdecke und dem gedrungenen NW-Turm geprägt. Die Innenausstattung ist großenteils barock gehalten einschließlich der geschnitzten Kanzel. Ein Ölbild zeigt Christus als Schmerzensmann (1691).

Marktkirche (ehem. Franziskanerklosterkirche): Das einschiffige Innere der mehrfach veränderten frühgot. Kirche birgt einen barocken Orgelprospekt (1738), die Barockkanzel (1703) und ein Grabmal (um 1725) für Louis de Ferac.

Rathaus: Es wurde 1518 v. L. Büring und dem Steinmetz H. Wilde errichtet. 1884–95 kam der N-Flügel hinzu. Weitere An- und Umbauten haben das urspr. Erscheinungsbild stark verändert. Unterhalb der oberen Fenster Blendmaßwerk; die Schieferhaube datiert vom Ende des 16. Jh. – Vor dem Rathaus knüpft der *Marktbrunnen* v. Georg Wrba (1906) gelungen an frühere Brunnentraditionen an.

Stadtbefestigung: Von der Mitte des 15. Jh. errichteten Befestigung sind vor allem noch 15 Wehrtürme erhalten, z. T. auch der gemauerte Helm. Außen um die Stadt, die noch weitgehend ihren ma Charakter bewahrt hat, war urspr. ein System v. Warttürmen errichtet worden, von denen die *Westdorfer Warte* im SW der Stadt erhalten ist. Von den Toren steht nur noch der n *Johannis-Torturm.*

Kreisheimatmuseum: Das 1788 erbaute Gebäude (Markt 21) der ehem. Freimaurerloge *Zu den 3 Kleeblättern* beherbergt heute eine interessante vorgeschichtliche Sammlung (u. a. ein petrifizierter Fischsaurier), eine frühgeschichtliche Kollektion (u. a. Besteck eines röm. Chirurgen) und eine Sammlung zur Stadtgeschichte. Besondere Beachtung verdienen die *Quenstedter Kammacherwerkstatt* und ein vollständig

Aschersleben, Stephanikirche >

Frose (Aschersleben), Stiftskirche

eingerichtetes *Biedermeierzimmer.* Kleine Waffensammlung.

Außerdem sehenswert: Neben mehreren einfachen *Renaissance-Bürgerhäusern* verdienen der z.T. frühgot. Häuserkomplex *Grauer Hof* (1309), ein ehem. Wirtschaftshof des Zisterzienserklosters Michaelstein (Profanbau mit gekrümmter Front, Dreifenstergruppe 2. Hälfte 13. Jh., Holzbalkendecken), und das Haus *Hohe Str. 7* (1. Hälfte 16. Jh.) mit mächtigem zweigeschossigem Unterbau und Fachwerkobergeschoß Beachtung. – Ehem. *Zisterziensernonnenkloster St. Marien* (1266): Erhalten ist nur noch ein Gang mit Stichkappen-Tonnengewölbe, vermutlich Rest eines Seitenschiffes.

Umgebung

Förderstedt (23 km nö): Die *Dorfkirche* besitzt einen frühgot. w Turm und ein flachgedecktes, langgestrecktes Schiff aus der Zeit des Barock. Herausragende Stücke der Inneneinrichtung sind ein spätgot. Schnitzaltar (Ende 15. Jh.), eine hölzerne Kanzel mit figürlichem Schmuck (1720) und ein Taufstein (1. Hälfte 16. Jh.).

Frose (7 km nw): Die spätroman. *Stiftskirche St. Stephani und Sebastiani* ehem. Benediktinerkloster wurde in der 2. Hälfte des 12. Jh. über einer schon 959 erwähnten Vorgängerin errichtet. Der blockhafte Westbau mit seinen beiden in der Frühgotik erhöhten Türmen und einer Herrscherempore im dreischiffigen Inneren sowie der Stützenwechsel, die eckblattbesetzten Basen und die Würfelkapitelle vereinen sich zu einem typischen Beispiel einer Basilika der sächs. Spätromanik.

Giersleben (8 km nö): In der *Dorfkirche,* einem stattlichen Barockbau (um 1719, das Innere Ende 19. Jh. umgebaut), befinden sich mehrere barocke Epitaphe.

Hecklingen (18 km nö): Die *Klosterkirche* des ehem. Benediktinernonnenklosters gehört zu den roman. Klosterkirchen der Gegend, die am besten erhalten sind. Die kreuzförmige flachgedeckte Basilika mit einfachem, rheinischem Stützenwechsel und Würfelkapitellen wurde wahrscheinlich in der 2. Hälfte des 12. Jh. errichtet. Sie hat ein Westwerk mit Doppeltürmen und Apsiden an Chor und Querhausarmen. Über dem s Seitenschiff sowie über dem W-Teil des Mittelschiffs liegt die Nonnenempore. Sie wurde in der 1. Hälfte des 13. Jh. eingebaut und ist reich geschmückt in Anlehnung an die Stiftskirche v. Königslutter. Aus der gleichen Zeit stammen die Stuckköpfe und Engelreliefs an der Wand des Mittelschiffs. Beachtung verdienen auch die Grabdenkmäler der Familie v. Trotha aus dem 16. und 17. Jh. – Das *Schloß* im Ortsteil Gänsefurth (16. Jh.) ging aus einer ma Burganlage hervor. Der zweigeschossige Barockanbau datiert v. 1757.

Hohenerxleben (20 km nö): Die über der Bode gelegene ehem. *Burg* wurde mehrfach verändert, zuletzt Ende des 19. Jh. 1205 wird sie zum erstenmal erwähnt. Der älteste noch sichtbare Teil ist der durch Renaissancegiebel betonte O-Flügel (1. Hälfte 16. Jh.).

Hoym (9 km nw): Neben der im Kern ro-

Hecklingen (Aschersleben), Klosterkirche >

man. *Stadtkirche St. Johann Baptist* mit 1461 umgebautem Langhaus und einem Epitaphgemälde aus der Cranach-Schule ist das ehem. *Schloß* sehenswert. Der einfache barocke Bau ist 1714 errichtet worden und war vorübergehend Residenz der Fürsten v. Anhalt.

Mehringen (5 km sö): In dem 1641 ganz niedergebrannten Ort befinden sich eine *Dorfkirche* aus der Zeit um 1584 (im 19. Jh. zweimal erneuert; der flachgedeckte Chor Rest eines nachgot. Bauwerkes, mit einem roman. Tympanon) und eine ehem. *Klosterkirche,* als Teil eines Gutes zum Speicher umgebaut.

Osmarsleben (Güsten-Ost) (11 km nö): 1893 wurde die spätroman. *Dorfkirche* erweitert. Erhalten ist das eindrucksvolle s Archivoltenportal.

Quenstedt (6 km s): Im Kern roman. *Dorfkirche,* 1448 nach O verlängert; mehrfach restauriert. Das Kirchenschiff ist mit barokkem Tonnengewölbe aus Holz und zweigeschossiger Hufeisenempore ausgestattet. Bemerkenswert ist ein lebensgroßer Kruzifixus (um 1230/35), der zu den spätroman. sächs. Monumentalkreuzen gehört.

Schierstedt (4 km ö): Die nachgot., um 1583 aus Bruchsteinen erbaute *Dorfkirche* in Groß Schierstedt enthält einen spätgot. geschnitzten Flügelaltar (1. Hälfte 16. Jh.), in der Mitte der hl. Martin zu Pferde. Über dem Altar ist eine kleine Madonnenfigur (um 1500) angebracht.

Hecklingen (Aschersleben), Ehem. Klosterkirche, Engelrelief im Langhaus

Staßfurt (21 km nö): In der *Kapelle* des Städtischen Feierabendheims (ehem. Hospital St. Johannis) befindet sich ein beachtlicher spätgot. Flügelaltar (spätes 15. Jh.) aus einer Brüsseler Werkstatt. Im Schrein des Altars, der aus der abgebrochenen Johanniskirche stammt, ist die Kreuzigung zu sehen.

Welbsleben (6 km s): Die urspr. roman. *Dorfkirche* wurde wiederholt umgebaut (um 1500 Erweiterung des Schiffes nach S). Das Tonnengewölbe der Krypta ruht auf rechteckigen Wandpfeilern und achteckiger Mittelsäule. Beachtlicher Schnitzaltar aus der 2. Hälfte des 15. Jh.: in der Mitte Stammbaum Christi mit der Madonna, in den Flügeln Reliefszenen; rückseitig sehenswerte Rankenmalerei. Die Kanzel aus Sandstein wurde Ende des 16. Jh. geschaffen.

B

06647 Bad Bibra
Burgenlandkreis

Einw.: 2260 S. 290 □ E 8

Der Ort geht zurück auf eine Stiftung: 963 ließ Herzog Hermann Billung ein Benediktinerkloster auf dem heutigen Domberg errichten. Bibra blieb lange eine dörfliche Ansiedlung, erst 1831 wurde es zu einer Stadt Preußens ernannt. Zwischen Bad

Bibra und Krawinkel befindet sich das Naturschutzgebiet Forst Bibra. Neben interessanten Waldformationen (z.B. Eichen-Hainbuchen-Wald) sind noch einige seltene Orchideenarten wie Dreizähniges Knabenkraut und Bienenragwurz erhalten.

Stadtkirche: Sie steht an der Stelle der ehem. Klosterkirche. Der got. w Turm geht auf das Jahr 1402 zurück, die Kirche selbst wurde 1868–71 in der heutigen Gestalt errichtet. Im Inneren befinden sich Teile eines Schnitzaltars vom Ende des 15. Jh. und zwei Grabsteine aus dem 16. Jh., v. denen einer an Herzog Hermann Billung erinnern soll. Ein großer roman. Taufstein in Rundform steht auf dem Friedhof.

Pfarrhaus (1702–04): Der Bau beeindruckt durch seine Größe: ein zweigeschossiges rechteckiges Haus mit mächtiger Durchfahrt und Pforte.

Ehem. Badehaus: Der Gesundbrunnen hat seinen Ursprung zu Anfang des 17. Jh., das Haus ist Ende des 17. Jh. vollendet worden. In direkter Nähe die sog. »Heilandsquelle«, eine ansprechend ausgearbeitete Brunnennische.

Außerdem sehenswert: Im Ortsteil *Steinbach* steht eine gut erhaltene roman. *Dorfkirche.* Sie stellt ein Schulbeispiel der Naumburger Dombauhütte dar.

Umgebung

Altenroda (4 km n): Die urspr. got. *Dorfkirche* wurde 1718 umgebaut. Dabei wurde das n Schiffsportal bes. hervorgehoben. Die Kirche verdeutlicht sehr eindrucksvoll die Bestimmung der protestantischen Predigtkirche: Die doppelgeschossigen, weit in den Raum hineingezogenen Emporen schaffen ausreichend Sitzplatz für möglichst viele Zuhörer während der langen Predigt. Zu beachten sind auch die steinernen ionischen Säulen.

Burgheßler (8 km sö): Die *Kirche* weist einen quadratischen roman. Chorturm auf. Im Turm befinden sich roman. Biforien. Roman. Grabsteinfragmente sind im Außenbau eingemauert. Klassizistische Elemente zeigen die doppelte Empore (oben als Herrschaftsloge) und die Orgel. – Ebenfalls sehenswert sind das sogenannte *Gotische Haus,* ein imposanter Profanbau aus der Zeit um 1500, und das *Gutshaus* mit barocken Wirtschaftsgebäuden. Die Räume des Untergeschosses haben Kreuzgratgewölbe. – Nördlich des Ortes stößt man auf Reste der ehemaligen *Burgstelle* mit Wallgräben.

Klosterhäseler (6 km sö): Das mehrfach veränderte und umgebaute *Schloß* geht auf ein Nonnenkloster der Zisterzienser zurück. Es wurde nach 1239 gegr. und 1540 aufgelöst. Erhalten ist ein ehemaliger Unterbau der Nonnenempore: ein vierjochiger Raum mit quadratischem Mittelpfeiler. Am Boden befindet sich der Grabstein eines Propstes († 1378). – Die *Dorfkirche* wurde 1766 an der Stelle der früheren Klosterkirche erbaut. Sie besitzt eine Spiegeldecke und eine doppelgeschossige Empore in U-Form sowie eine Marmortaufe in Kelchform.

Steinburg (8 km sw): Im Ort steht eine sehenswerte, kleine *Dorfkirche* aus dem 17. Jh. Der quadratische w Turm wird gekrönt durch eine geschweifte Haube und Laterne. Im Inneren eine dreiseitige Empore, eine muldenförmige Holzdecke und ein hölzerner Kanzelaltar aus dem 17. Jahrhundert.

Bad Bibra, Ehemaliges Badehaus

38836 Badersleben

Halberstadt

Einw.: 1230 S. 290 □ C 7

Bad Kösen, Zisterzienserkloster Pforta >

Badersleben wird urkundlich erstmals 1084 genannt. 1315 wies der Ort eine bäuerliche Verfassung auf, 1480 werden ein Rat und später ein Rathaus erwähnt, was auf einen Flecken verweist. Badersleben besaß eine Mauerbefestigung, von der noch ein quadratischer Turm erhalten geblieben ist.

Kloster Marienspring: Das Kloster (auch Kloster Marienbeek genannt) beherbergte Nonnen des Augustinerordens. Es wurde 1479 vom Kloster Marienthal gegr. und 1810 aufgehoben. Die Klosterkirche wurde auch nach 1810 für den kath. Glauben benutzt. Sie ist in spätgot. Stil errichtet mit Strebepfeilern und spitzbogigen Maßwerkfenstern. Die Schallöffnungen sind z. T. mit Vorhangbogen ausgestattet. Das Innere ist barock gestaltet, so die w Nonnenempore. Die geschnitzte Kanzel stammt aus dem Jahre 1575. Unter den Schnitzfiguren eine spätgot. Pieta.

Pfarrkirche St. Sixtus: 1810 an die protestantische Kirche übergegangener spätroman. Bau. Das geschlossene Langschiff entstand 1719. Die hölzerne Flachtonne ist mit Rippen versehen. 1743 wurde der geschnitzte Altaraufbau geschaffen. Bemerkenswert sind auch der barocke Orgelprospekt und die geschnitzte Kanzel (1575).

Außerdem sehenswert: Das *Rathaus* mit gegliedertem Fachwerkobergeschoß wurde im 17. Jh. erbaut.

Umgebung

Anderbeck (3 km ö): Der doppelte Turmaufbau der spätroman. *Dorfkirche* ist mit Spitzhelm und barocker Haube bestückt. 1728 wurde die Kirche umgestaltet und erweitert. Innen ist ein Kreuz v. 1520 zu sehen.

Hessen (10 km nw): Die Entstehung des Schlosses wird um 1129 angenommen. Heute *Schloßruine*, beherrscht es mit seinen 2 Türmen noch immer das Ortsbild. Im Kern ist es eine ma Burg, Ende des 16. Jh. erfolgte ein Umbau. Der w und n Flügel der Vorburg und der s und ö Flügel der Hauptburg sind noch erhalten. Von dem ehem. berühmten manieristischen Garten

Bad Kösen, Kurhaus

Bad Kösen, Klosterkirche, Westfassade mit Altan

von Anfang 17. Jh. ist nichts mehr vorhanden. – Die *Dorfkirche* wurde 1859 umgebaut. Sie besitzt eine beachtenswerte Innenausstattung mit Gemälden und Grabreliefs (u.a. Grablegungsrelief von 1607, J. Röttger aus Braunschweig zugeschrieben).

Rohrsheim (10 km nw): Von der im Kern roman. *Dorfkirche* zeugt noch der w Turm; die Kirche selbst wurde 1753 umgebaut. Sie enthält eine hübsche barocke Ausstattung: Altaraufsatz v. 1661 mit Säulenaufbau und Gemälden, ornamentierte Loge, Kanzel aus derselben Zeit und verschiedene geschnitzte Epitaphe.

Westerburg (10 km nw): Die *Burganlage* ist kreisförmig erbaut und stammt aus dem 11. und 12. Jh. Die Grafen v. Regenstein, die sie um 1180 als Lehen erhielten, bauten sie zu einer ihrer stärksten Burgen mit doppeltem Wassergraben aus. Die Gesamtanlage ist gut erhalten; bemerkenswert sind auch die späteren Ausbauten im Fachwerkstil. Durch viele Umbauten erhielt die Burg einen mehr schloßähnlichen Charakter. Napoleon vermachte die Anlage 1808 seiner Schwester Pauline Borghese.

06628 Bad Kösen Burgenlandkreis		
Einw.: 5780	Höhe: 120 m	S. 290 □ E 8

Johann Gottfried Borlach, vom sächsischen Kurfürsten August dem Starken 1723 mit der Erschließung der *Salzquellen* im Lande beauftragt, führte die schon im 17. Jahrhundert hier begonnenen Erkundungen zum Erfolg. Seit 1731 wird Sole gefördert und über *Gradierwerke* angereichert. Vom unterschlächtigen Wasserrad (Ø 7 m) im Radhaus an der Saale wird die Energie über ein Feldgestänge zum Borlachschacht auf dem Rechenberg und weiter zum Gradierwerk (1780 erbaut) übertragen. Das *doppelte Feldgestänge* aus der Zeit um 1780 ist das einzige in Europa erhaltene Kraftübertragungssystem dieser Art; als Erfindung des 16. Jh. war es im älteren Bergbau weithin üblich gewesen. 1859 wurde die Produktion eingestellt, die technischen Anlagen jedoch als Teil des schon zu Beginn des 19. Jh. eingeführten Badebetriebes beibehalten. Begünstigt wurde der Ort durch den Eisenbahnanschluß 1846; das Stadtrecht wurde 1868 erteilt. Der *Kurpark* ist in seiner Gestaltung der Zeit um 1900 gut erhalten. Nach wie vor liefert der Borlachschacht die Sole für den Kurbetrieb.

Roman. Haus: Mit Sicherheit gehörte der große Steinbau (12. Jh.) zu dem Gut, das 1138 aus bischöflichem Besitz in das Eigentum des Klosters Pforta überging *(Heimatmuseum)*.

Schulpforta (Ortsteil): Auf halbem Weg nach Naumburg liegt das ehem. *Zisterzienserkloster Pforta* noch allein in der schönen Landschaft des Saaletals. 1137 wurden zunächst in Schmölln angesiedelte Mönche hier seßhaft und bauten ihre Niederlassung im 12. und 13. Jh. tatkräftig aus. Als das blühende Kloster 1540 aufgehoben wurde, war es wohlhabend genug, zu einer der drei

Bad Kösen, Zisterzienserkloster Pforta, Skulptur an der Westfassade >

sächs. Fürstenschulen (die übrigen in Grimma und Meißen) bestimmt zu werden. Zu Beginn des 19. Jh. waren hier 200 Schüler untergebracht, und auch in den letzten Jahrzehnten bestand Pforta als Internatsschule. Die Kirche blieb allerdings – anders als früher – ungenutzt, schwere bauliche Schäden waren die Folge. In seiner Gesamtheit ist das v. einer großen Mauer umgebene Kloster ungewöhnlich vollständig erhalten, Einbußen erlitten die Wirtschaftsbauten, die einem Staatsgut als Nachfolger der früheren Klosterwirtschaft unterstehen. An berühmten Schülern seien hier J. E. Schlegel, Fichte, Klopstock und Müllner im 18. Jh., v. Ranke, Nietzsche und v. Bethmann-Hollweg im 19. Jh. genannt.

Die *Klosterkirche* ist eine dreischiffige Basilika, die den Kern des hochgot., nach O und W hin verlängerten und damit auch gewölbten Baus bildet. Insbesondere das Äußere erscheint somit als ein Werk des 13. Jh. Das Innere ist in seiner roman. Kernsubstanz etwas besser erkennbar, auch wenn die roman. Zwischenstützen (Säulen) durch got. Pfeiler ersetzt sind. Von edlen Formen ist der 1251 datierte Chor. Wie im Naumburger Dom-W-Chor führt ein Laufgang im Inneren in Sohlbankhöhe entlang, doch ist die Proportion hier insgesamt gestreckter, und auch Einzelheiten der Architektur sind anders ausgebildet. Von ungewöhnlicher Gestalt ist die nach längerer Bauzeit erst um 1300 errichtete W-Fassade, in deren Giebelfeld Christus am Kreuz v. Golgatha erscheint – als monumentales Bildprogramm zu dieser Zeit überraschend.

Von der alten *Ausstattung* ist in der Kirche nicht mehr viel zu finden (ein Teil auch z. Zt. in der Schulbibliothek). Zu nennen bleiben der frühgot. Altarblock, ein gemaltes Triumphkruzifix, entstanden nach der Mitte des 13. Jh., und vor allem das Grabmal für Markgraf Georg v. Meißen († 1402), eine Tumba mit dem berühmten Motiv des Trauergefolges am Rand des Sarkophags, ferner eine Anzahl v. Grabdenkmälern des 13.–17. Jh.

Die *Klausurgebäude* schließen n an die Kirche an; sie gehören noch in das 12. und 13. Jh. Umbauten für die Zwecke des Schulbetriebes geschahen im 18. und zu Beginn des 20. Jahrhunderts. Ein kostbarer spätroman. Raum ist die sog. Abtskapelle, die als ehem. Siechenkapelle gedeutet wird. Gut erhalten ist auch das Erdgeschoß des roman. Krankenbaus, der 1502 als Wohnung des Abtes, 1568–75 mit Giebeln und Treppenturm als Fürstenhaus umgebaut wurde. Die Mühle w der Kirche, die ein dem frühen 18. Jh. entstammendes und noch funktionsfähig erhaltenes Pansterradgetriebe (in der Höhe verstellbar) aufweist, schließt umfangreiche Bauteile des 12. Jh. ein. Als Mühlgraben dient die künstlich angelegte »kleine Saale«.

Das Torhaus v. 1854 und der wenig jüngere Schulbau sind repräsentative neugot. Ergänzungen der Anlage. Im baumbestandenen Friedhof sö der Kirche steht eine steinerne Friedhofsleuchte in strengen frühgot. Formen.

Umgebung

Eckartsberga (13 km w): Bei der über dem Höhenzug der Finne verlaufenden Paßstraße war schon im frühen MA eine große Burg angelegt gewesen. Die im Blick aus dem Thüringer Becken nach N überaus eindrucksvoll erscheinende Höhenburg, die *Eckartsburg,* war 1121 an den thüringischen Landgrafen Ludwig den Springer gelangt. Gegenüber der älteren Burg verkleinert, wurde sie in der 2. Hälfte des 12. Jh. neu gebaut. Die langgestreckte Kernburg zeichnet sich durch ihr prachtvolles Quadermauerwerk aus. Ein roman. Wohnturm an der NW-Ecke, zugänglich durch den Torturm, ist durch die Vorburg mit ihrem Bergfried zu erreichen. – Die kleine Stadt Eckartsberga war bis zum Bau der Haupteisenbahnlinien ein wichtiger Marktort an der hier durchziehenden Fernstraße.

Rudelsburg und Saaleck (3 km s): Im burgenreichen mittleren Saaletal zählen beide Burgruinen seit der Zeit um 1800 zu den beliebtesten Reisezielen; an Popularität können sie es, zusammen mit der Schönburg und der Neuenburg über Freyburg, mit den Burgen des Rheingaues aufnehmen. Im 12. und frühen 13. Jahrhundert waren sie Besitzungen markgräflich-meißischer Ministerialen bzw. der Bischöfe v. Naumburg. Sie sperrten in strategisch wichtiger Lage

Bad Kösen, Saale mit Rudelsburg und Saaleck >

Vorhergehende Doppelseite:

Links: Bad Kösen, Burg Saaleck

Rechts: Bad Lauchstädt, Goethe Theater

die hier das Saaletal querende Straße v. Naumburg in das n Thüringen.

Von der Burg *Saaleck* sind vor allem zwei Rundtürme erhalten, die übrigen Gebäude sind bis auf wenige Grundmauern zerstört. Unterhalb der Burg lag eine ausgedehnte Unterburg in der Saaleschleife. Sehenswert ist hier die Wohnstätte v. Paul Schultze-Naumburg, der hier in der 1. Hälfte des 20. Jh. seine Saalecker Werkstätten betrieb.

Die *Rudelsburg* erscheint als recht geschlossen erhaltene Anlage, deren enger Hof v. drei Wohnbauten begleitet ist, die am s Eck v. einem hohen Bergfried überragt werden. Der trapezförmigen Kernburg war ö eine große Vorburg vorgelagert. Seit dem 17. Jh. ist die Burg verfallen.

06246 Bad Lauchstädt

Merseburg-Querfurt

Einw.: 3920 Höhe: 116 m S. 290 □ E 8

Bereits Ende des 9. Jh. wird Lauchstädt im Hersfelder Zehntverzeichnis erstmals genannt. Heinrich II. hatte hier eine Pfalz, die später an die Bischöfe von Merseburg überging und dann zur Residenz der Herzöge von Sachsen-Merseburg wurde.

Der nach der Entdeckung einer Heilquelle ab 1730 um einige Kuranlagen bereicherte Hallesche Ausflugsort erlebte 1775–1810 als Modebad des sächsischen und thüringischen Adels eine Blüte und sah als Kurgäste so illustre Gestalten wie Friedrich Schiller und Johann Wolfgang v. Goethe. Ganze Gebäudegruppen stehen heute als historisch gewachsene *Ensembles* unter Denkmalschutz.

Stadtkirche St. Fabian: Sie entstand 1684/85 neu unter Verwendung älterer, zum Teil spätgotischer Teile. Gebaut ist sie als flachgedeckter Rechtecksaal mit umlaufender Empore in U-Form und eingezogenem Chor, der dreiseitig geschlossen und durch einen Rundbogen vom Saal abgesetzt ist. Aus der Innenausstattung sticht der hübsche frühbarocke *Schnitzaltar* v. H. Schau aus Zeitz hervor (1686). Das ikonographische Thema, die Hl. Dreifaltigkeit, wird direkt in einem ornamentalen und figürlichen Aufbau vorgetragen, ohne architektonischen Rahmen. Ebenfalls sehenswert ist die Taufe mit dem knienden Engel aus der Bauzeit.

Kuranlagen: Das 1776–80 v. J. W. Chryselius als spätbarockes Ensemble geplante *Quellenensemble* umfaßt den wegen seiner größtenteils erhaltenen Ausstattung mit Fresken v. A. Pellicia (1823; Entwürfe v. K. F. Schinkel) sehenswerten *Kursaal,* der zu Goethes Zeiten als Ball- und Speisesaal diente, einen *Dusch-* und *Badepavillon* sowie den *Quellbrunnen* mit dem sog. *Teichgarten.* – Die Herzöge v. Merseburg ließen sich den nahen *Herzogspavillon* (1735) erbauen, dessen Spielsalon (Rokoko-Ausstattung, 1970 Wien eingebaut) einen Einblick in das elegante Kurleben des 18. Jh. gewährt. – Die spätbarocke *Gartenanlage,* ebenfalls v. Chryselius, verläuft entlang der Hauptachse zwischen Kursaal und Schloß. Seitlich angesetzt eine breite Allee, im S begrenzt v. Quellenensemble und Kolonnaden. – Die gesamte Kur- und Parkanlage wurde 1966 bis 1968 restauriert und wieder in den urspr. Zustand versetzt.

Goethetheater: Unter der Leitung Goethes erbaute H. Gentz das klassizistische *Theater* (1802), dessen renovierter Zuschauerraum (mit Umgang und hängendem Leinwandplafond) antike Vorbilder ahnen läßt. Zum Theatergebäude zählen auch die Eingangshalle und das Bühnenhaus mit immer noch funktionierender Maschinerie.

Außerdem sehenswert: Das aus einer Wasserburg (14. Jh.) hervorgegangene *Schloß* (15.–18. Jh.) diente erst den Merseburger Bischöfen und später den Herzögen von Sachsen-Merseburg als sommerliche Residenz. – Neben dem *Rathaus* am Markt (1678), dem ehem. *Amtshaus* (um 1600, verändert) und dem *Pfarrhaus* (1715) sind eine Reihe stattlicher *Wohnhäuser* des 18. und 19. Jh. erhalten, darunter das Schillerhaus (Schillerstr. 5) und das ehem. Kurhaus (Parkstr. 13).

Pretzsch (Bad Schmiedeberg), Schloß

Umgebung

Klobikau (5 km s): Im Ortsteil *Oberklobikau* befindet sich die im Kern ma *Dorfkirche,* die zuletzt 1721 umgebaut wurde. Sie enthält einen überaus reichen, geschnitzten Kanzelaltar (1723) mit breitem Architekturaufbau.
Schafstädt (7 km w): Im Ort sind neben der *Johanniskirche* (urspr. 1202, im 18. Jh. nach Bränden erneuert) ein barocker *Gutshausbau* v. 1740 in der Nähe des *Schlosses* v. 1291 und eine Reihe v. *Häusern* des 17. und 18. Jh. (am Markt und am Kirchplatz) zu sehen.
Wünsch (8 km sw): In *Niederwünsch* spätgot. *Dorfkirche* v. 1517 mit spätgot. Flügelaltar (Anfang 16. Jh.), der Schrein umsäumt v. einer Marienkrönung, l Margareta und Katharina, r Maria Magdalena und Barbara. – In *Oberwünsch Dorfkirche* roman. Ursprungs mit frühgot. Elementen, etwa 1720 verändert, die innen einen hölzernen Kanzelaltar v. 1722 mit Engeln auf Segmentgiebel besitzt. Ferner sind ein klassizistischer Orgelprospekt und ein hölzerner Taufständer bemerkenswert.

06905 Bad Schmiedeberg

Wittenberg

Einw.: 4160 Höhe: 90 m S. 291 □ G 7

Pfarrkirche: Sie ist ein großer spätgotischer Hallenbau des mittleren 15. Jahrhunderts. Reste eines spätroman. Vorgängerbaus belegen, daß der erst 1332 genannte Ort schon zuvor eine gewisse Bedeutung hatte. Vermutlich hat der Stadtbrand v. 1637 auch die Kirche beschädigt. Ihr Gewölbe, 1640 eingestürzt, wurde nicht wiederhergestellt, vielmehr begnügte man sich bei der Instandsetzung im Jahre 1666 mit einer flachen Decke und deutete damit den Raum zusammen mit der Ausstattung im barocken Sinne um. Diese Wiederherstellung wurde auch bei der Instandsetzung im Jahre 1904 respektiert.

Rathaus: Der Renaissancebau wurde 1570 errichtet und später nur unwesentlich verändert. Aus dieser Zeit sind auch noch die Portale einiger Wohnhäuser vorhanden – die Nähe zur Elbe hat offenkundig den Bezug vorgefertigter Werksteine aus Obersachsen gefördert.

Stadtbefestigung: Von ihr ist das hübsche Au-Tor (16. Jh.) erhalten.

Umgebung

Kemberg (12 km nw): Vielleicht überliefert der Ortsname die flämische Besiedlung des mittleren 12. Jh. (Siedler aus Cambray?). – Die *Marienkirche,* in spätmittelalterlicher Zeit Archidiakonatskirche, ist ein Bau, der im 2. Viertel des 14. Jh. als wohlräumige hochgot. Halle entstand – der frei stehende Turm wurde (nach Einsturz des Vorgängerturmes) 1859 erbaut.
Bedeutend ist die Ausstattung des 15.–18. Jahrhunderts, u.a. die spätgot. Wandmalerei und das fein skulptierte Sakramentshaus, vor allem aber der v. Lucas Cranach d.J. gemalte Flügelaltar v. 1565 mit der Taufe Christi in typologischer (vergleichender) Darstellung. – Der hübsche Bau des *Rathauses* entstand im 16. Jh. und war 1609 fertiggestellt.
Pretzsch (5 km nö): Das an einem Elbübergang entstandene Städtchen wurde schon 981 genannt. Bedeutung erlangte es, seitdem die Ortsherrschaft 1689 an die Kurfürsten v. Sachsen gefallen war und Christiane Eberhardine, die Gemahlin Augusts des Starken, seit 1721 hier – fernab vom Dresdner Hof – residierte. In dieser Zeit war Matthäus Daniel Pöppelmann v. Amts wegen hier tätig. Das regelmäßige Grundrißsystem der Stadt entstand wohl nach einem Brand im Jahre 1673. – Die stattliche, ausgedehnte *Schloßanlage* auf einer Anhöhe über der Elbe ist durch den Neubau des Jahres 1571 (prächtiges Portal!) bestimmt. Veränderungen des später als Waisenhaus und Kinderheim genutzten Baus sind nicht zu übersehen. Auch der Park, wohl v. Pöppelmann angelegt und mit einem Gondelhafen geplant, ist nur in den Grundzügen seiner der Elbe folgenden Hauptachse erhalten. – Der spätgot. Saalbau der *Kirche* erfuhr mehrere Veränderungen: Nach 1720 wurde er zur Hofkirche der (hier auch 1727 begrabenen) Kurfürstin nach Plänen Pöppelmanns umgestaltet: Der Turmaufsatz (1723) und die prächtige Hofloge gehen auf seine Entwürfe zurück.
Reinharz (5 km w): Das inmitten der Dübe-

Reinharz (Bad Schmiedeberg), Schloß

ner Heide gelegene Dorf besitzt mit seinem *Schloßbau* (1690–1701) ein Juwel der sächs. Schlösserlandschaft: Der dreigeschossige, v. einem Wassergraben umfaßte Bau besitzt einen für barocke Verhältnisse überaus hohen Turm, der dem Hausherrn, Hans v. Löser, Minister Kurfürst Augusts des Starken, als astronomischer Beobachtungsstand dienen sollte. Im Erdgeschoß befinden sich trotz mancher Eingriffe noch mehrere Räume, die in der Mitte des 18. Jahrhunderts fertiggestellt gewesen sein dürften; u.a. Bildnisse der Familie Kurfürst Augusts II. – Sehenswert ist auch die um 1700 entstandene *Dorfkirche* mit ihrer alten Ausstattung.

06493 Ballenstedt

Quedlinburg

Einw.: 7630 Höhe: 217 m S.290 □ D 7

Das am Rand des nördlichen Unterharzes und seiner weiten Wälder gelegene Ballenstedt wurde 1046 als Dorfsiedlung erwähnt; aus ihr ist die Altstadt hervorgegangen. In der Nähe soll auch die nicht erhaltene Burg der Grafen von Ballenstedt gestanden haben. Ballenstedt wurde erst in der Mitte des 16. Jahrhunderts zur Stadt erhoben. Zu Anfang des 18. Jh. wurde das an der Stelle eines ehemaligen Benediktinerklosters stehende Schloß mit der Altstadt durch eine Allee verbunden. An ihren Seiten entwikkelte sich ein neuer Stadtteil des späten Barock und der Biedermeierzeit. In Ballenstedt lebten der lutherische Theologe und Mystiker J. Arndt (Ende des 16. Jh.) sowie der Maler und Dichter W. v. Kügelgen bis zu seinem Tode 1867 (Kügelgenhaus, Kügelgenstr. 35 a).

Schloß: Neben der verschwundenen *Alten Burg* (11. Jh.) der Grafen v. Ballenstedt, die besser als Stammburg der Askanier bekannt ist, stand auf dem Schloßberg vom 11. bis 16. Jh. eine roman. *Stiftskirche,* die ab dem 12. Jh. zum *Benediktinerkloster* erweitert und im Bauernkrieg (1525) beschädigt wurde. Aus der Klosterruine ging nach 1700 die Dreiflügelanlage des *Barockschlosses* der Fürsten v. Anhalt-Bernburg hervor, die seit dem 18. Jh. v. einem weitläufigen *Park* (52 ha) umgeben ist, den P.J. Lenné zum italienischen Terrassengarten (1859) umgestaltete. In die Schloßgebäude (heute Fachschule) integriert sind Teile der alten Stiftskirche, so Reste des einst zweitürmigen Westwerks, des Refektoriums und der roman. Krypta mit dem Grab des Askanierfürsten Albrecht der Bär († 1170). – Das

Ballenstedt, Schloß

Ballenstedt, Stiftskirche, Kapitell in der romanischen Krypta

Schloßtheater, an dem F. List und A. Lortzing wirkten, entstand 1788 und gehört zu den seltenen erhaltenen Theaterbauten jener Epoche. – Südlich vom Schloß der *Marstall,* ein klassizistischer Bau v. 1820.

Pfarrkirche St. Nikolai: Einschiffiger spätgot. Bau mit Querturm aus der Zeit um 1500, der 1692–93 und 1881 erneuert wurde. Der gestreckte Chor ist dreiseitig geschlossen. Die Emporen stammen aus dem Jahre 1587 und zeigen einen Gemäldezyklus mit Szenen des Alten und Neuen Testaments. Mehrere Grablagen aus dem 16. Jh. befinden sich im Kircheninneren.

Altes Rathaus: Der einfache Fachwerkbau (1683) mit Sandsteinwappen vom ehem. Obertor über der Doppeltür wird als Altersheim genutzt.

Neues Rathaus: Es wurde 1905/06 v. dem berühmten Berliner Architekten A. Messel geschaffen. Die Plastiken an dem platzbeherrschenden Bau stammen v. G. Wrba. Der Sitzungssaal hinter den hohen Fenstern nimmt 2 Stockwerke ein.

Außerdem sehenswert: Streckenweise erhalten ist die *Stadtmauer* (1551) mit dem *Markt-, Ober-* und *Unterturm.* – Aus spätgot. Zeit stammen der stattliche *Oberhof* (2. Hälfte 16. Jh.), eine Dreiflügel-Renaissance-Anlage (jetzt Kindertagesstätte), und das frühere, spätgot. *Amtshaus.* – In einem barocken Bürgerhaus (Wilhelm-Pieck-Allee 37), 1733 als Jagd- und Zeughaus errichtet (sog. Großer Gasthof), informiert das *Städtische Heimatmuseum* über die Stadtgeschichte, das örtliche Handwerk und das Brauchtum des Harzvorlandes. Zu sehen sind u. a. auch eine Bauernwohnküche v. 1850 und ein Biedermeierzimmer. – Architektonisch und städtebaulich v. Interesse sind die vielen gut erhaltenen *Häuser* in der Alt- und Neustadt sowie seitlich der zum Schloß führenden Allee.
Der *Bahnhof* in B.-Ost ist ein Ziegelrohbau um 1890.

Umgebung

Anhalt, Burg (8 km sö): Fundamente eines Rundturmes verweisen auf die erste Anlage einer *Burg* der Askanier um 1050. Während der Auseinandersetzungen zwischen Albrecht dem Bären und Heinrich dem Stolzen wurde sie 1140 zerstört. Albrecht der Bär erbaute zwischen 1150 und 1200 über den Resten der alten Burg eine neue, die in ihrer Größe mit der Wartburg verglichen wurde.
Erhalten sind einige Mauerreste sowie Teile v. Burgfried und Palas.
Badeborn (7 km n): In dem Ort trifft man auf einige hübsche *Fachwerkhäuser,* so z. B. den Hof Grüner Winkel 126 (1680).
Falkenstein, Burg (im Naturschutzgebiet Selketal, am Wuchberg, 9 km südöstlich): Die wahrscheinlich um 1120 entstandene Anlage umfaßt 3 unregelmäßige Flügel, die aus romanischer und gotischer Zeit stammen. Die Burg, die Ende des 16./Anfang des 17. Jh. in ein Wohn- und Jagdschloß umgebaut wurde, ohne dabei allerdings ihren ma Charakter zu verlieren, gehörte bis ins 14. Jh. den Grafen v. Falkenstein und

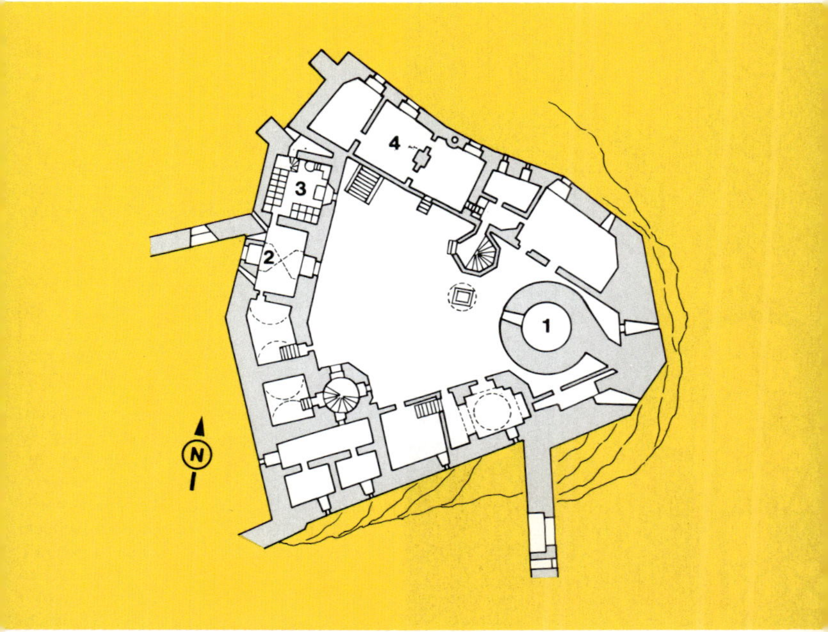

Burg Falkenstein (Ballenstedt) **1** Bergfried **2** Tor **3** Kapelle **4** ehem. Palas

Burg Falkenstein (Ballenstedt)

Burg Falkenstein (Ballenstedt), Burghof mit Bergfried und Treppenturm

ging danach in den Besitz der Bischöfe v. Asseburg über. Gegen Eindringlinge ist die Burg durch 7 Tore, 5 Zwinger und 3 Gräben gesichert. Um den Innenhof gruppieren sich die Kapelle (13. Jh.), ein Kellerportal (12. Jh.) und der 30 m hohe Bergfried (12. Jh., Aussichtsturm). Hinter einer 17 m hohen Schildmauer mit Wehrgang liegen das Schloßgebäude (16. Jh.) und ein Treppenturm mit einem ungewöhnlich reichen Portal.

Besondere Beachtung verdient der Rittersaal (16. Jahrhundert). Graf Hoyer von Falkenstein (um 1211–1250) ermunterte um 1230 Eike von Repgow (um 1180/90 bis nach 1233), den »Sachsenspiegel«, das einflußreichste Rechtsbuch des Mittelalters, und die »Sächsische Weltchronik«, das 1. historische Werk in deutscher Sprache, zu verfassen.

Im *Staatlichen Museum Burg Falkenstein* sind Erinnerungen an den Dichter Gottfried August Bürger (1747–94), Jagdwaffen aus der Zeit vom Mittelalter bis zur Gegenwart und Ausstellungen zur Jagdzoologie und Jagdgeschichte zu sehen.

Meisdorf (5 km ö): Die um 1680 erbaute *Dorfkirche* (der w Turm v. 1730) beeindruckt durch die geschlossene Inneneinrichtung aus der Zeit der Erbauung: Die zweigeschossige, umlaufende Empore ist mit Gemälden zum Leben Jesu geschmückt; n eine Patronatsloge. Westlich der Kirche lohnt ein Bauernhof mit *ma Wohnturm* den Besuch.

39249 Barby Schönebeck	
Einw.: 5130	S. 290 □ E 7

Urkundlich erstmals 961 genannt, vermutlich jedoch wesentlich älter. Barby liegt im Hochwassergebiet der Elbe oberhalb der Saalemündung. Im Schutz einer Grenzburg (am Platz des heutigen Schlosses) wurde der Ort planmäßig und mit regelmäßigem Straßenmuster angelegt. Seine wirtschaftliche Bedeutung beruhte auf Ackerbau und Braustätten. Im Dreißigjährigen Krieg wurde die Stadt schwer beschädigt; das Hochwasser von Elbe und Saale führte wiederholt zu Katastrophen. In Barby ließen sich von 1748 bis 1808 die Herrnhuter nieder (im Schloß und Amtsvorwerk). Der Theologe und Philosoph Schleiermacher war einer der Schüler des Herrnhuter Gymnasiums in Barby.

Ehem. Franziskanerkirche St. Johannis: Sie entstand in der 2. Hälfte des 13. Jahrhunderts als Klosterkirche der Franziskaner. Der frühgot., einschiffige Bau birgt eine in der Art v. H. Witten geschnitzte Mondsichelmadonna (um 1510) und mehrere Epitaphe (13. bis 17. Jh.) der Grafen v. B., z. T. farbig bemalt, die den Innenraum originell ausschmücken.

Stadtkirche St. Marien: Eigtl. frühgot. Bau aus der Zeit um 1280. 1683 wurde die urspr. einschiffige Kirche um 2 niedrige Seitenschiffe erweitert. Der große spätgot. w Turm wurde 1505 begonnen und 1711 mit einer Kuppelhaube versehen. Der Altaraufsatz mit hohen hölzernen Säulen datiert aus

Barby, Stadtkirche St. Marien >

dem Jahre 1728, die geschnitzte Kanzel v. 1722. Zu der prächtigen Barockausstattung aus dem 18. Jh. gehört auch die Orgelempore.

Schloß: Ende des 17. Jh. wurde die alte Burg zum größten Teil abgetragen und durch einen großen Barockbau v. G. Simonetti nach Entwürfen v. J. A. Nehring ersetzt (1687–1715). Außer einem Portal ist v. der alten Anlage nichts mehr erhalten. Brände 1737 und 1917 beschädigten das Gebäude stark.
In der ehem. DDR war hier ein Aufnahmeheim für Übersiedler aus der Bundesrepublik untergebracht. – Das *Schloßgut* wurde um 1670 errichtet. Vorn ist ein übergiebelter Mittelrisalit mit Balkon aus Sandstein zu sehen.

Außerdem sehenswert: An der *Friedhofskapelle* befinden sich eine polygone Außenkanzel und der Zugang zu einer Grabkapelle aus dem Jahre 1591. – Von der ehem. Stadtmauer ist noch ein zum Gartenpavillon umgebauter Turm erhalten, das sog. *»Prinzeßchen«*.
In der Clara-Zetkin-Straße. 30 steht ein ansehnliches ehemaliges *Kavaliershaus* von 1688.

Bernburg, Schloß >

Umgebung

Elbwehr Pretzien (8 km n): Das zwischen 1871 und 1875 erbaute Pretziener Wehr zur Regulierung und Umleitung des Elbehochwassers gilt als größte Anlage ihrer Art in Europa und als bedeutende ingenieurtechnische Leistung. Vor dem Hochwasser geschützt werden können Magdeburg mit seinen an der Elbe liegenden Industrieanlagen sowie die Orte Schönebeck, B., Dornburg und Glinde.

06406 Bernburg
Bernburg

Einw.: 37 300 Höhe: 61 m S. 290 □ E 7

Bernburg wuchs beiderseits der Saale aus *Alt-* (1205 erstmals bezeugt), *Neu-* und *Bergstadt* im Schatten einer schon 1138 erwähnten Burg der Askanier zusammen, die, später zum *Schloß* erweitert, den Fürsten und Herzögen von Anhalt-Bernburg bis 1863 als Residenz diente. 1279 erhielten Alt- und Neustadt Stadtrechte, 1561 wurden

Barby, »Prinzeßchen«

Bernburg, Schloß, Renaissancebau, Westflügel

sie vereint. 1825 kam auch die Bergstadt hinzu. Mit ihrer gut erhaltenen *Stadtmauer* (15.–17. Jh.), dem *Hasenturm* und dem *Nienburger Torturm* (um 1410) sowie der *Neustädter Brücke* (15–18. Jh.) bewahren die im Tal gelegenen Stadtteile Alt- und Neustadt viel von ihrem mittelalterlichen Gepräge. In der Umgebung befinden sich größere Industriebetriebe.

Schloß: Das auf hohem Sandsteinfelsen thronende *Renaissanceschloß* erhielt seine heutige Gestalt um 1540–70 v. A. Günther und N. Hofmann, die roman., früh- und spätgot. Gebäudeteile *(Bergfried »Eulenspiegel«*, sog. *Blauer Turm* und *Altes Haus)*, aber auch die (sw) roman. *Kapelle* (12. Jh.) der ma Burg in die unregelmäßige, mehrflügelige Anlage mit einbezogen. Am N- und W-Flügel und am s Zugang reiche Barockportale. Die im 19. Jh. im Innern klassizistisch veränderten *Wohngebäude* beherbergen heute das *Kreismuseum* mit Sammlungen zur Vor- und Frühgeschichte, zum historischen Mühlen- und Salzbergbaugewerbe im unteren Saaletal sowie eine umfangreiche Kollektion v. *Bauplastik* aus dem MA, der Renaissance und dem Barock. – Eine Rarität stellt die (sö) barocke *Reitbahn* (1756) dar, die 1824–25 zum ehem. *Marstall* umgebaut und zu Anfang des 20. Jh. erweitert wurde. – Der ehem. *Schloßpark* mit Mauerresten aus dem 17. und 18. Jh. erstreckt sich bis zur *Orangerie,* die 1732 nach dem Vorbild des Dresdner Zwingers erbaut wurde. Seit 100 Jahren befindet sich auf dem Gelände ein Gymnasium.

Bergstadtkirche St. Ägidien (Schloßkirche): Der einschiffige Barockbau v. 1752 ist aus der roman. Kirche der Bergstadt hervorgegangen. Der roman. Chor mit Apsis diente bereits 1625 als Fürstengruft der bernburgischen Askanier. Die Kirche vermittelt trotz zweier Barockprunksärge einen nüchternen Eindruck.

Altstadtkirche St. Marien: Die dreischiffige got. Hallenkirche wurde schon im 13. Jh. begonnen (Unterbau der w Türme); der ma

Bernburg, Schloß, Renaissancebau, Langes Haus

Bau erhielt erst später eine barocke Holztonne und wurde im 19. Jh. vollendet (Einwölbung des Chores 1868). Der reiche bildhauerische Schmuck des Chores und am O-Portal des s Seitenschiffes legt den Vergleich mit der Moritzkirche in Halle nahe. Die Ausführung geschah vermutlich durch die gleiche Bauhütte.

Neustadtkirche St. Nikolai: Auch diese um 1240 begonnene Kirche blieb im MA unvollendet. Vom geplanten Umbau im 14. Jh. ist nur der s Turm fertiggestellt worden. Die Kirche ist innen mit einer Flachdecke überspannt; urspr. war eine Wölbung beabsichtigt (Rippenansätze vorhanden). In der Kirche befindet sich n ein großes Grabdenkmal (Ende 16. Jh.).

Servitenkloster: Das ehem. Kloster der »Marienknechte« (urkundlich erstmals 1308) läßt nur in Teilen seine frühere Bestimmung erkennen. Der einschiffige frühgot. Bau der Klosterkirche ist eine unverbaute Ruine; Kanzelreste erhalten. Südlich der Kirche die Klausur (seit 1526 Hospital) mit erhaltenem Kreuzgang.

Wohnhäuser: Stattliche Bauten der Renaissance und des Barock prägen noch heute das Stadtbild, darunter das ehem. *Regierungsgebäude* v. 1745 (Thälmannplatz 18) und die ehem. *fürstliche Kanzlei* um 1600 (Breite Str. 25).

Außerdem sehenswert: Die ma *Stadtbefestigung* ist noch in zwei Türmen (Torturm des Nienburger Tors, nach 1400, und Hasenturm, 15. Jh.) und fast der gesamten Mauer um Alt- und Neustadt erhalten. – B. besitzt einen klassizistischen *Theaterbau* v. 1826 bis 1827 und alte Saalebrücken in gutem Zustand: die *Neustädter Brücke* (15. bis 18. Jh.), heute zumeist als *Waldauer Brücke* bezeichnet.. – Im Ortsteil *Dröbel* schuf J. A. Ph. Bunge (der auch das Theater in B. erbaute) 1827 bis 1829 eine *Kirche* in klassizistischer Manier. Der kreuzförmige Bau ist flach gedeckt. Im Inneren eine bemerkenswerte Orgel. – Im Ortsteil *Waldau* steht die

Stephanskirche, ein roman. Feldsteinbau des 12. Jh. Südlich ein Stufenportal mit Würfelkapitellen und Palmettenschmuck.

Umgebung

Aderstedt (4 km sw): Der urspr. roman. Bau der *Dorfkirche* wurde 1861 in Anlehnung an Vorbilder der Romanik erneuert. Im N und S sind spätroman. Säulenportale in den Neubau einbezogen worden. 2 Grabmäler v. 1566 gehören zu der Innenausstattung, die mehrheitlich aus der Bauzeit stammt.

Biendorf (9 km sö): Von der ehem. weitläufigen *Schloßanlage* (2. Hälfte 18. Jahrhundert) sind das Torhaus, ein Wirtschaftshof, der Landschaftspark (in verwildertem Zustand) und die dreiflügelige Orangerie (1760–63) mit hübscher Fassade erhalten. Die Gebäude sind großenteils für Wohnungen genutzt.

Könnern (15 km s): Der Turm der *Stadtkirche St. Wenzel* geht in seinem Erdgeschoß auf einen Rest der früheren Burg zurück. Der Bau des got. Schiffes wurde 1491 begonnen. Im Inneren sind ein spätgot. Flügelaltar mit zahlreichen Figuren (um 1520) und ein bronzener Taufkessel (um 1500) sehenswert.

Latdorf (7 km nö): Hier trifft man auf einen verputzten *Kirchenbau* v. 1782 mit dreiseitigem ö Schluß. Die Innenausstattung ist in einfachem Barock gehalten.

Löbejün (26 km sö): In der urspr. wendischen Ortsansiedlung ist die *Stadtkirche St. Petri* bemerkenswert. Die dreischiffige spätgot. Hallenkirche wurde 1485–1520 erbaut und nach einem Brand 1583 mit einer Flachdecke erneuert. 1588–89 schuf Eberhard Schmidt aus Sangerhausen den fünfgeschossigen Turm.

Der große Altaraufbau v. Daniel Rulefink datiert von 1605. Von der Innenausstattung verdienen ferner eine Sandsteinkanzel (1589) und spätgot. Schnitzfiguren (Ende 15. Jh.) eine Erwähnung. – In einem Park nahe dem Busbahnhof erinnert ein *Denkmal* mit dem Zylinder der 1. deutschen Dampfmaschine aus dem Jahre 1785 an den Mansfelder Bergbau.

Bernburg, Schloßhof mit Skulptur >

06749 Bitterfeld

Bitterfeld

Einw.: 17 030 S. 291 □ F 7

Die schon in spätmittelalterlicher Zeit aufgrund guter Viehweiden, Tonvorkommen und der Lage an einem Muldeübergang nicht unbedeutende Stadt hat keine älteren Bauten bewahrt. Die seit der Mitte des 19. Jh. im Tagebau ausgebeuteten reichen Braunkohlenlager führten in der 2. Hälfte unseres Jahrhunderts hin zu einer umfangreichen Industrialisierung und beispiellosen Umweltzerstörung. Zeugnisse der Industrialisierung sind auch Arbeitersiedlungen aus der Zeit um und nach 1900.

Stadtkirche: Der nach 1905 entstandene große Backsteinbau im Stil später Neugotik entstand nach einem qualitätvollen Entwurf der Architekten Engelhard und Gensel. Von zwei spätmittelalterlichen *Schnitzaltären* ist der ältere, ein vorzügliches und großes Werk v. 1499, neben weiteren Bestandteilen der älteren Ausstattung bes. beachtenswert.

Rathaus: Der neugot. Bau wurde nach einem Entwurf Friedrich August Ritters 1863 errichtet.

Umgebung

Altjeßnitz (12 km n): Neben dem 1699 neu erbauten *Schloß* wurde 1737 ein Irrgarten angelegt, aus dessen dichten Hainbuchenhecken man nur mit einiger Mühe wieder herausfindet. – Das benachbarte Städtchen *Jeßnitz,* auf einer Muldeinsel angelegt, ist nicht ohne Reiz. Hier wurde 1862 der Lyriker und Erzähler Hermann Conradi geboren.

Mühlbeck (4 km ö): In der großen roman. *Dorfkirche* befindet sich ein vierflügeliger Schnitzaltar aus der Zeit um 1520; die übrige Ausstattung entstand überwiegend im 17. Jh.

Pouch (8 km ö): Den 891 genannten Burgward bezeichnet der im Ortsbild noch im-

Blankenburg, Renaissance-Rathaus

mer markante Burghügel mit seinen beiden *Türmen* (13. und 14. Jh.?); angefügt ist ein *Wohnschloß* (18. Jh.). – In der kleinen roman. *Dorfkirche* steht ein großer Schnitzaltar aus der Zeit um 1520.

Wolfen (7 km nw): Der erst 1958 zur Stadt erhobene Ort erlangte dank des seit der Mitte des 19. Jh. einsetzenden Braunkohlenabbaus schon im vorigen Jahrhundert Bedeutung: Die *Wolfener Farbenfabrik* wurde 1850 gegr., 1910 begann die Film-, 1921 die Kunstseidenproduktion. Von architektonischem Interesse ist der *Arbeitersiedlungsbau.*

38889 Blankenburg

Wernigerode

Einw.: 18680 Höhe: 212 m S. 290 □ C 7

Die nach einem steil hervortretenden Kalkfelsen benannte Burg Blankenburg wird bereits 1123 als *castrum blankenburch* erwähnt. 1182 wurde die Burg von Barbarossa erobert und vermutlich auch zerstört. Die Ansiedlung im Schutz der Wehranlage erhielt um 1200 Stadtrechte. 1599 fielen Burg und Stadt an das Herzogtum Braunschweig-Wolfenbüttel. Von 1707 bis 1731 war Blankenburg selbständiges Fürstentum. Danach versank der Ort in Bedeutungslosigkeit. 1796 lebte hier für 1½ Jahre der Graf von Provence (später König Ludwig XVIII.), der Bruder des während der Französischen Revolution gestürzten französischen Königs Ludwig XVI.

Pfarrkirche St. Bartholomäi: Die 1203 erstmals genannte Stadtkirche wurde in der 2. Hälfte des 13. Jh. in ein Nonnenkloster der Zisterzienser umgewandelt und nach der Reformation 1532 wieder in ihre urspr. Funktion zurückversetzt. Von dem früheren roman. Bau sind nur noch am Turm und im Langhaus Teile erhalten. Im Chor (um 1260–70) trifft man auf 4 vorzüglich erhaltene, fast lebensgroße got. *Stifterfiguren* (um 1270) aus Stuck nach Naumburger Vorbild. 1581–86 erhielt die dreischiffige Hallenkirche gotisierende Holzgewölbe im Langhaus und im s Chorseitenraum. Beachtung verdienen auch ein spätgot. Chorbogenkruzifix (um 1500/10), die Kanzel (1582) und die große barocke, weiß-goldene Altarwand v. 1712. Zahlreiche Grabdenkmäler des 15.–17. Jh.

Kloster Michaelstein: Im Ortsteil Michaelstein befindet sich das großenteils erhaltene ehem. Zisterzienserkloster Michaelstein, 1147 durch das Mutterkloster Altenkamp gegr. Die roman. Anlage wurde 1160–70 errichtet. Bemerkenswert neben der Kirche ist die Klausur im Untergeschoß mit frühgot. Kreuzgängen und Kreuzgratgewölbe. Im Kloster ist heute das Georg-Philipp-Telemann-Archiv untergebracht (interessante Musikveranstaltungen).

Schloß: Unter Verwendung v. Teilen der ma Vorgängerburg ließen sich die Herren v. B. 1705–18 auf dem Blankenstein (s der Stadt) durch H. Korb ein *Fürstenschloß* mit pilastergegliederten Repräsentationssälen erbauen (B. war 1707–31 autonomes Fürstentum). Aus ma Zeit stammt z. B. der fragmentarisch erhaltene *Bergfried.* Das Barockschloß, in dem der französische König Ludwig XVIII. und seine ihn begleiten-

Regenstein (Blankenburg), Ruine der Felsenritterburg

den Emigranten 1796 als Asylanten weilten, wird auch *Großes Schloß* genannt, im Gegensatz zum sog. *Kleinen Schloß,* das 1725 als Fachwerk-Gartenschloß angelegt, 1777 in Rokokomanier verändert und um den *Terrassengarten* bereichert wurde. In diesem Lustschlößchen ist ein *Museum* eingerichtet, in dem u. a. eine Harzer Bauernstube, Möbel und Kleinkunst (Porzellan), der ma Gefangenenstock der B. und eine Bibelhandschrift aus Kloster Michaelstein gezeigt werden. – Unweit des Schlosses sind Fragmente der turmbewehrten ma *Stadtmauern* zu sehen.

Außerdem sehenswert: Das aus einem got. Vorgänger hervorgegangene *Renaissance-Rathaus* (um 1570–90) mit Schmuckgiebel und Treppentürmchen wird v. einem Dachreiter (1738) bekrönt. – Einen besonderen Eindruck vermitteln die engen, romantischen *Straßen* mit einfachen *Fachwerkhäusern.* – 2 km n stößt man auf den Sandsteinfelsen *Kleine Roßtrappe* und sö v. B. auf die *Teufelsmauer;* vom sogenannten Großvaterfelsen sehr gute Aussicht auf B. und den Harz.

Umgebung

Cattenstedt (2 km s): Die im Kern roman., um 1700 nach O erweiterte *Dorfkirche* besitzt einen Bruchsteinturm mit barocker Haube. Im Inneren befindet sich eine Predella aus der Zeit der frühen Reformation.

Heimburg (6 km nw): Der barocke *Kirchenbau* v. 1724 ist innen mit einem verputzten Spiegelgewölbe aus Holz versehen. Auf der zweigeschossigen Empore ist oben die Orgel untergebracht. Der hölzerne Kanzelaltar wurde 1744 aufgestellt. – Von der Burg sind keine Reste mehr erhalten. Die ehem. Reichsburg Heimburg wurde das erstemal bereits 1073 v. den Sachsen zerstört. – Nördlich v. Heimburg trifft man auf die alte Gerichtsstätte der *Gerichtslinden,* sieben etwa 200 Jahre alte Winterlinden.

Regenstein (3 km n): Die im 12. Jh. an der

Burg, Oberkirche Unser Lieben Frauen

Burg, Unterkirche St. Nikolai >

Stelle einer frühgeschichtlichen *Felsenburg* (in den Sandstein gehauene Räume erhalten) auf einem 300 m hohen Felsrücken erbaute Grafenburg wurde 1662–71 im Auftrag des Brandenburger Kurfürsten zu einer *Festung* erweitert, die im 18. Jh. durch Kasematten verstärkt und 1758 gründlich zerstört wurde. Von der ma Burg sind der Unterbau des Bergfrieds, eine Zisterne, die Kapelle und das Burgverlies erhalten, v. der barocken Festung lediglich die Kasematten und der Torbau.

Volkmarskeller (4 km nw): Über der 956 in eine Höhle eingebauten *Michaelskapelle,* die seit 1127 als Wallfahrtsort (29. September) dient, sind Fundamentreste einer Zisterzienserklausur (1147) erhalten.

39288 Burg

Jerichower Land

Einw.: 26370 Höhe: 54 m S. 288 □ E 6

Ein deutscher Burgward an den Straßenübergängen über die Ihle ist schon in der Mitte des 10. Jh. urkundlich bezeugt. Aus der zugehörigen Burgsiedlung hat sich die Oberstadt mit der Pfarrkirche St. Marien im Nordosten der etwa rechteckigen Altstadt gebildet. Die Unterstadt (Neustadt) im Südwesten, mit der Filialkirche St. Nikolai 1186 genannt, weist eine regelmäßigere Grundrißstruktur auf. Zwischen beiden Städten lag eine ältere slawische Siedlung (Fischmarkt und Petrikirche). Im 13. Jahrhundert wurde eine gemeinsame Stadtumwehrung mit 5 Toren angelegt. Die hier bis zum 19. Jh. blühende Tuchherstellung ist wohl der Besiedlung des Ortes durch Niederländer, die für das hohe Mittelalter nachweisbar ist, zu danken. Die neuzeitliche Industrie (Lederverarbeitung, Nahrungsmittel – teils interessante Fabrikbauten) wurde durch Eisenbahn- und Kanalbau entscheidend gefördert. Den älteren Wohnbestand haben Häuser des 18. und 19. Jh. verdrängt.

Oberkirche Unser Lieben Frauen: Die dreischiffige Hallenkirche wurde an der Stelle des spätroman. Vorgängerbaus, v. dem vor allem der zweitürmige Westbau erhalten blieb, mit dem strebepfeilerlosen Chor begonnen: Dieser war offenbar 1356 im Bau (Inschrift), vielleicht auch schon das Langhaus, dessen reiche Schmuckformen gegenüber den schlichten Rechteckpfeilern und den in Backstein ausgeführten einfachen Kreuzgewölben für eine längere Bauzeit mit entsprechenden Planschwankungen sprechen. Fertiggestellt wurde die Kirche erst 1455. Der ruhig gegliederte O-Giebel v. 1567 verkörpert, nicht ohne Erinnerung an die Formen der Spätgotik, ein landläufiges Verständnis v. Renaissancearchitektur. Der Umbau währte noch länger: Die sehr unterschiedlichen Turmhelme v. 1585 und 1586, die schön gegliederte Flachdecke im Chor (anstelle eines älteren Gewölbes) v. 1592 und schließlich die Spätrenaissance-Ausstattung sind hier zu nennen. Der *Altar* v. Michael Spies, 1607 entstanden, ist als wichtiges Werk der zeitgenössischen Bildhauerei bekannt. Gegenüber dem etwas älteren, im Aufbau und in der betont protestantischen Thematik verwandten Altar in der Stendaler Jakobikirche ist hier das Abendmahl als Zentrum des Heilsgesche-

hens aufgefaßt. Inschriftlich nicht für Spies gesichert, doch jedenfalls im Werkstattzusammenhang entstanden die *Kanzel* (1608) aus Sandstein und Alabaster über einer Figur des Paulus und die *Taufe* (1611) mit kleinen, thematisch mit dem Taufgeschehen verknüpften Reliefs. Von Spies stammt auch das Epitaph für den Bürgermeister Rudolph (1609). Auch Reste der spätmittelalterlichen Ausstattung, Figuren des 14. und 15. Jh. und weitere Grabdenkmäler des 17. und 18. Jh. sind erhalten.

Unterkirche St. Nikolai: Die im letzten Viertel des 12. Jahrhunderts entstandene Kirche ist als einheitlicher und großer Granitquaderbau mit w Doppeltürmen, basilikalem Langhaus, Querhaus, Chorquadrat und 3 Apsiden kaum verändert erhalten – ein außergewöhnlicher Fall im Bild alter Städte. Wie der Außenbau, so ist auch das Innere klar und eindrucksvoll gegliedert; auffällig ist das Fehlen v. Gesimsen. Die urspr. Flachdecken sind durch eine spätgot. Rippenwölbung im Chor und durch Holztonnen ersetzt. Zu dieser Erneuerungsphase gehört auch die *Kanzel* v. 1610 (bezeichnet Michael Spies), ungewöhnlich mit den Bildnissen der vielköpfigen Stifterfamilie. Der große Altaraufsatz mit der Darstellung des Gartens Gethsemane – Gemälde v. Johann Peter Krause – entstand im Jahre 1700. Grabdenkmäler des 14.–18. Jh., darunter das große Epitaph v. Eckstedt, v. dem aus Überlingen stammenden Bildhauer Hans Hirzig.

Außerdem sehenswert: Die *Petrikirche,* ein kleiner spätroman. Feldsteinbau mit Rechteckchor, wurde 1691 zur reformierten Kirche umgebaut; mehrfach verändert. – Ein got. Backsteingiebel zeichnet die um 1350 gestiftete ehem. *Maria-Magdalenen-Kapelle* (profaniert) aus. – Reste der Stadtbefestigung sind mit dem *Berliner Torturm* (15. Jh.) und 2 *Mauertürmen* erhalten.

Umgebung

Niegripp (7 km w): Der alte erzbischöfliche Burgort am O-Ufer der Elbe ging im Deichbruch v. 1655 unter. 1725 wurde das Schloßgut v. der Krone für Prinz Heinrich erworben, so verwundert es nicht, daß die 1732 v. Landbaumeister Fiedler erbaute *Kirche,* ein kreuzförmiger Zentralbau mit hohem Dachturm, aus dem Bild des landläufigen Dorfkirchenbaus dieser Zeit hervorsticht.

Reesen (5 km ö): Die kleine spätroman.

Burg, Petrikirche

Burg, Roland

Dorfkirche ist – bis auf den erweiterten Chor – in ihrem ma Zustand im wesentlichen erhalten.

39240 Calbe
Schönebeck

Einw.: 12 870 S. 290 □ E 7

Die Saalestadt liegt an der alten Verbindungsstraße zwischen Magdeburg und Halle/Leipzig. Von hier aus wurde Salz aus Staßfurt auf Schiffe weiterverladen. Als Marktplatz war Calbe schon vor seiner Ernennung zur Stadt im 12. Jh. bekannt. 1179 zerstörte Heinrich der Löwe den Ort. Die lange stagnierende wirtschaftliche Lage der Stadt (u. a. ungünstiger Eisenbahnanschluß im 19. Jh.) verbesserte sich erst ab 1950, als hier das Eisenhüttenkombinat West gegründet wurde.

St.-Stephans-Kirche: Beim Bau der spätgot. *Pfarrkirche St. Stephan,* einer dreischiffigen Hallenkirche, fanden Teile eines spätroman. Vorgängerbaus Verwendung. Die Vorhalle an der S-Seite wurde 1494–95 aus Backstein errichtet. Die sächs., geschlossene Fassade mit 2 Türmen ist v. schlanken Holzhelmen gekrönt.
Die Ausstattung besteht u. a. aus einem spätgotischen Flügelaltar (im Schrein Anna selbdritt) aus dem frühen 16. Jh. und einer Kanzel von 1562 sowie einem Taufstein von 1561, die von Urban Hachenberg aus Aderstedt geschaffen wurden. Die frühere barocke Ausstattung wurde 1866 weitgehend entfernt.

Laurentiuskirche: Die auf dem Friedhof der ehemaligen Bernburger Vorstadt stehende Kapelle ist ihrem Kern nach spätroman. (12. Jh.). Der einschiffige Innenraum wurde

Calbe, St. Stephan

Calbe, Roland am Markt

< *Coswig, St. Nikolai, Abendmahlsszene*

1890 restauriert. Die Ausstattung enthält u.a. ein spätgot. Kruzifix aus Holz.

Außerdem sehenswert: Am Markt v. C. stehen einige schöne *Renaissance-* und *Barockbauten* aus dem 17. und 18. Jh., auf dem Markt befindet sich das Standbild des *Roland.* Von der *Stadtbefestigung* sind noch einige Mauerreste und Türme erhalten, so der *Hexenturm* hinter dem Rathaus. – In der *Heimatstube* (Markt 13) wird über die Geschichte v. Landwirtschaft und Handwerk in C. informiert.

Umgebung

Brumby (5 km sw): Das Langhaus der einst roman. *Dorfkirche* (Mitte 12. Jh.) wurde got. erweitert. Der Innenraum besticht durch die Emporenbrüstungen und die Kassettendecke, beide bemalt (1664). Der dreigeschossige Altaraufsatz und die Kanzel sind ebenfalls mit Bemalungen versehen.
Schwarz (4 km s): Von dem Prämonstratenserkloster Gottesgnaden, gegr. 1131 und 1563 aufgehoben, ist nur noch eine Kapelle erhalten: die heutige *Dorfkirche.* Sie wurde 1710 verändert und zeigt innen 2 Grabsteine v. Pröpsten des Klosters.

06869 Coswig

Anhalt-Zerbst

Einw.: 9470 S. 291 □ F 7

Das am Elbnordufer gelegene Städtchen war im Spätmittelalter für die askanischen Grafen von Anhalt eine Art nordöstlicher Brückenkopf gegenüber Kursachsen mit dem nahen Hauptort Wittenberg. 1547 wurde die Stadt im Schmalkaldischen Krieg zerstört; Elbschiffahrt und Eisenbahn (seit 1840) förderten die Industrialisierung der Stadt.

Schloß: Es wurde vorwiegend als Witwensitz der Fürsten v. Anhalt-Köthen und Anhalt-Zerbst (seit 1603) genutzt und entstand in seiner heutigen Form seit 1555 (Kern des N-Flügels). 1667–1677 erfolgte eine sehr repräsentative Erweiterung zur dreiflügeligen Anlage – die Elbseite war nämlich nur galerieähnlich geschlossen und wurde erst später mit einem 4. Flügel überbaut. Im Zuge der Nutzung als Gefängnis im 19. und 20. Jh. und Archiv (seit 1958) wurde das Innere bis zur Unkenntlichkeit verändert.

Coswig, Schloß

Stadtkirche St. Nikolai: Eine um 1240 vorgenommene Erweiterung der ältesten Kirche zeigt sich in einem großen spätroman. Portal und dem Rechteckchor. Aus ma Zeit stammen das Chorgestühl und Teile eines Bildfensters. Die Malerei des 16. Jh. ist mit Epitaphen aus der Werkstatt Lucas Cranachs d. J. vertreten. Ende des 17. Jh., also nach der Erweiterung des Schlosses, wurde der Bau erneuert, wie die Portalvorbauten der N-Seite und vor allem die Prinzipalstücke der Ausstattung bezeugen: Altar, Kanzel und Taufe (diese 1701 v. Giovanni Simonetti), ferner Orgelprospekt (1713), ehem. Fürstenloge. – Von einem 1275 neben der Kirche gegr. *Dominikanerinnenkloster* sind spätmittelalterliche Bauteile erhalten.
Rathaus: Ansprechender Bau v. 1569.

Umgebung

Roßlau (17 km w): Als alter Elbübergang an der Straße v. Dessau nach Zerbst war Roßlau seit dem MA v. Bedeutung. 1583 wurde eine erste Elbbrücke gebaut, um die im Dreißigjährigen Krieg (1626) heftig gekämpft wurde; die Stadt wurde damals zerstört. Um und nach 1800 hat die Nähe zu Dessau die bauliche Entwicklung befruchtet; der neue *Friedhof,* eine Reihe v. *Bürgerhäusern* u. a. entstanden nach Entwürfen Gottfried Bandhauers. Die günstige Verkehrslage und der Elbhafen begünstigten die Industrialisierung (1844 Maschinenfabrik, 1866 Werft). – Die *Burg* ist sehenswert als recht gut erhaltene ovale Anlage mit Vor- und Kernburg am Rand der Elbniederung; die Gebäude zumeist spätmittelalterlich. Benachbart das *Kleine Schloß* v. 1740. – *Stadtkirche St. Marien,* neugot. Bau, ab 1851 nach einem Entwurf v. Christian Conrad Hengst erbaut. – *Früheres Elbzollhaus,* 1788 v. Friedrich Wilhelm v. Erdmannsdorff errichtet.
Hundeluft (14 km nw): Der Achteckbau der *Kirche* entstand 1746 nach einem Entwurf v. Johann Christoph Schütze.

Coswig, Rathaus

D

38895 Derenburg
Wernigerode

Einw.: 2670	S. 290 □ C 7

Die ehemalige Burg im Osten der Stadt wurde schon Ende des 18. Jahrhundert zerstört. Sie gilt als von Heinrich I. gegründet (10. Jh.). In der Nähe des Ortes befand sich eine jungsteinzeitliche Siedlung mit Gräbern und Palisaden. Der sogenannte »Hühnerstein« zwischen Derenburg und Benzingerode stammt aus dieser Zeit. Seit dem 12. Jh. gehörte Derenburg den Grafen von Regenstein, unter denen es zur Stadt und zeitweisen Residenz heranwuchs. Seine spätere Entwicklung war eher von dörflichem Charakter geprägt.

St.-Trinitatis-Kirche: Die Pfarrkirche vereinigt unterschiedliche Baustile: Der Westbau mit 2 Türmen ist spätromanischen Ursprungs, 1726 wurde der einschiffige Hauptraum errichtet.
Aus dieser Periode stammt auch der Großteil der Innenausstattung. Der üppig gestaltete Orgelprospekt (1770, eventuell 1589) wurde aus der Martinikirche in Halberstadt übernommen.

Außerdem sehenswert: Sowohl das spätgot. *Obere Rathaus* (um 1560) als auch das spätbarocke *Untere Rathaus* (1789) wurden in Fachwerk errichtet.

Umgebung

Danstedt (5 km nw): Hier befindet sich eine barocke *Dorfkirche* aus dem 18. Jh. mit romanischem w Turm, dem Langschiff gegenüber geöffnet. Beachtung verdienen die Holztonne mit Bemalung und die schmucke hölzerne Empore in U-Form. Der Kanzelaltar entstand Anfang des 18. Jh. und zeichnet sich durch einen vielfältigen Aufbau aus. Die Kirche enthält 2 barocke Kronleuchter.
Heudeber (6 km nw): Die *Dorfkirche* aus der Zeit um 1850 ist ein rein klassizistischer Bau mit entsprechender Ausstattung.

06842–49 Dessau
Dessau

Einw.: 93290 Höhe: 64 m S. 291 □ F 7

Der vermutlich im späteren Mittelalter am Übergang über die Mulde entstandene, 1213 erstmals genannte Ort wurde 1474 Wohnsitz einer Dessauer Linie der Fürsten von Anhalt. Dessau blieb nach dem Aussterben der übrigen anhaltischen Fürstenhäuser 1863 alleinige Residenz und Landeshauptstadt des Herzogtums, bzw. von 1918 bis 1945 des Freistaates Anhalt. 1947 verlor Dessau auch die Funktion einer Bezirkshauptstadt.
Kulturelle Höhepunkte der Stadt im 16. und späten 18. Jahrhundert sind selbst nach der schweren Zerstörung der Stadt im Jahre 1945 (84% der Bauten) im Spektrum der erhaltenen Baudenkmäler zu erkennen. Insbesondere hat die mit der Regierungszeit des Fürsten Leopold III. Friedrich Franz (vgl. Wörlitz) einhergehende Dessauer Auf-

Dessau, Ehemaliges Residenzschloß

Dessau, Rathaus

klärung bleibende Spuren hinterlassen. Genannt sei hier das 1774 von Johann Bernhard Basedow gegründete Philanthropinum, eine pädagogische Anstalt. Für die Kunstgeschichte des 20. Jahrhunderts erlangte Dessau mit dem Wirken des Bauhauses (s. u.) europäischen Rang. In Dessau wurde 1729 der Philosoph Moses Mendelssohn, 1794 der Dichter Wilhelm Müller (»Griechen-Müller«, Denkmal v. 1891 im Stadtgarten) geboren.

Ehem. Residenzschloß (Johannbau): Das 1341 genannte, jedoch im Kern ältere Schloß wurde 1530–33 als einer der ersten Renaissancebauten in Mitteldeutschland v. Ludwig Binder errichtet; es ist insbesondere von der symmetrischen Stellung des Treppenturmes her bestimmt. Noch im 16. Jahrhunderts, vor allem aber in der Mitte des 18. Jh. wurde das Schloß zu einer repräsentativen Flügelanlage erweitert und ausgebaut.
Es brannte 1945 aus. Die Bauten wurden abgetragen bis auf den w gelegenen Johannbau, der 1957 gesichert wurde, jedoch in der Folgezeit zunehmend verfiel.

Stadtkirche St. Marien: Die zwischen 1506 und 1554 zunächst vom Halleschen Ratsbaumeister Ulrich v. Schmiedeberg, später v. Ludwig Binder erbaute Hallenkirche steht noch als mächtige Kriegsruine zwischen Schloß und Rathaus. Jüngster Bauteil ist der W-Turm. Bis 1910 war der Backsteinbau verputzt.

Georgenkirche: An der Stelle der Hospitalkirche 1712–17 als Zentralbau über ovalem Grundriß erbaut; abgesehen vom W-Turm somit der wenig älteren Kirche in Oranienbaum folgend (1951 ohne jüngere Erweiterungen wieder aufgebaut).

Rathaus: Der städtebaulich sehr wirkungsvolle Neurenaissancebau wurde 1899–1901 v. G. Süssengut und H. Reinhardt erbaut; 1952 vereinfacht ausgebaut. Im Hof finden man 2 Portale des Vorgängerbaus.

Landestheater (Friedensplatz): Das 1935 bis 1938 von F. Lipp und W. Roth erbaute Theater wurde 1944 schwer beschädigt, war jedoch bereits 1949 – verändert – wiederhergestellt.

Bauhaus (Thälmannallee): Für die 1925 v. Weimar nach D. übergesiedelte und hier bis 1932 bestehende staatliche Kunstschule wurde nach dem Entwurf ihres Gründers und Leiters, Walter Gropius, 1925–26 das neue Schulgebäude errichtet. Der program-

Dessau, Landestheater

matische Stahlbetonskelettbau umfaßt 5 klar geschnittene, jedem Ornament abholde Baukörper. Schulgebäude und Werkstätten, durch den Verwaltungstrakt verbunden, setzen sich nach O hin durch die Aula, die Mensa und das fünfgeschossige Wohnheim fort. Die berühmte Glasvorhangfassade des Werkstattbaus wurde 1976 rekonstruiert, ebenso Vestibül und Aula mit ihrer Inneneinrichtung (v. Marcel Breuer [Stühle] und Max Krajeweski [Leuchten]) und Farbigkeit. – In der Nähe (Ebert-Allee) 3 *Meisterhäuser*, 1926 nach Plänen v. Gropius erbaut, wichtige Beispiele funktionalistischen Bauens.

Arbeitsamt: 1928 nach Plänen v. Gropius gebaut, Gruppe aus Verwaltungs- und Beratungsgebäude, dieses bemerkenswert in der damals ganz ungewöhnlichen Verwendung des halbrunden Grundrisses.

Wohnhäuser: Von den bis 1944 zahlreichen älteren Gebäuden sind nur wenige bedeutende Zeugnisse erhalten, zumeist in der Str. der Deutsch-Sowjetischen Freundschaft, der früheren Zerbster Str.: *Pfeiffersches Haus* (Nr. 5, 1595), *Palais Fürst Dietrich* (Nr. 35, 1747–52) – hier war später der Sitz des Philanthropinums, dessen pädagogische Lehrsammlung heute in der gleichnamigen Oberschule (Friedrich-Naumann-Str.) aufbewahrt wird. Ferner das *Palais Waldersee* (Nr. 10, 1792–95 v. Friedrich Wilhelm v. Erdmannsdorff; heute Stadtbücherei) und das *Palais Branconi* (Nr. 36, 1795–97 v. Erdmannsdorff). Dort, wo die vorstädtische Bebauung des frühen 20. Jh. erhalten ist, wie n der Innenstadt, erweist sich diese als qualitätvolle Architektur der letzten Residenzzeit. Die 1954–58 gebauten Hauszeilen an der Wilhelm-Pieck-Str. (N-Abschnitt) und der Friedrich-Engels-Str. repräsentieren das historisierende Bauen der Stalinzeit. Waren dafür z. T. neue Straßenführungen entwickelt worden, so wurde mit dem etwa 1960 beginnenden Großblock- und Hochhausbau auch die Silhouette der Stadt gründlich verändert.

Alter Friedhof (Parkanlage): 1787–89 nach Entwurf Erdmannsdorffs als streng quadratische Anlage mit triumphbogenähnlichem Torhaus (Askanisches Tor) und Grüften entlang der Außenmauern. Im Kreuzpunkt der beiden Hauptwege liegt die Grabstätte des Erbprinzen Friedrich (†1814). Erdmannsdorff und Wilhelm Müller sind hier begraben; den interessanten Grabbau an der w Gruftmauer ließ sich der exzentrische Graf Putjatin im Jahre 1800 errichten.

Dessau, Bauhaus

Dessau, Schloß Georgium, Deckenstukkatur der 3 Grazien

Schloß und Park Georgium: In dem seit 1780 v. J.G. Schoch und J.F. Eyserbeck geplanten und in der Folge ausgeführten Landschaftsgarten steht als Hauptgebäude das in dieser Zeit v. Erdmannsdorff für den Prinzen Johann Georg gebaute Sommerschloß. Sein Walmdach zeigt den Umfang des Kernbaus deutlich an; die seitlichen Risalite wurden erst 1893 hinzugefügt. Seit 1959 ist hier die *Staatliche Galerie Georgium* eingerichtet. Ihr altes Domizil, das Palais Reina, hat den Krieg nicht überdauert. Grundstock der 1927 gegr. Sammlung sind ältere herzogliche und städtische Bestände. Bes. dt. und niederländische Malerei des 16. und 17. Jh. ist mit vorzüglichen Werken vertreten, u.a. der aus der Wittenberger Schloßkirche stammende *Fürstenaltar* Cranachs v. 1510–12, ferner die dt. Malerei aus der Zeit um 1800; berühmt ist auch die *Graphische Sammlung* (ca. 30 000 Blätter).
An *Parkbauten,* z.T. v. Erdmannsdorff entworfenen Nachbildungen römischer Bauten, seien hier das *Billardhaus* und die *Orangerie* am Eingang, das *Blumengartenhaus,* das stilistisch mehrgestaltige *Fremdenhaus* (Ruine) und ein *Rundtempel* in der Nähe des Schlosses genannt. Die *Sieben Säulen* rufen den Saturn-Tempel des römischen Forums in Erinnerung. Eine Reihe v. architektonisch gestalteten Brücken, Bogen und Sitzen schließen sich an und leiten zu der Parkerweiterung im Beckerbruch über, wo der turmartige *Elbpavillon* das Ende des Parks anzeigt.

Museum für Naturkunde und Vorgeschichte (August-Bebel-Str. 32): Das frühere Leopold-Dank-Stift, erbaut 1746–50, der Turm 1847, wurde schon 1946 wiederhergestellt und beherbergt mit seinen Sammlungen auch Material zur Stadtgeschichte.

Außerdem sehenswert: *Johanniskirche,* 1698–1702 v. Martin Grünberg erbaut, 1865 und 1951 verändert wiederhergestellt. – *Kath. Pfarrkirche* (1854–57) v. Vinzenz Statz, ein feingegliederter neugot. Backsteinbau. – *Pauluskirche* (1891–92) v. Johannes Otzen, im Inneren in Nutzräume unterteilt. – *Herzogliches Mausoleum* (Nähe Georgium), 1894–98 v. Franz Schwechten errichtet, ein großer wilhelminischer Zentralbau in Hochrenaissanceformen. – An Gebäuden der Dessauer Bauhausmeister sind hier zu nennen: *Reihenhaussiedlung* in Törten (1926–28) v. Gropius (im Detail verändert), dort auch *Laubenganghäuser* (1928–30) v. Hannes Meyer; das *Stahlhaus* (1926) v. Georg Muche und Richard Paulick; in Ziebigk die *Gaststätte Kornhaus* am Elbwall (1930) v. Karl Fieger.

Umgebung (Ortsteile v. Dessau)

Großkühnau (5 km w): Über den Amaliensitz verknüpft sich der Georgengarten mit dem seit 1805 w davon angelegten *Großkühnauer Park;* bemerkenswert ist der im Landschaftspark angelegte Terrassenweinberg mit dem nach 1818 darauf erbauten sog. *Teehaus.* – Das Großkühnauer *Schloß* selbst, schon 1754 errichtet, ist noch spätbarock geprägt. – Von besonderem Interesse ist die 1828 erbaute, in ihren Bauformen

Dessau, Schloß und Park Georgium >

Haideburg (Dessau), Jagdschloß

bereits die Neuromanik vorwegnehmende *Kirche* mit einer qualitätvollen Ausstattung aus dieser Zeit.

Haideburg (3 km s): Das 1782–83 errichtete *Jagdschloß,* eines der frühesten und interessantesten Zeugnisse der Neugotik, stammt vielleicht v. Erdmannsdorff.

Mildensee (5 km ö): Die ehem. *Propsteikirche* im alten Pötnitz, eine Basilika mit Querhaus, entstand um 1180 als südlichste einer größeren Gruppe spätroman. Backsteinkirchen. Eine Wiederherstellung in den Jahren 1804–06 durch Georg Christoph Hesekiel hat sie ohne Seitenschiffe, aber mit neuem mächtigem Vierungsturm als Wahrzeichen in die Landschaft gestellt. Aus der Dessauer Schloßkirche kommt die bekannte Darstellung des Abendmahls v. Lucas Cranach d.J., die in einem Renaissanceraum die Reformatoren als Jünger Christi und die Fürsten als Zuschauer bzw. Bedienstete zeigt. – Der sog. *Napoleonsturm,* 1809–12 v. Carlo Ignazio Pozzi erbaut, war vielleicht für astronomische Beobachtungen gedacht.

Mosigkau (7 km sw): 1742 begann mit der Übereignung des bislang fürstlichen Vorwerks an Prinzessin Anna Wilhelmine (1715–80) die neuere Geschichte des Ortes. Die Ortsherrin ließ 1754–56 den Dreiflügelbau des *Schlosses,* das sie für die Zeit nach ihrem Tod zu einem adligen Damenstift bestimmte, errichten. 1951 wurde im Schloß eine Galerie eingerichtet. Mit Park und (veränderten) Nebengebäuden ergibt sich hier das Bild einer fürstlichen Sommerresidenz des 18. Jh. Wer der Schöpfer des Schloßentwurfs ist, blieb bislang ungeklärt. Die architektonisch hervorgehobenen Mittelachsen werden v. großen Figuren des Bildhauers Johann Wolfgang Träger eingefaßt. Hauptetage ist das Erdgeschoß, wo im größten Raum, dem Gartensaal, die *Gemäldegalerie* der ersten Besitzerin erhalten ge-

< Vorhergehende Doppelseite:

Links: Dessau, Herzogliches Mausoleum

Rechts: Mildensee (Dessau), Propsteikirche

Mosigkau (Dessau), Schloß

blieben ist. Der Saal ist als einer der schönsten mitteldt. Rokokoräume und eine der wenigen im Originalbestand überkommenen Barockgalerien überhaupt v. besonderem Reiz. Die hier in alter Hängung bewahrte Sammlung, die der Prinzessin als Teil der oranischen Erbschaft (→Oranienbaum unter: Gräfenhainichen) zugefallen war, umfaßt vorwiegend flämische Meister des 17. Jahrhundert und französische Malerei des 18. Jh. Die feingliedrige Dekoration auf den mit Stucco lustro versehenen Wänden setzt sich auch in den Nebenräumen wie dem intimen Musikkabinett fort. Als Stukkateure wirkten Johann Michael Hoppenhaupt d. Ä. (zugeschrieben), Carlo und Benigno Bossi. Die *Parkanlage* des mittleren 18. Jahrhundert, angelegt v. Christoph Friedrich Brose, ist in ihrer Anlage und einigen Partien noch vorhanden, landschaftlich verändert beeindruckt sie durch wertvollen Baumbestand.

Waldersee (4 km ö): *Luisengarten.* Nachdem schon seit der Mitte des 18. Jh. der »Vogelherd« als herzoglicher Park genutzt wurde, setzten seit 1780 Umgestaltungsarbeiten nach Plänen Johann Friedrich Eyserbecks ein (der Garten wurde seither nach der Gemahlin des Fürsten Franz benannt). 1774–78 hatte Erdmannsdorff den kleinen *Schloßbau* begonnen, geradezu ein klassisches Beispiel des später mehrfach v. ihm variierten Villentyps. Dieses Refugium der Herzogin weist im Erdgeschoß einen etwas schwerblütig gegliederten Festsaal auf, während sich die kleineren Gemächer der Obergeschosse durch bes. feine Dekoration auszeichnen, wesentlich durch die damals erfolgte Entdeckung der pompejanischen Wandmalerei angeregt. Die landschaftliche Gestaltung des Parks ist großzügig und weiträumig, der den Garten durchziehende Teich erscheint als breiter, gekrümmter Wasserlauf. Breite Sichtachsen eröffnen Blickpunkte in der Landschaft. Mehrere Parkbauten wie das Gestüt (1779), das neugot. »Schlangenhaus«, die Orangerie (1784) u. a. gehen auf Erdmannsdorff zurück. In Motiven wie den Hermen am Uferweg-Eingang, dem Denkmal der Ve-

Waldersee (Dessau), Luisium

Diesdorf, Stiftskirche

stalin oder dem Ruinenbogen wird unmittelbar an die römische Antike angeknüpft. – Die *Kirche* des benachbarten Dorfes *Jonitz* ist mit ihrem Turm als Blickpunkt und Sinnzeichen dem Luisengarten unmittelbar verknüpft. Der barocke Bau erhielt 1816 bis 1817 seinen Turm, dessen Erdgeschoß die Gräber für Fürst Leopold Friedrich Franz und seine Gemahlin aufgenommen hat (Marmorrelief der 3 Frauen am Grabe Christi, 1823 v. Friedemann Hunold). Auf der Plattform des Turmes erhebt sich ein überaus hoher Obelisk, dessen Gewicht durch eine kunstvolle Wölbung aufgenommen wird.

29413 Diesdorf Altmarkkreis Salzwedel	
Einw.: 2100	S. 288 □ C 5

Stiftskirche: Ein großes, 1170 gestiftetes Augustinerchorfrauenstift bestand nach der Reformation als Damenstift fort; dieses wurde 1810 aufgehoben. Von dem Stift Marienwerder ist im wesentlichen nur die große dreischiffige Backsteinbasilika erhalten, vorzüglich in der Klarheit ihres Grund- und Aufrisses, zudem der erste umfassend gewölbte Bau in der Altmark (Kreuzgratgewölbe). Veränderungen gegenüber der Architektur des frühen 13. Jh. sind die Stiftsdamenempore im n Querhaus, später erweitert in das n Seitenschiff hinein, und die 1872 hergestellten Obergeschosse des w Turmes, mit dem eine umfassende Wiederherstellung des Baus ihren Abschluß fand. Der Kirche fehlt seit dieser Renovierung ihre nachmittelalterliche Ausstattung. Vorhanden sind eine spätgot. Triumphkreuzgruppe und der Schrein eines Heiligen Grabes; die Grabkapelle ist im N-Seitenschiff eingebaut. Grabplatte mit Ritzfigur eines Grafen v. Lüchow aus der Familie der Stifter († 1273).

Heimatmuseum: Seit 1927 besteht in der Nähe der Kirche ein Freilichtmuseum mit einer Reihe hierher versetzter altmärkischer Bauernhäuser. Diese Sonderform des niederdt. Hallenhauses ist noch in einer Reihe v. Dörfern der Umgebung v. Salzwedel zu finden.

Umgebung

Beetzendorf (16 km sö): Die urspr. landesherrliche *Burg* war seit dem Spätmittelalter Hauptsitz der in der Altmark reich begüterten Familie v. der Schulenburg. Seit 1642 ist die Niederungsburg Ruine; erhalten sind auf dem durch künstliche Gräben abgegrenzten, ca. 5 ha umfassenden Gelände erhebliche Teile der Vor- und Kernburg mit ihren Backsteinbauten; der Bergfried existiert noch mit 5 Geschossen in nahezu voller Höhe. In seinen Grundzügen besteht noch der barocke Park. – Die *Dorfkirche,* ein Putzbau v. 1735, repräsentiert einen in Brandenburg geläufigen Typ des barocken Saalbaus mit eingestelltem W-Turm.

E

39435 Egeln
Bördekreis

Einw.: 4820 S.290 □ D 7

Der Ort entstand am Übergang der sich hier vereinigenden Straßen von Quedlinburg und Aschersleben nach Magdeburg über die Bode. Eine Burg am linken Flußufer wird bereits 814 erwähnt. Um 1200 wurde Egeln zur Stadt. Noch im 13. Jh. entwickelt sich südlich außerhalb der alten Stadtmauer die Neustadt. Während des Dreißigjährigen Krieges wohnte hier eine Zeitlang der schwedische General Banér.

Klosterkirche Marienstuhl: 1259 wurde das Zisterzienserinnenkloster Marienstuhl durch Otto v. Hadmersleben gegr. Nach der Reformation blieb nur dieses Kloster in E. kath.; 1809 wurde es aufgelöst. Seitdem ist die ehem. Klosterkirche Pfarrkirche der kath. Diasporagemeinde. Der ehem. weitläufige Klosterkomplex entstand zu Ende des 17. Jh. und ist mit einer Mauer umgeben. Die gut erhaltene Kirche stellt mit ihrem Werksteinbau v. 1732–34 und ihrer prächtigen, einheitlichen Innenausstattung ein wichtiges Beispiel mitteldeutscher Barockkunst dar. Außenbau und barock gewölbter Saalbau sind eher schlicht. Im W befindet sich eine große Nonnenempore. Seine besondere Bedeutung erhält der Kirchenraum durch den breiten barocken *Hauptaltar* (1737) mit geschwungenem Säulenaufbau, geschnitzten Figuren und Gemälden. Die Figuren zeigen die Ordensgründer Benedikt und Bernhard sowie die hll. Andreas und Mauritius. Bemerkenswert sind auch eine opulent geschmückte Kanzel mit Schalldeckel und 2 schöne Nebenaltäre. Einige Ausstattungsstücke sind älteren Datums, so ein außergewöhnliches geschnitztes *Kruzifix* (1. Hälfte 14. Jh.).

Stadtkirche St. Spiritus: Der einschiffige schlichte Bau ist ebenfalls ein Werk des Barock und 1701–03 entstanden. Der Turm ist got. Ursprungs, die Zwillingshelme datieren v. 1559. Beachtenswert sind die Kanzel v. 1616 mit prächtigem Figurenschmuck und der Altaraufbau mit geschnitzten Altarschranken und einem Kreuzigungsgemälde, das 1703 J. G. Aberkunk schuf. Die klassizistische ornamentale Fassung der Tonne und der Emporen ist vermutlich bei der Restaurierung v. 1820 entstanden.

Außerdem sehenswert: Die *Burg,* eine weitläufige Anlage, die aus Haupt- und Vorburg besteht, wurde im wesentlichen im 16. Jh. errichtet. An der nw Ecke steht der vierekkige Bergfried, durch Aufstockung enthält er 6 Geschosse. Am Torbau sind die Haupt- und Nebenpforte mit den Falzen für die Zugbrücke erhalten. Der Palas besitzt reiche Volutengiebel v. 1617. – In der Moritz-Wiener-Str. 1 befindet sich das *Städtische Museum.* Es zeigt vor- und frühgeschichtliche Funde aus dem Kreis Staßfurt im n Harzvorland.

Umgebung

Cochstedt (8 km s): Die *Stadtkirche St. Stephanus,* ein im Kern got. Bau (im 19. Jahrhundert verändert), besitzt einen spätgot. Flügelaltar (Anfang 16. Jh.) mit Figuren unter Baldachinen: in der Mitte die Madonna, seitlich Stephanus und Katharina. Eine Sakramentsnische v. 1513 befindet sich im Chor.

Schneidlingen (6 km s): Die ehem. roman. *Kirche,* die im 17. Jh. umgestaltet wurde, beeindruckt durch ihr Inneres. Die hölzerne Tonne ist in Rankenfelder und Bilder unterteilt, während die Empore Szenen aus dem Leben Jesu zeigt. Der geschnitzte Kanzelaltar (1. Hälfte 17. Jh.) ist vom Ursprung her spätgot. – Die frühere *Niederungsburg* mit Wassergräben und Wällen ist 1590 völlig umgebaut worden. Von der früheren Anlage ist nichts erhalten geblieben. An den Gebäuden des *Wirtschaftshofes,* 1611–17 entstanden, sind zahlreiche Wappentafeln der Domherren v. Halberstadt aus dem 17. Jh. eingemauert.

Tarthun (4 km sö): Die urspr. ma, vermutlich roman. *Dorfkirche* wurde 1680 umgebaut und mit hölzerner Spitztonne, Emporen und Innenausstattung versehen. Darunter ein Altaraufsatz und ein Pastorenbildnis, das S. Kleffel darstellt.

Unseburg (7 km sö): Neben der bemerkenswerten *Dorfkirche* mit roman. w Turm und spätroman. Triumphkreuz findet man in Unseburg noch Reste v. Gräben und Wällen einer früheren wichtigen *Grenzschutzburg* an der Lüneburg-Leipziger Heerstraße, auf einer Insel der Bodeniederung gelegen.

06295 Eisleben, Lutherstadt

Mansfelder Land

Einw.: 24350 Höhe: 127 m S. 290 □ E 7

Eisleben liegt im östlichen Harzvorland. Um 800 wird es als *Eslebo* erstmals genannt, das an sehr alten Handelsstraßen entstanden war. (Nach einer anderen Quelle geht Eisleben zurück auf *Eisleva,* um 1045.) Ab 994 besaß es Markt-, Zoll- und Münzrechte, ab 1180 Stadtrechte. Die Grundlage für den Wohlstand des Orts bil-

Eisleben, Marktkirche St. Andreas

Eisleben, Marktkirche St. Andreas

dete noch bis in dieses Jahrhundert der Kupferschieferbergbau. Westlich der Siedlung Eisleben mit ihren Vorstädten war schon 1511 ein Bergmannsort durch Graf Albrecht von Mansfeld-Hinterot gegründet worden. Nachdem der Ort im frühen Mittelalter den Bischöfen von Halberstadt unterstanden hatte, kam er 1579 unter kursächsische Lehnshoheit, 1780 ganz an Kursachsen und 1815 an Brandenburg-Preußen. Nach einem großen Stadtbrand 1601 setzte im 17. und 18. Jh. ein wirtschaftlicher und kultureller Niedergang ein. Die Industrialisierung brachte ab Ende 19. Jh. eine neue Blüte. Das Mansfeld-Kombinat in der Nähe von Eisleben war der zweitgrößte Industriebetrieb in der ehem. DDR, ursprünglich für Kupfergewinnung und -verarbeitung. In Eisleben wurde der Erfinder der Buchdruckschnellpresse F. König (1774–1833) geboren.
1946 erhielt Eisleben den Beinamen Lutherstadt. Der Reformator war hier am 10. 11. 1483 als Sohn eines Bergmanns geboren worden. In Eisleben starb er auch, am 18. 2. 1546.

Marktkirche St. Andreas: Beim Bau der dreischiffigen spätgot. Hallenkirche, der in der 1. Hälfte des 15. Jh. begonnen wurde, fanden Teile eines roman. und frühgot. Vorgängerbaus Verwendung. Das Langhaus der alten Hauptkirche der Bergstadt E. ist mit Kreuzrippengewölben ausgestattet, der ebenfalls dreischiffige Chor mit Stern-, Netz- und Kreuzrippengewölben. Die Kirche hat 3 Türme, einen an der N-Seite und 2 über dem Westbau; diese beiden wurden 1602 mit Hauben anstelle der abgebrannten got. Spitzen ausgerüstet. 1606 wurde eine massive w Empore über Rundpfeilern eingefügt. Die Ausstattung besteht u. a. aus einem spätgot. Flügelaltar (im Schrein Marienkrönung) aus der Zeit um 1500, der Ähnlichkeiten zum Altar der Ulrichskirche in Halle besitzt, einer Kanzel, v. der schon Luther predigte, aus dem frühen 16. Jh. und bed. Grabdenkmälern der Grafen v. Mansfeld (16. und 17. Jh.).

Pfarrkirche St. Annen (Eisleben-Neustadt): Die einschiffige Kirche trägt Züge der Spätgotik und der Renaissance. Mit ihrem Bau wurde 1513 begonnen: erst 1608 war er fertiggestellt. Sie war der Schutzheiligen der Bergleute geweiht. An der W-Seite der Kirche befindet sich die Grabkapelle der Grafen v. Mansfeld v. 1588, an der N-Seite der Turm. Bemerkenswerte Ausstattungsstücke sind das Chorgestühl, das 1585 v. Hans Thon Uttendrup geschaffen wurde (um die Brüstung zieht sich die sog. *Eisle-*

Eisleben, St. Annen, Eislebener Steinbilderbibel, Detail

Eisleben, Pfarrkirche St. Peter und Paul

bener Steinbilderbibel, die aus 26 Reliefs besteht), die Kanzel v. 1608 und ein Schnitzaltar v. 1510 (Maria als Mondsichelmadonna). Das *Pfarrhaus* (an der S-Seite der Kirche) mit 5 Fachwerkgiebeln gehörte urspr. (wie auch die Kirche) zu einem v. Albrecht VII. gestifteten Augustiner-Eremitenkloster, das 1522 aufgelöst wurde.

Pfarrkirche St. Nikolai: Die kleine dreischiffige spätgot. Hallenkirche wurde 1426 geweiht. Sie wird heute nicht mehr als Kirche genutzt: ihre Ausstattung befindet sich in der Marktkirche St. Andreas.

Pfarrkirche St. Peter und Paul: Das Bauwerk in der s Vorstadt ist die 3. dreischiffige spätgotische Hallenkirche in E. Sie wurde 1486–1513 errichtet und besitzt schöne Stern- und Netzgewölbe. Das bemerkenswerteste Stück der Ausstattung ist der spätgot. *Flügelaltar* (nach 1500). Im Schrein sieht man Anna selbdritt mit den hll. Elisabeth und Magdalena. Martin Luther wurde hier getauft: In der Taufkapelle im Turmuntergeschoß hängen neben seinem Porträt die seiner Eltern und seiner Frau (Mitte 16. Jh.). Der Orgelprospekt entstand 1929.

Bergamt (Markt): Bei dem ehem. Bergamt handelt es sich um ein spätgot. Bauwerk aus der Zeit um 1500 mit einem schönen Kielbogenportal. Im Sessionszimmer im Inneren befinden sich zahlreiche Wappen.

Rathaus der Altstadt: Das zweigeschossige spätgot. Bauwerk wurde 1531 fertiggestellt. An der N-Seite befindet sich eine doppelläufige Freitreppe. Vor dem Rathaus steht das *Luther-Denkmal* v. Rudolph Siemering (1882).

Rathaus der Neustadt: Das Rathaus, ein schlichter Renaissancebau, wurde 1571 bis 1589 ausgeführt. Sehenswert ist das reiche Portal v. 1580. Vor dem Rathaus steht eine Bergmannsfigur, der »Kamerad Martin«. Es handelt sich um eine Kopie nach einem Original v. 1590.

Luthers Geburtshaus (Lutherstr. 16): Bei dem Gebäude handelt es sich um eines der ältesten Bürgerhäuser in E. (15. Jh.). Nach einem Brand des Obergeschosses 1689 diente der Bau ab 1693 als Armenfreischule und Luther-Gedenkstätte, 1817 wurde ein reformationsgeschichtliches, 1917 ein Luther-Museum eingerichtet. Zu sehen sind u.a. der 1983 rekonstruierte Gedenkraum im Obergeschoß. Einer der Räume gilt als seine Geburtskammer. Weiterhin Münzen und Medaillen aus der Reformationszeit sowie Luthers vermeintliches Lesepult aus Holz in Form eines Schwanes, 16. Jh.

Luthers Sterbehaus (Andreaskirchplatz 7): Am 28. 1. 1546 kam Luther zur Schlichtung einer Erbstreitigkeit nach E. In diesem Haus (um 1500) starb er am 18. Februar. Einen Eindruck v. seinen letzten Stunden (aufgrund authentischer Berichte) vermittelt das Gemälde »Luthers letztes Bekenntnis« v. W. Pape (1905). In seinem Sterbezimmer sind Luthers Totenmaske (Replik) und sein Bahrtuch ausgestellt. Er ist in der Schloßkirche in Wittenberg, an die er 1517 seine 95 Thesen anschlug, begraben. In Luthers Sterbehaus ist auch das *Heimatmuseum*. Es zeigt u. a. die Geschichte des Bergbaus in E. und in der Umgebung.

Eisleben, Luther-Denkmal

Eisleben, Luthers sog. Lesepult aus Holz in Form eines Schwanes in seinem Geburtshaus

Luthers Sterbezimmer >

Außerdem sehenswert: *Lenin-Denkmal* auf dem August-Bebel-Plan. Es wurde 1925 v. dem sowjetischen Bildhauer Matwej Genrichowitsch Maniser geschaffen und stand urspr. in der Stadt Puschkin bei Leningrad, wo es während des 2. Weltkriegs v. dt. Truppen geraubt wurde. Es sollte eingeschmolzen werden. – Bemerkenswert sind die engen und stimmungsvollen ma *Straßen* und *Gassen* mit vielen interessanten *Häusern,* darunter stattlichen Bürgerhäusern bes. am Markt (nach dem Brand 1601 wiedererrichtet). – Die frühere *Münze* befindet sich in einem einfachen Bau aus dem 16. Jh. in der Herrenstr. 10. – Einen Besuch lohnen auch der städtische *Kronenfriedhof,* nö der ma Stadt, aus dem Jahre 1533 und der *Bürgergarten* (Nikolaistr. 20), in dem die Geschichte der Mansfelder Arbeiterbewegung dokumentiert wird.

Umgebung

Bornstedt (10 km sw): Um 1900 wurde die urspr. spätgot. *Dorfkirche* im Stil der Neugotik umfassend baulich verändert. Im Inneren ist sie vollständig mit Stücken vom

Wimmelburg (Eisleben), Klosterkirche

Eisleben, Luther-Relief an seinem Geburtshaus

Anfang des 17. Jh. ausgestattet, darunter Kanzel und s Epitaph, beide aus Holz. – Östlich vom Ort existieren noch Reste einer ehem. karolingischen *Burganlage,* im MA überbaut. Einige der früheren Wallgrabenanlagen sind erhalten geblieben.

Helbra (7 km nw): Die *Kirche,* ein spätgotischer Bau aus Bruchsteinen, der z. T. barock verputzt ist, besitzt einen w Turm mit Pyramidendach und ein langgezogenes Schiff. Vom früheren Gebäude ist das w Portal erhalten. 1745 wurde die Kirche umgestaltet. Von der vielfältigen Innenausstattung ist bes. der polygone Kanzelkorb (1512) hervorzuheben.

Helfta (3 km sö): Außer einer spätgot. *Dorfkirche* mit bemerkenswertem Flügelaltar um 1500 und Epitaph (1591) findet man Reste einer *Klosterkirche* des früheren Klosters der Zisterzienserinnen, gegr. 1229.

Hergisdorf (5 km w): Die unveränderte spätgot. *Kirche* in reizvoller Lage über dem Dorf mit Turm v. 1472 und Schiff v. 1512, z. T. aus Sandstein erbaut, besitzt einen sehenswerten Flügelaltar (in der Predella Geburt Christi). Er stammt ebenso wie Kanzel, Taufstein und Chorgestühl aus der Zeit der Erbauung.

Hornburg (10 km sö): In der im Kern roman. *Dorfkirche* ist ein (s) Tympanon-Relief mit dem Gotteslamm (um 1200) zu sehen. Die Ausstattung der Kirche wurde in der Zeit des Barock geschaffen.

Schochwitz (19 km ö): Der Chor der *Dorfkirche* datiert aus der 1. Hälfte des 16. Jh., während das Langhaus im späten 18. Jh. erbaut wurde. Der Turm besitzt im Unterbau ma Spuren. Die Ausstattung besteht u. a. aus einem hölzernen Kanzelaltar (Ende 18. Jh.), einer Sandsteintaufe v. 1559 und einem Epitaph (1565). – Auf eine urspr. Wasserburg geht die Renaissanceanlage des *Schlosses* (Mitte 16. Jh.) zurück. Südöstlich befindet sich ein sechsgeschossiger Treppenturm.

Seeburg (10 km sö): Die *Burg,* eine der größten Burganlagen am Harz, liegt am O-Ufer des Süßen Sees in bes. reizvoller Landschaft auf einem Bergrücken, der in den See hineinragt. Der Bau ist vermutlich

Ermsleben, Benediktinerkloster Konradsburg

mit der Hochseoburg identisch, die 743 erstmals genannt wird. Die weiträumige Anlage, die im 19. Jh. stark verändert wurde, stammt überwiegend aus dem 15. bis 17. Jh. Eine Inschrift an dem gewölbten Tor erinnert an einen Brand im Jahre 1669. Im SW liegt die roman. Burgkapelle aus dem 12. Jh., im SO die got. Schloßkirche. Der sog. Witwenturm an der Seeseite dient heute als Jugendherberge. Der 315 ha große Süße See ist der größte natürliche Binnensee im Süden der ehem. DDR. – Die flachgedeckte romanische *Dorfkirche* besitzt einen got. Chor mit dreiseitigem Schluß. Aus dem Umkreis Cranachs stammt der gemalte spätgot. Flügelaltar. Innen auch mehrere Epitaphe, darunter einer für die Söhne des Grafen von Hahn (1578).

Wimmelburg (3 km sw): Von dem ehem. Benediktinerkloster St. Cyriakus, gegr. um 1060, sind Reste der O-Teile der um 1170 erbauten roman. *Klosterkirche* erhalten. Die kreuzförmige Basilika war urspr. ein stattliches Gebäude mit Nebenchören und 5 Apsiden und wurde nach dem Hirsauer Schema angelegt. 1680 brannte sie ab. – Östlich von Wimmelburg, an der Hüneburg, befindet sich ein interessanter, 61 m tiefer *Erdfall,* verursacht durch eingedrungenes Oberflächenwasser in den Gips des Zechsteines.

06463 Ermsleben

Aschersleben-Staßfurt

Einw.: 2950 Höhe: 161 m S. 290 □ D 7

Ermsleben liegt im nordöstlichen Harzvorland, einem fruchtbaren Hügelland, an der Selke. Seine wirtschaftliche Bedeutung verdankt der Ort seiner Lage an einer Bahnstrecke (Quedlinburg–Ballenstedt–Aschersleben) und einer Fernstraße (Aschersleben–Ballenstedt). 1045 wird er erstmals erwähnt, 1298 erscheint er als Oppidum erstmals auf einer Urkunde. Damals befand sich Ermsleben im Besitz der Grafen von Falkenstein, die es 1332 dem Bistum Halberstadt schenkten. 1530 bekam es

Ermsleben, Benediktinerkloster Konradsburg, Krypta, Kapitell

Ermsleben, St. Sixtus

die Marktrechte und fiel 1712 an Preußen. In Ermsleben wurde 1719 der Dichter Johann Wilhelm Ludwig Gleim († 1803, Geburtshaus mit Gedenktafel in der Thomas-Müntzer-Str.) und 1863 der Nationalökonom und Soziologe Werner Sombart († 1941) geboren.

Benediktinerkloster Konradsburg (3 km s auf dem Burgsporn): Die Burg wurde vermutlich im 11. Jh. angelegt und bereits 1120 v. Egino v. Konradsburg dem Benediktinerorden geschenkt, weil der Ritter für einen Totschlag Sühne tun wollte. Die Grafen v. Falkenstein zogen damals auf die Burg Falkenstein (9 km sw).
Die Konradsburg wurde im Dt. Bauernkrieg 1525 teilweise zerstört. Um 1900 wurden die ö Teile wiederhergestellt. Von den urspr. Klostergebäuden sind keine Reste mehr vorhanden. Von der Klosterkirche, einer dreischiffigen spätroman. Basilika (um 1200), sind nur noch der Hauptchor, die Nebenchöre mit Apsiden sowie darunter eine fünfschiffige Krypta erhalten. Diese Krypta mit Kreuzgratgewölben und bes. schöner Ornamentik der Säulenkapitelle stellt eines der bedeutendsten Zeugnisse der Romanik im Harz dar. Bemerkenswert ist auch ein Brunnenhaus, in dem das Wasser für das Kloster mit einem Tretrad zur Erdoberfläche befördert wurde.

St. Sixtus: Der zweischiffige Bau in got. und barocken Formen besitzt im O Reste einer romanischen Turmanlage (Turmhelm v. 1730). Die Kirche ist dem hl. Sixtus geweiht und vermutlich hohen Alters. Im Inneren sind bes. die einfach wirkenden Kreuzgewölbe im Chor sehenswert sowie der barocke Altaraufsatz v. 1755, der Taufstein v. 1567 und die Grabsteine aus dem 16. und 17. Jh.

Schloß: In dem zweistöckigen Renaissancegebäude v. ca. 1590, das wiederholt umgebaut wurde, befinden sich heute Wohnungen.

Außerdem sehenswert: *Rathaus* v. 1773–75, wiederholt verändert. – In der Konradsburger Str. 5 ein *Fachwerkhaus* aus dem 16. Jh. – Auf dem *Friedhof* ist das Grabmal für den Lyriker der Aufklärung, Gleim, zu sehen. Es wurde 1881 aufgestellt.

Ermsleben, Benediktinerkloster Konradsburg, Krypta

Harkerode (Ermsleben), Burgruine Arnstein

Freyburg an der Unstrut, Schloß Neuenburg

Umgebung

Harkerode (10 km sö): Hier befindet sich neben einem klassizistischen *Kirchenbau* v. 1831, z.T. aus Sandstein und Porphyr erbaut, ein ehem. *Schloß* (um 1700, heute Kinderheim).

In der Nähe, Richtung Sylda, liegt die *Burgruine Arnstein.* Von der weiträumigen Anlage, die um 1135 errichtet wurde, sind der Palas und der Bergfried sowie im W Reste der ma Burg erhalten.

Reinstedt (5 km n): Die einprägsame *Dorfkirche* ist ein Bau des Spätklassizismus. Auf dem *Friedhof* befinden sich mehrere barokke Grabdenkmäler.

Sinsleben (1 km n): Die roman. *Dorfkirche* wurde 1820 gotisierend umgebaut. Aus dieser Zeit stammt der größte Teil der Einrichtung (u.a. der Kanzelaltar). Das Kruzifix datiert v. ca. 1520.

< Freyburg an der Unstrut, Marienkirche

F

06632 Freyburg an der Unstrut

Burgenlandkreis

Einw.: 4745	Höhe: 119 m	S. 290 □ E 8

Freyburg ist das Zentrum des Weinbaus an der Unstrut, die südwestlich der Stadt vorüberfließt. Von hier kommt der Rotkäpp-

Freyburg an der Unstrut, Schloß Neuenburg, Doppelkapelle

Freyburg an der Unstrut, Stadtgut, Gedenktafel

chen-Sekt, der in der ehem. DDR Berühmtheit genoß. Hoch über der Stadt, die um 1200 von den Thüringer Landgrafen angelegt wurde, liegt die Neuenburg. In ihrem Schutz entwickelte sich die Stadt, die ein seltenes, regelmäßiges Gitterstraßennetz aufweist. Schon seit der Mitte des 16. Jh. besitzt der Ort 3 Vorstädte: Kirchvorstadt, Neustadt und Eckstedter Vorstadt. Freyburg ist der Schauplatz eines Winzerfests (im September) und der Jahn-Gedenkwettkämpfe (im August).

Marienkirche: Die Stadtkirche geht auf eine spätroman. Kirche aus der Zeit um 1220 zurück. Das heutige spätgot. Langhaus (dreischiffig) entstand Ende des 15. Jh., der einschiffige Chor um 1400. Der Turm über der Vierung ist roman., die beiden Türme im W haben die O-Türme des Naumburger Doms zum Vorbild. Die Türme sind unverändert erhalten und bestimmen das Stadtbild. Zwischen ihnen liegt eine nach 3 Seiten offene Vorhalle, das sog. Paradies. Von der *Ausstattung* bemerkenswert sind ein spätgot. Schnitzaltar mit einer Marienkrönung, der vermutlich 1499 entstand, ein Taufstein v. ca. 1500 mit plastischer Figur, ein roman. Tympanon sowie Grabdenkmäler aus dem 16. und 17. Jh.

Schloß Neuenburg: Die Burg wurde wie auch die Wartburg v. den Thüringer Landgrafen um 1090 gegr., deren Residenz sie zeitweilig war. Es handelt sich um eine weitläufige, in ihrem Kern roman. Anlage, die wiederholt zerstört wurde. Sie bildete das Gegenstück zur Wartburg im W v. Thüringen. Mit beiden Burgen sicherten die Ludowinger ihre Vorherrschaft über ganz Thüringen. Man erreicht sie über einen steilen Fußweg. 1552–57 wurde die Burg für Herzog August v. Sachsen zu einem Wohnschloß ausgebaut (Fürstensaal mit schönem Portal v. 1552).
Am meisten Beachtung verdient in der Mitte des Hofes die spätroman. *Doppelkapelle* (um 1220). Dieser selten vorkommende Bautyp findet sich vor allem in Burgen des Hochadels der Zeit um 1200 (z. B. in Landsberg b. Halle, Lohra, Eger oder Nürnberg). Die beiden übereinanderliegenden Räume sind durch eine kleine vergitterte Öffnung in der Decke miteinander verbunden. Der untere Raum war für das

Gesinde vorgesehen, der obere für die Adligen.
Die Wölbung im Obergeschoß hat »maurische« Bogen: dieser Stil kann durch die Kreuzzüge nach Thüringen gelangt sein. Im Obergeschoß steht auch ein Altar v. ca. 1500. Der Brunnen der Burg hat eine Tiefe v. 117 m.
Schloßmuseum: Im »Dicken Wilhelm«, dem roman. Bergfried, sind Ausstellungen zur Geologie der Gegend, zum Weinbau im Unstruttal und ein Gedenkraum für den Minnesänger Heinrich v. Veldeke zu sehen. Er war um 1190 als Gast des Landgrafen Hermann I. auf der Burg und vollendete hier wahrscheinlich sein Werk »Eneit«, ein Versepos über den trojanischen Helden Aeneas. Das Museum zeigt auch ein Stadtmodell.

Jahn-Museum (Schloßstr. 11): In diesem Haus lebte der Turnvater Friedrich Ludwig Jahn v. 1828 bis zu seinem Tod 1852. Das Museum dokumentiert das Leben und Wirken Jahns und die Entwicklung des Sports in der ehem. DDR. Jahn ist im Ehrenhof des Hauses begraben.

Außerdem sehenswert: Das dreigeschossige spätgot. *Rathaus* wurde nach einem Brand 1682 in einfacheren Formen wieder aufgebaut. – Die Mauer der *Stadtbefestigung* mit runden Türmen ist z. T. gut erhalten. Bemerkenswert ist der Eckstedter Torturm v. 1385.
Von den alten *Wohnhäusern* sind besonders zu erwähnen das große Haus am Markt 14 mit einem Portal v. 1554, ein Bau v. 1552 in der Marienstr. und die Superintendentur v. 1626.

Umgebung

Balgstädt (3 km sw): Die *Dorfkirche* mit spätroman. Querturm und Kirchenschiff v. 1739 enthält auf der Empore eine ehem. Herrschaftsloge und einen hölzernen Kanzelaltar mit Akanthuswangen (Mitte 18. Jh.). In Balgstädt befindet sich auch ein ehemaliges *Herrenhaus* (jetzt Schule), eine einfache Renaissance-Flügelanlage des 17. Jahrhunderts.
Großjena (3 km sö): Bei diesem Ort besaß der Weißenfelser Kaufmann J. Ch. Steinauer einen Weinberg, der um 1720 mit in Sandstein gehauenen Bildszenen aus der Bibel und zum Weinbau geschmückt wurde. Die Reliefs sind Zeugnisse gehobener bürgerlicher Lebenskultur (Weinbau Sinnbild des Tagwerks). – Im Ortsteil *Kleinjena*

Freyburg an der Unstrut, Schloß Neuenburg, Doppelkapelle

Großjena (Freyburg an der Unstrut), Bilderbibel, Detail

ist eine alte Friedhofskapelle v. 1758 zu sehen, die im Inneren einen reichgestalteten Kanzelaltar und einen ansehnlichen Steinepitaph birgt. – Hier befindet sich auch die *Max-Klinger-Gedenkstätte* (Blütengrund 1), in der an das Wirken des Künstlers erinnert wird. Klinger lebte 1903–20 in Großjena und ist dort auch begraben.

Pödelist (6 km sö): Um 1700 wurde die *Dorfkirche* in barockem Stil umgebaut. Von den Vorgängerbauten ist noch der stattliche roman. Chorturm mit spätgot. Erweiterung erhalten. Die 1889 restaurierte Kirche birgt u. a. einen interessanten spätgot. Flügelaltar (um 1510).

Zeuchfeld (8 km nö): Neben einem spätgot. Flügelaltar (Mitte 15. Jh.) besitzt die im Kern spätroman. *Dorfkirche* mit frühgot. Chor eine Reihe beachtenswerter Malereien (z. B. im Chorgewölbe und in der n Sakramentsnische).

Zscheiplitz (3 km w): In der ehemaligen *Burgstelle* ließ 1089 die Witwe des Grafen v. Thüringen ein Kloster der Benediktinerinnen errichten. Heute sind in der mehrfach umgebauten Burg Wohnungen untergebracht.

Die ehem. roman. *Klosterkirche* ist ein flachgedeckter Bau mit einer Kapelle an der N-Seite. Die Ausstattung datiert mehrheitlich vom Ende des 19. Jh.

G

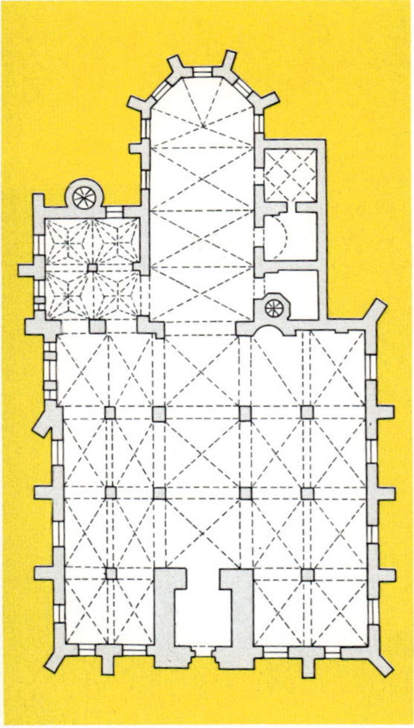

Gardelegen, Pfarrkirche St. Marien

Gardelegen, Pfarrkirche St. Nikolai

39638 Gardelegen Altmarkkreis Salzwedel		
Einw.: 13 280	Höhe: 48 m	S. 288 □ D 5

An der Kreuzung der Fernstraßen Magdeburg–Lüneburg und Stendal–Braunschweig erwuchs der Ort aus 2 Siedlungskernen mit den Kirchen St. Marien und St. Nikolai; im 13. Jahrhundert wurde der dazwischen liegende Markt der Mittelpunkt des oval umgrenzten und bald auch befestigten Ortes. Ob die 1196 genannte Burg im Umkreis der Marienkirche lag (Aschberg, Ritterstraße) oder mit der nördlich der Stadt gelegenen Burgstelle Isenschnibbe (s. u.) identisch war, ist ungeklärt; für das ma Bild der Stadt war jedenfalls die bis zum späteren 18. Jh. bestehende innerstädtische Burg der Markgrafen von Brandenburg wesentlich. Ein wichtiges Zeugnis dieser mittelalterlichen Stadt ist bis heute der intakte Stadtgrundriß. Trotz mehrerer Brände im 13.–15. Jh. war die Wirtschaftskraft der Stadt (u. a. Bierbrauerei) stabil, wie die Fülle der Kunstwerke in der Pfarrkirche St. Marien beweist. Ein Luftangriff im Jahre 1945 beschädigte die Nikolaikirche. Wertvolle Bürgerhäuser wurden nach 1970 abgebrochen.

Pfarrkirche St. Marien: Mit eingestelltem W-Turm, einem fünfschiffigen Langhaus, einem Langchor v. 3 Jochen mit $^5/_8$-Schluß und Choranbauten im S und N erweist sich die Backsteinkirche als Ergebnis mehrerer Vergrößerungen und wechselnder Planungen. Kern des Baus ist eine kleine turmlose Backsteinbasilika, wie sie als Typus im späten 12. Jh. für größere Pfarr- und Stiftskirchen in der Altmark mehrfach vertreten ist. Neben dem Triumphbogen und der s Nebenapsis sind auch (verbaut) die Langhauspfeiler mit Trapezkapitellen erhalten. Die Erweiterung dieser Kirche fällt schon in das frühe 13. Jh.: Mit der Anlage eines Querhauses (O- und N-Wand erhalten) entstand die Vierung, und vermutlich wurde auch der W-Turm zu dieser Zeit angelegt. N- und O-Wand des Querhauses sind mit

Kloster Neuendorf (Gardelegen), Kirche

Gardelegen, Salzwedeler Tor >

Gardelegen, Mahnmal von J. Sendler

schmalen Rundbogenfenstern versehen. Die für das mittlere 13. Jh. typische Bauzier und die frühen spitzbogigen Portale geben zu erkennen, daß bald die Erneuerung des Langhauses zur fünfschiffigen Halle vorgenommen wurde. Im 15. und 16. Jh. kam es dann, zusammen mit neuen Wölbungen, zu einer Erhöhung des Langhauses. Den roman. Chor in Breite und Länge weit übertreffend, entstand der hochgot., edel geformte Langchor vermutlich nach dem Stadtbrand des Jahres 1306. Die Anbauten des 15. und 16. Jh. geben im Äußeren wenig mehr als das Polygon frei. Reizvoll ist insbesondere die im N angebaute zweigeschossige *Marienkapelle* mit ihrem runden, romanisierend gegliederten Treppenturm. Der W-Turm ist mit seiner doppelten Laterne eine Wiederherstellung nach dem Einsturz im Jahre 1651. Bei diesem Unfall wurden auch die Gewölbe des Langhauses zerstört; man ersetzte sie anschließend durch Kreuzgratgewölbe.

Die umfangreiche Wandmalerei des 14. Jh., u. a. 12 Apostelfiguren zwischen den Chorfenstern, ist leider stark übermalt. Der zweifach wandelbare, bedeutende *Schnitzaltar* (Anfang 15. Jh.) zeigt als zentrale Motive Kreuzigung und Marienkrönung. Kleinere Altäre sind ein Marienaltar und ein Andreasaltar vom Ende des 15. Jh.; Einzelfiguren, ein Vesperbild des frühen 15. Jh., eine Doppelmadonna vom Beginn des 16. Jh. und ein »Christus in der Rast« (um 1500) sind als ein Teil des reichen Bestandes zu nennen. Aus der Nikolaikirche stammt ein großer Marienaltar aus der Zeit um 1400, ferner eine Reihe v. spätgotischen Schnitzfiguren und Gemälden, u. a. die große Triumphkreuzgruppe und auch das prächtige Epitaph v. Alvensleben (1597). Auch die übrige Ausstattung, Kanzel (1605), Chorgestühl (16. Jh.), steinerne Taufe (Anfang 17. Jh.), die Orgelempore (um 1690) und die Kronleuchter spiegeln das Bild der blühenden alten Handelsstadt G. Hervorzuheben ist ein Gemälde von Frans Floris, das Christus als Kinderfreund zeigt (1562). Die zahlreichen Epitaphe und Grabsteine geben einen Einblick in die für G. wichtige bürgerliche Kultur der 2. Hälfte des 16. Jh. Die Raumfassung der Halle orientiert sich an

Gardelegen, Bürgerhaus,
< Rahmung eines Renaissance-Portals (l)

der barocken Neuwölbung und der damit entstandenen Ausmalung.

Pfarrkirche St. Nikolai: Von der 1945 ausgebrannten Kirche am N-Rand der Altstadt wurde der Chor 1952 wiederhergestellt. Der Turm (um 1200) und das Langhaus (Ende 15. Jahrhundert) verblieben als Ruinen, 1978 konnte der wiederhergestellte Chor jedoch nicht mehr von der Gemeinde unterhalten werden. Seine bedeutende Länge ist wegen der spätgot. Anbauten von außen nicht erkennbar. Die alte und zum Teil bedeutende Ausstattung des 14. und 15. Jahrhunderts wurde überwiegend in die Marienkirche übertragen. Aus der längst verschwundenen Ottilienkapelle am Marktplatz stammt wohl die kleine frühgotische Ottilienfigur.

Rathaus: Die höchst malerische Baugruppe des auf dem dreieckigen Marktplatz frei stehenden Rathauses setzt sich aus 2 gegeneinander gestellten Flügeln zusammen; der Hauptflügel mit n Turm entstammt im Kern noch dem 15. Jh.; ein umfassender Umbau v. 1526–52 bewirkte im Grundsatz die heutige Gestalt. Spätere Veränderungen entfielen z. T. nach einer behutsam gestaltenden Instandsetzung durch Otto Stiehl, der nicht nur die spätgot. Substanz wieder herausarbeitete, sondern diese auch im Sinne der jüngeren Bauzeiten ergänzte (1912). Die Erdgeschoßhallen blieben dabei z. T. verbaut. Im Inneren sind spätgot. Stern- und Netzgewölbe erhalten.

Heiliggeistspital: Das um 1300 beim Magdeburger Tor gegr., nach Inschriften 1591 und 1728 erweiterte bzw. renovierte Spital ist als übliche Mittelfluranlage gebaut und wegen der Erhaltung seiner historischen Bauteile sehenswert. Die kleine Kapelle zum Hof stammt aus dem frühen 17. Jahrhundert.

Salzwedeler Tor: Von ihm ist das Vortor aus dem 2. Viertel des 16. Jahrhunderts erhalten. Sein frühgotisch erscheinender Giebel ist eine Ergänzung von 1907. Zwei eindrucksvolle Batterietürme zu seiten der Durchfahrt gehören schon in das 17. Jh.

Gardelegen, Bürgerhaus, Rahmung eines Renaissance-Portals (r) >

Die beiden übrigen Stadttore bestehen nicht mehr.

Wohnhäuser: Eine Reihe stattlicher Gebäude des 16. und 17. Jh. belegt die Bedeutung der Stadt auch in nachmittelalterlicher Zeit. Ungeachtet mancher Verluste, die noch in jüngerer Zeit eintraten, sind ansehnliche Traufhäuser in Backstein- und Fachwerkbauweise, vornehmlich in der Sandstr., der Marktstr. und am Rathausplatz, erhalten. Es scheint, daß in spätmittelalterlicher Zeit Giebelhäuser vorhanden gewesen sind.

Kreisheimatmuseum: Im ehemaligen Landratsamt (Philipp-Müller-Str. 22) ist das Museum mit sehenswerten Beständen untergebracht.

Außerdem sehenswert: Die alte Bezeichnung der früheren Burg Isenschnibbe, einer markgräflichen Burg, die ca. 600 m n der Altstadt im ursprüngl. sumpfigen Gelände lag, lautete auch Gardelegen, und da wichtige Rechte über die Stadt mit der Burg verbunden waren, könnte sie eine erhebliche Rolle bei deren Gründung gespielt haben. 1784 wurden die ma Gebäude abgebrochen; die danach entstandenen Gutsbauten lassen die Rundanlage noch erkennen. – Bei der ehem. Feldscheune steht ein *Mahnmal* (1949 v. Joachim Sendler) für die über 1000 ermordeten Häftlinge, die letzten Opfer des KZ-Todesmarsches v. Nordhausen nach Gardelegen: Noch am 13.4.1945 hatte die SS sie hier bei lebendigem Leib verbrennen lassen.

Oebisfelde (Gardelegen), Stadtkirche St. Katharinen, Altar des späten 15. Jh. >

Umgebung

Berge (4 km n). Der in seinem Kern ma Feldsteinbau der *Kirche* wurde 1609 in den Formen der Spätrenaissance umgestaltet. Ungewöhnlich für die Landschaft sind die stuckierte Tonnenwölbung und die umfangreiche Ausmalung aus dieser Zeit (Evangelisten, Apostel, Jüngstes Gericht, musizierende Engel).

Kalbe/Milde (19 km n): Mit einem Durchmesser des äußeren Walles v. fast 360 m ist die Ruine der nahezu kreisrunden *Niederungsburg* eine der größten Anlagen ihrer Art in der Altmark. In der Sumpflandschaft der Milde schützte diese zur Hälfte markgräfliche Burg die alte Straße v. G. nach Salzwedel. In der Nähe wird ein schon 983 zerstörtes Nonnenkloster zu St. Laurentius

Oebisfelde (Gardelegen), Burg

Oebisfelde (Gardelegen), Fachwerkhaus, (1471) in der E.-Thälmann-Str. 61, Detail

vermutet. Die Innenburg, immerhin noch mit einem Durchmesser v. 80 m, wurde 1631 abgebrochen; erhalten sind die in Bruchsteinmauerwerk aufgeführten Teile mehrerer z.T. recht hoher Gebäude, nämlich ein festes Haus, eine Kapelle mit hohem Treppenturm und das Torhaus aus dem 14. und 15. Jh. – Die um 1200 sw entstandene Stadt ist recht regelmäßig angelegt. Rings v. der Milde umflossen, blieb sie unbefestigt. In der noch im 12. Jh. erbauten, im Langhaus barock umgestalteten *Kirche St. Nikolaus* verdienen die Grabmäler der v. 1324 bis 1945 hier ansässigen Familie v. Alvensleben besondere Beachtung.

Letzlingen (12 km sö): Ein alvenslebensches Jagdhaus mitten im riesigen Waldgebiet der Letzlinger Heide gab es schon im 16. Jh. Nachdem es an die Kurfürsten v. Brandenburg gefallen war, errichtete Caspar Theiß, der Erbauer des Berliner Schlosses, um 1560 hier das *Jagdschloß »Hirschburg«*. Einem Besuch des Königs Friedrich Wilhelm IV. folgte der Umbau zum neugot. Jagdschloß: 1843 baute Friedrich August Stüler, v. Ideenskizzen des Königs bestimmt, das Schloß weitgehend um. Die regelmäßige, quadratische Anlage umfaßt ein Wassergraben. Die 4 Ecktürme und das Torhaus wurden zum größten Teil nach 1843 neu gebaut. Der Altbau zeigt sich in den spätgotischen Formen einiger Öffnungen. – Im letzten Regierungsjahr des Königs, 1860, entstand noch die *Kirche* in den Formen der eigtl. überlebten Tudor-Neugotik. Die Ausführung ist gegenüber dem urspr. Entwurf vereinfacht: Eindrucksvoll erscheint die gegenüber dem Schloß liegende turmflankierte W-Fassade dieser Kirche, und auch der Innenraum erscheint als bedeutendes Zeugnis dieser frühen Neugotik (gewölbtes Chorpolygon, die übrigen Teile mit hölzernem Sprengwerk).

Neuendorf, Kloster (4 km ö): Vermutlich haben die Herren der Burg Gardelegen gegen 1200 das Zisterzienserinnenkloster gestiftet. Es wurde 1759 aufgehoben, bestand aber als ev. Damenstift bis 1810 fort. Der große, für Frauenklöster typische langgestreckte Saalbau der Klosterkirche, ein Backsteinbau, entstammt im wesentlichen der 2. Hälfte des 13. Jh. Den in den Giebel hineinragenden O-Fenstern entspricht im Inneren die nach O hin ansteigende Balkendecke. Die große W-Empore der Konventualinnen war urspr. noch ein Joch tiefer. Aus dem mittleren 14. und dem späten 15. Jh. stammt der beachtliche Bestand an ma *Glasmalerei.* Der Instandsetzung des Jahres 1845 sind verschiedene Einzelheiten des Innenausbaus zu verdanken. Von den mit dem Kloster eng verbundenen Herren v. Alvensleben gibt es eine Reihe v. Grabsteinen des 14.–16. Jh. Die früheren Klausurgebäude sind in bedeutendem Umfang erhalten.

Oebisfelde (34 km w): Der an der Straße von Stendal nach Braunschweig gelegene Ort, v. dem aus das Sumpfgebiet des Drömling im O und die Aller im W zu überschreiten waren, erscheint erst im 13. Jh. als Burg und Stadt, den Erzbischöfen v. Magdeburg zugehörig. Zwar war der Bahnhof (seit 1871) als ehem. DDR-Grenzstation nach Niedersachsen überaus bekannt, die Stadt war jedoch, da sie im Sperrgebiet lag, um so weniger zugänglich. Ihr Grundriß, ein im N

Gernrode, Stiftskirche >

abgeflachtes Oval bildend, zeigt ein recht regelmäßiges Straßennetz. Die der Allerniederung benachbarte S-Spitze nimmt die – auch gegenüber der Stadt – wohlgesicherte Burg ein. Die Stadtkirche liegt am n Stadtrand beim Töpfertor nahe der sog. Altstadt, die bei der Ummauerung der Stadt nicht einbezogen wurde.

Von der sehr sehenswerten *Burg,* einer Stadtrandburg auf dem leicht ansteigenden Plateau über der Allerniederung, sind die teils sehr hohen Bruchsteinbauten der Toranlage, die in einigen Einzelheiten veränderten Gebäude des Palas, des Bergfrieds und der Kapelle aus der Zeit um 1300 (datiert 1308) gut erhalten. Auf den polygonalen Umriß der Burg nimmt die Quartiersbildung der Stadt Rücksicht; ein Quartier ist für den Wirtschaftshof der Burg ausgespart. Burg und Stadt dürften somit zusammen entstanden sein. Die Wälle und Gräben sind seit 1710 eingeebnet. – *Rathaus:* Das auf dem in den Quartieren ausgesparten Marktplatz frei stehende Rathaus entstand um 1500; später wurde es verändert. Da schon 1333 »consules«, Ratsherren, genannt sind, dürfte es einen Vorgängerbau gehabt haben. Stadtrecht erhielt Oebisfelde erst 1448. – Die *Stadtkirche St. Katharinen,* im Typ einer großen altmärkischen Saalkirche mit W-Turm, wurde 1901 gotisierend erneuert. Ihr Inneres ist wegen der Ausstattung (u.a. Altar des späten 15. Jahrhundert, Grabdenkmäler der Familie v. Bülow) sehenswert. – Die vorstädtische *Nikolaikirche* ist ein etwas eigenwilliger Neubau v. 1896. Von ihrer Ausstattung sind der große spätgotische Schnitzaltar und ein hochgotisches Kruzifix hervorzuheben. – Eine große Anzahl v. *Fachwerkhäusern* hat wegen der wirtschaftlichen Rezession im Grenzbereich überlebt. Das typisch niedersächsische Schmuckfachwerk findet man in vorzüglichen Beispielen des 16. Jh., vor allem in der Ernst-Thälmann-Str. Vorherrschend sind Traufenhäuser.

39307 Genthin

Jerichower Land

Einw.: 15690 Höhe: 39 m S. 289 □ F 6

Der Übergang über die Stremme wurde durch eine Burg gedeckt (1171 genannt, 1681 abgebrochen). Die heutige Kreisstadt hat erst in nachmittelalterlicher Zeit Bedeutung gewonnen, als sich aus dem Ackerbürgerstädtchen (mit einer Garnison seit 1733) dank dem Zuzug von Kolonisten im 18. Jahrhunderts, dem Bau des Plauer Kanals (Elbe-Havel-Kanal, 1743) und der Eisenbahnstrecke Berlin–Magdeburg (1846) im Lauf des 19. Jh. eine Industriestadt entwickelte. Die Flußschiffswerft und die ehemaligen Persilwerke (1922 gegründet) seien hier genannt.

Kirche: Der barocke Neubau wurde als dreischiffige Hallenkirche mit dreiseitig schließendem Chor nach Plänen v. Georg Preußer aus Magdeburg 1707–22 errichtet, der W-Turm erst 1772 vollendet. Im Inneren erscheinen Kreuzgratgewölbe wie eine Erinnerung an ma Bauten dieser Landschaft. Wie üblich in dieser Zeit, sind die Seitenschiffe durch Emporen abgeriegelt. Von der Ausstattung ist der aufwendige Altaraufbau aus der Bauzeit hervorzuheben, der zusammen mit der Kanzel den recht nüchternen Raum schmückt (die Kanzeldatierung v. 1799 bezieht sich auf die Staffierung des Werkes).

Kreisheimatmuseum (Mützelstr. 22): Sein Besuch ist wegen der Bestände zur Kolonisation des Elbe-Havel-Gebietes zu empfehlen.

Außerdem sehenswert: *Wasserturm* aus der Zeit um 1930.

Umgebung

Altenklitsche (12 km n): Die bemerkenswerte barocke *Kirche* wurde 1714 v. Christoph Behse im Auftrag der Patronatsherrschaft v. Katte (Wappen über dem S-Portal) erbaut. Das Innere des Saalbaus ist in 4 Jochen kreuzgratgewölbt; seine Ausstattung entstand bald nach dem Bau, die Orgel erst 1780.

Altenplathow (1 km nw): Die 1144 genannte *Burg* lag zwischen 2 Armen der Stremme und sicherte einen wichtigen Straßenübergang (heute F 107). Der Burghügel ist im

Gernrode, Stiftskirche, Westchor >

Gelände noch erkennbar. – Dem erzstiftisch-magdeburgschen Lehensmann Hermann v. Plotho († 1170) dürfte der in der *Dorfkirche* erhaltene Grabstein (1905 aufgefunden) gelten: In altertümlichem Flachrelief ist der Verstorbene als Ganzfigur in ruhender Stellung dargestellt. Vergleichbar mit dem Grabmal für Erzbischof Friedrich v. Wettin im Magdeburger Dom, ist mit diesem Werk das älteste figürliche Grabmal im Elbe-Havel-Gebiet erhalten.

Karow (10 km sö): Für die Besiedlung der Landschaft ist die Lage des Dorfes unmittelbar n des Fiener Bruchs, der erst im 18. Jh. kolonisiert wurde, zu beachten. Die *Kirche* nimmt hier eine bevorzugte, hoch gelegene Stelle ein. Sie wurde 1703–12 vom preußischen Minister F. W. v. Grumbkow neu erbaut und verkörpert den brandenburgischen Hochbarock unter König Friedrich I. Zu nennen sind die figürlichen Grabdenkmäler der (älteren) Ortsherrschaft v. Byern, noch aus dem späten 17. Jh. – 1708 entstand die stattliche zweigeschossige Dreiflügelanlage des *Schlosses.*

Schlagenthin (10 km nö): *Kirche* aus dem 13. und 17. Jh., die Ausstattung 17. Jh., Grabdenkmäler aus dem 15.–17. Jh.

Tucheim (16 km s): *Dorfkirche,* ein sehr stattlicher barocker Bau v. 1756 mit wertvoller Ausstattung des 17. und 18. Jh. Der marmorne Taufstein wurde Lulef Bartels zugeschrieben. – Sehenswert ist auch das *Schloß* aus dem 18. Jh.; im 19. Jh. wurde es vergrößert.

Wulkow (12 km n): Der vierteilig angelegte Backsteinbau der *Kirche* entstand mit der Stiftskirche Jerichow im 3. Viertel des 12. Jahrhunderts. Das Kruzifix gehört zur ältesten Ausstattung, die um 1700 mit Altar, Emporen und Taufe erneuert wurde. – Außerdem sehenswert: Im *Wald Havemark* ein bronzezeitliches *Hügelgräberfeld* mit 112 Grabhügeln.

Gernrode, Stiftskirche, Ostchor

06507 Gernrode

Quedlinburg

Einw.: 3750	Höhe: 226 m	S. 290 □ D 7

Der Urlaubsort Gernrode liegt am Nordostrand des Harzes. Er wurde im 10. Jh. von Markgraf Gero gegründet, der hier eine Burg errichten ließ, von der keine Überreste mehr erhalten sind. 961 wurde auf ihr ein Kanonissenstift eingerichtet, das bis zum 12. Jh. Reichsabtei war. 1530 wurde es zu einem evangelischen Damenstift, im späten 16. Jh. löste man es auf. Stadtrechte erhielt Gernrode 1539.

Stiftskirche: Bei der Kirche des 961 gegründeten Benediktiner-Damenstiftes St. Cyriacus handelt es sich um eine dreischiffige ottonische Flachdeckenbasilika mit Stützenwechsel. Mit dem Bau wurde um 961 begonnen: 963 wurde die Kirche erstmals geweiht, im 12. Jh. das urspr. Westwerk zur heutigen Westchorlösung verändert. Sie ist die älteste erhaltene Kirche im O-Teil Deutschlands. Neben Essen, Gandersheim und Quedlinburg zählt sie zu den wichtigsten Stiftskirchen des 10. Jh. Unter dem Chor liegt eine dreischiffige Krypta mit Tonnengewölbe. Bei einem Umbau im 2. Viertel des 12. Jh. wurden der W-Chor und die darunterliegende Hallenkrypta errichtet sowie die beiden Türme um ein Stockwerk erhöht. Im Tympanon des Hauptportals (um 1170) ist ein Lebensbaum mit Drachen und Löwen zu sehen.

Einzigartige Leistungen der Bildhauerkunst stellen auch die Kapitelle im Innenraum mit reichem figürlichem und ornamentalem Schmuck dar. Das *Hl. Grab* in den beiden ö

Jochen des s Seitenschiffs stellt eines der letzten erhaltenen Hauptwerke dieser Zeit dar. Es ist in der mitteldt. Region die älteste erhaltene Nachbildung (2. Hälfte des 11. Jh.) des Grabes Christi in Jerusalem. Die beiden Räume waren urspr. gewölbt. Sie sind mit Reliefs geschmückt, die den biblischen Bericht des Ostergeschehens zum Thema haben. Vorbild für diese Darstellungen war byzantinische Kleinkunst (Buchdeckel und Elfenbeinkästchen). Der roman. Taufstein aus der Mitte des 12. Jh., der mit mehreren Darstellungen Christi, Mariens und Johannes d. Ev. geschmückt ist, ist wahrscheinlich eine ländliche Arbeit. Der Stifter der Kirche, Markgraf Gero († 965), erhielt in der Vierung ein spätgot. Grabmal, eine Tumba, die 1519 geschaffen wurde. Sehenswert sind auch die Äbtissinnen-Grabsteine, die aus dem 15. und 16. Jh. stammen. 1859–65 erfolgte eine umfassende Renovierung durch F. v. Quast. Von den Stiftsgebäuden ist außer dem zweigeschossigen spätroman. N-Flügel des Kreuzganges (2. Hälfte 12. Jh.) wenig erhalten.

Außerdem sehenswert: Mehrere *Wohnhäuser* in Fachwerkbau, 17.–18. Jahrhundert, z. B. in der Marktstr. 17 und 23. – Auch das *Rathaus* ist ein schlichter Fachwerkbau (um 1665).

Umgebung

Harzgerode (14 km s): Das 994 erstmals als Marktsiedlung erwähnte Harzgerode lohnt vor allem wegen seines im Ortszentrum gelegenen *Schlosses* einen Besuch. Die dreigeschossige Zweiflügelanlage der frühen Renaissance wurde 1549–52 anstelle einer älteren ma Burganlage errichtet. Nordwestlich ein massiver Rundturm, der mit den Wehrgängen in Verbindung steht. – Die im Schloß untergebrachte *Heimatstube* gibt Informationen über die Burgruinen der Umgegend und über die Entwicklung von Bergbau und Industrie bei Harzgerode. – In der *Stadtkirche St. Marien,* einem einschiffigen Barockbau von 1697–99, befinden sich u. a. eine zweigeschossige Fürstenloge und mehrere Grabsteine des 16. und 17. Jahrhunderts.

Im Ortsteil *Alexisbad* trifft man auf sehenswerte *Kur- und Badeanlagen* aus der 1. Hälfte des 19. Jh.

Rieder: (3 km ö) Die spätgot. *Dorfkirche* besitzt einen spätroman. W-Turm sowie im Inneren elegante Emporen (1563) und eine Barockkanzel (1721). – Neben der Ruine der *Rudolfsburg* (10.–14. Jh.) steht heute in einem barockisierenden Park die 1905 v. B. Sehring erbaute eklektizistische *Rose-*

Gernrode, Stiftskirche

Gernrode, Stiftskirche, Heiliges Grab, Detail

Friedhofskapelle (l); Oranienbaum, Eiserner Orangenbaum auf dem Markt (r)

burg. – Südlich von Rieder liegt das *Naturschutzgebiet Alte Burg* mit Aussichtspunkt und seltenen Pflanzenarten.

Stecklenberg (5 km w): Südlich v. Stecklenberg liegen auf Ausläufern des Rambergmassivs die beiden *Burgruinen* Stecklenburg und Lauenburg. Beide entstanden im 11. und 12. Jh., wurden jedoch schon im MA verlassen. Auf der *Stecklenburg* findet man in den Trümmern Reste v. Bergfried, Palas, Kapelle und der Befestigung, auf der *Lauenburg* Reste v. Bergfried und Kapelle. Die Lauenburg war eine typische romanische Anlage in Ellipsenform und mit an die Mauer gerückten Gebäuden. Unter- und Oberburg waren durch eigene Mauern geschützt. Mit der Lauenburg wird die Legende v. der Blauen Blume in Zusammenhang gebracht.

Suderode (2 km w): Die frühere *Dorfkirche* ma Ursprungs wurde in der ehem. DDR als Turnhalle benutzt. Der rechteckige spätroman. Chorturm stellt in der Umgebung eine Ausnahme dar. Im Inneren sind einige Wandmalereien erhalten.

06773 Gräfenhainichen
Wittenberg

Einw.: 9612 Höhe: 93 m S. 291 □ F 7

Die im Nordwesten der Dübener Heide gelegene Kreisstadt entstand mit ihrem regelmäßigen Grundriß (leiterförmig mit rechteckigem Marktplatz) wohl erst im 13. Jh. – die flämische Kolonisation der Gegend klingt im Namen des Nachbarortes Mescheide nach. Die Burgstelle im Südosten der Stadt hat die Zerstörung im Jahre 1637 ebensowenig wie die meisten anderen Gebäude überdauert. 1607 wurde Paul Gerhardt, der bedeutendste Liederdichter des deutschen Protestantismus, hier geboren. Die 1844 errichtete *Friedhofskapelle* wurde nach ihm benannt (*Denkmal* aus dem Jahre 1911).

Stadtkirche: Sie ist im Kern ein spätmittelalterlicher Bau und wurde mehrfach im 17. und 19. Jh. erweitert. Ihre Ausstattung entstammt vorwiegend noch dem 17. Jh.

Oranienbaum (Gräfenhainichen), Schloß

Stadtbefestigung: Von ihr sind 2 Tortürme (um 1400, Ende 15. Jh.) und Abschnitte der Ringmauer erhalten.

Umgebung

Oranienbaum (10 km nw): An der Stelle eines seit 1644 hier bestehenden Landgutes ließ v. 1683 an Fürstin Henriette Catharina v. Anhalt-Dessau, geborene Prinzessin v. Nassau-Oranien, die Schloßanlage errichten, die – einzigartig in dieser Kunstlandschaft – im Zusammenhang mit einer idealregelmäßig angelegten Stadt steht. Bis heute hat sich die Stadt nicht wesentlich erweitert. – Das v. Wassergräben umgebene *Schloß* geht in seinem stattlichen, in den Einzelformen schwerblütigen Kernbau auf den schon kurz zuvor in Zerbst tätigen Cornelis Ryckwaert zurück. Die seitlichen, niedrigeren Kavaliersbauten (Fachwerk) entstanden erst zu Beginn des 18. Jh. Der als Archiv, in Teilen auch als Heimatmuseum genutzte Bau hat noch einige Räume in der Ausstattung des 17. Jh. bewahrt – hervorzuheben sind der mit Delfter Kacheln ausgeschmückte, gewölbte Sommerspeisesaal und der Teesaal im N-Flügel. – Von dem gleichzeitig entstandenen *Park* ist das große, an das Schloß mit seinen Parkterrassen nw anschließende Parterre in den Grundzügen erhalten. Die Hauptachse des Parks ist als schnurgerade Straße direkt auf die Residenz Dessau (15 km entfernt) ausgerichtet. Urspr. in die Parkgestaltung einbezogen war auch die 1751 erbaute ehem. lutherische Kirche n des Schlosses (achteckiger Zentralbau, jetzt Wohnhaus). Fürst Leopold Friedrich Franz ließ 1793–97 die seitlichen Gartenquartiere landschaftlich verändern; als überaus früher »chinesischer« Garten erscheint seither der N-Teil (Entwurf v. Johann Christian Neumark) mit dem zierlichen Teehaus und einem mehrgeschossigen, achtseitigen Glockenturm, beide Bauten wohl v. Georg Christoph Hesekiel nach Kupferstichvorlagen entworfen. Die Orangerie an der S-Seite

Gröningen, Klosterkirche, Westempore

Gröningen, Klosterkirche, Engelrelief

des Gartens, 1812 bis 1818 von Carlo Ignazio Pozzi erbaut, beeindruckt in ihrer Länge v. 175 m; die kostbaren Pflanzenbestände des Gartens werden hier nach wie vor bewahrt.
Die *Stadt* sö vom Schloß ist mit ihren 4 zentralen Rechteckquartieren und dem aus diesen ausgesparten Marktquadrat ein vollendetes Beispiel einer winzigen barocken Residenzstadtplanung nach Vorgaben italienischer Idealentwürfe des 16. Jh. Die breite Hauptachse ist unmittelbar mit dem Ehrenhof des Schlosses verbunden. Mitten auf dem Marktplatz steht seit 1719 ein eiserner Orangenbaum in prächtiger Sandsteinvase, Wahrzeichen des Ortes. 1707 wurde die Stadt seitlich erweitert. – Die urspr. reformierte *Stadtkirche* entstand 1704–12 als Abschluß der s Querachse. Sie ist ein großer Zentralbau über ovalem Grundriß mit einer aus der Bauzeit erhaltenen Ausstattung.

39397 Gröningen Bördekreis		
Einw.: 2995	Höhe: 92 m	S. 290 □ D 7

Gröningen liegt an der Bode an der Straße von Halberstadt nach Magdeburg.
Ein Königshof Gröningen, der vermutlich in Westergröningen lag, wurde 934 von Heinrich I. einem Grafen Siegfried geschenkt. Dieser gründete dort zwei Jahre später eine Benediktinerabtei. 1368 verlegten die Bischöfe von Halberstadt ihre Residenz nach Gröningen. 1653 bekam es Stadtrechte. Hier wurde am 13.7.1748 der Rokokodichter Leopold Friedrich von Geockingk geboren († 1828). Er war Mitglied des Halberstädter Dichterkreises.

Klosterkirche: Bei der Kirche des 936 gegr. ehem. Benediktinerklosters handelt es sich um eine in der 1. Hälfte des 12. Jh. errichtete roman. Flachdeckenbasilika. Sie hat einen hohen Vierungsturm und am W-Ende des Mittelschiffs eine Kapelle mit Tonnengewölbe aus der 2. Hälfte des 12. Jh. Im Langhaus kann man den sog. niedersächs. Stützenwechsel sehen (2 Säulen wechseln jeweils mit einem Pfeiler ab). Die Stuckre-

Gröningen, Klosterkirche >

Hadmersleben, Klosterkirche, Kapitelsaal

Hadmersleben, Klosterkirche

liefs an der Empore (Christus und die Apostel) sind nur Kopien der Originale aus der Zeit um 1170, die sich seit 1900 in den Staatlichen Museen in Berlin befinden. Weiterhin bemerkenswert sind ein roman. Taufstein und ma Wandmalereien. Reste der ehemaligen *Abtei* finden sich am s Querschiffsarm.

Außerdem sehenswert: Ruinen des 1586 für den Halberstädter Bischof Heinrich Julius erbauten *Schlosses.* Teile des Gebäudes findet man unter anderem am Jagdhaus in Spiegelsberge bei Halberstadt. Der Turm der *Stadtkirche St. Martin,* die im Jahre 1905 errichtet wurde, stammt v. einem Vorgängerbau aus dem Jahre 1616. Innen reiche Grabdenkmäler aus dem 16. Jh. – In einem Fachwerkhaus aus dem 16. Jh. in der Reichenstr. 9 ist das *Heimatmuseum* untergebracht. Es informiert über die Entwicklung der örtlichen Industrie und Landwirtschaft.
Im Ort auch eine Reihe hübscher *Fachwerkhäuser* aus dem 17. Jh.

H

39398 Hadmersleben

Bördekreis

Einw.: 2160 Höhe: 78 m S. 288 □ D 6

Hadmersleben liegt am Übergang einer alten Heerstraße von Halberstadt nach Magdeburg über die Bode. Hier wurde 961 von

Hadmersleben, Unterkirche, Kapitell

Bischof Bernhard von Halberstadt ein Benediktiner-Nonnenkloster gestiftet. Eine hier gelegene Burg war 1144–1416 Sitz des Grafen von Hadmersleben. 1372 kam der Ort an das Erzstift Magdeburg, 1390 erhielt er Stadtrechte. Zweimal, 1664 und 1699, wurde die Stadt durch Brände fast völlig zerstört. Auch nach der Industrialisierung behielt der Ort seinen ländlich-beschaulichen Charakter.

Klosterkirche: Die außen einfache Kirche des ehem. Benediktiner-Nonnenklosters St. Peter und Paul ist einer der bedeutendsten Sakralbauten der Gegend. Es handelt sich um einen langgestreckten rechteckigen Saal mit geradem Chorabschluß und einem hölzernen Tonnengewölbe. Im W liegt die langgestreckte Nonnenempore, darunter eine dreischiffige Halle mit Kreuzgratgewölben, um 1160/80; ihr Südschiff noch 2. Hälfte 11. Jh., dessen nördliche Ecken sowie Südwand noch älter, wohl vom Gründungsbau 961. Der Westbau, um 1160/80, mit Glockenstube und Zwillingshelmen von 1583 und Chor stammen aus dem 14. Jh. Während des Bauernkrieges wurde die Klosterkirche zerstört und anschließend wieder aufgebaut. An der N- und S-Seite der Kirche liegen je eine Kapelle mit Rippengewölbe. Die *Einrichtung* ist barock (1699–1710), Ausnahmen bilden der Löwentürklopfer am S-Eingang v. ca. 1160 und der schöne spätgot. Flügelaltar aus dem späten 15. Jh. mit Maria auf der Mondsichel im Schrein. An die N-Kapelle schließen sich der gut erhaltene zweischiffige Kapitelsaal mit Kreuzgratgewölben aus dem späten 12. Jh. sowie ein Flügel des Kreuzgangs an. Der wuchtige Hauptaltar mit seinem Säulenaufbau in 3 Geschossen beherrscht den gesamten Chor. Die Figuren am Altar und an den Nebenaltären wurden um 1698 v. der Paderborner Nonne Gertrud Gröninger geschnitzt. Im barocken Obergeschoß des Kreuzgangs befindet sich ein Saal mit Wandtapeten zum griech. Befreiungskampf 1827. Seit der Reformation dient die Klosterkirche als kath. Pfarrkirche. Das Kloster wurde 1810 aufgelöst.

Halberstadt, Blick von der Martinskirche zum Dom

Pfarrkirche Unser Lieben Frauen: Der W-Turm des zweischiffigen Barockbaus aus der Zeit nach 1664 ist gotisch. Der Innenraum hat ein bemaltes hölzernes Tonnengewölbe. Die Ausstattung besteht aus einem Altar v. 1665 sowie einer Kanzel und einem Taufstein aus der 2. Hälfte des 17. Jh. Die Kirche besitzt auch eine bemalte zweigeschossige Empore und ein barockes Triumphkreuz.

Burg mit Stephanikirche: Seit dem 10. Jh. ist ö v. H. eine Burganlage bezeugt. Erhalten sind lediglich der Torturm der Vorburg und einige Mauer- und Häuserreste. Vermutlich an der Stelle der alten Burgkapelle wurde die Dorfkirche St. Stephanus als barocker Bau errichtet (um 1750). Die schlichte Ausstattung stammt aus dem 18. Jh.

Außerdem sehenswert: *Rathaus,* ein Fachwerkbau v. 1665. Das Erdgeschoß aus Stein ist älter. – Die *Hospitalkirche St. Georg* ist ein einschiffiger spätgot. Bau aus dem 15. Jh. – Nicht versäumen sollte man auch den Besuch des *Hanseschen Hofes* (Kirchstr. 3), eines hübschen Wohnhauses v. 1649–52, und des alten Gasthofes »Zum Landhaus« (2. Hälfte 17. Jh.).

Umgebung

Ampfurth (7 km n): Die *Dorfkirche,* ein einschiffiger Renaissancebau, wurde um 1560 unter Benutzung eines ma Vorgängerbaus errichtet. Er hat an der N-Seite einen Turm. Der Chor ist v. einem hölzernen Laubengang umgeben. Das Holzgewölbe im Innenraum wurde um 1670 eingezogen. Es wird v. herabhängenden Pinienzapfen

Vorhergehende Doppelseite:

Links: Halberstadt, Dom St. Stephanus

Rechts: Halberstadt, Dom St. Stephanus, Maria Magdalena

Halberstadt, Dom St. Stephanus, Taufstein

geschmückt. Besondere Beachtung verdienen die Grabdenkmäler aus dem späten 16. Jh., teilweise mit knienden freiplastischen Figuren und überwiegend für das Geschlecht der v. Asseburg. – Das *Schloß,* eine Vierflügelanlage der Renaissance, ersetzte eine ma Burg und wurde überwiegend im 16. und 17. Jh. errichtet. Torhaus und Treppenturm haben reiche Portale.

Groß Germersleben (6 km ö): Die zweischiffige barocke *Dorfkirche* wurde 1713–24 erbaut. Beachtenswert ist ein spätgot. Triumphkreuz (um 1520). – Das ehem. *Schloß* (2. Hälfte 16. Jh., Ende des 19. Jh. restauriert) besticht durch die 4 kräftigen Rundtürme an den Ecken der Dreiflügelanlage. Im Hof befindet sich ein polygonaler Treppenturm.

Seehausen (24 km n): Die *Pfarrkirche St. Laurentii* ist eine dreischiffige spätgotische Hallenkirche aus dem 14. und 15. Jh. Altar v. ca. 1620. – Die *Pfarrkirche St. Pauli* (einschiffig) wurde bereits im 12. Jh. errichtet. – Das *Rathaus* stammt aus dem frühen 19. Jh.

38820 Halberstadt

Halberstadt

Einw.: 43 030 Höhe: 125 m S. 290 □ D 7

Halberstadt liegt im nördlichen Harzvorland. Es befand sich im Mittelalter an dem wichtigen Handelsweg, der von Goslar und Braunschweig nach Magdeburg und Halle führte, und war eine bedeutende Bischofs- und Hansestadt. Bei einem Luftangriff im April 1945 wurden 82% der Bebauung zerstört.

Geschichte: Um 802 wurde wahrscheinlich das Missionsstift von Seligenstadt (heute Osterwieck), das um 780 gegründet worden war, nach Halberstadt, das damals noch *Alfurtested* hieß, verlegt. Zu dieser Zeit bestand bereits eine kleine Siedlung an der Furt durch die Holtemme. Ein Bischofssitz wird erstmals 827 genannt. Unter Heinrich I. (919–93) wurde er Teil des sächsischen Burgward-Systems.

1018 wurde die erste Befestigung angelegt.

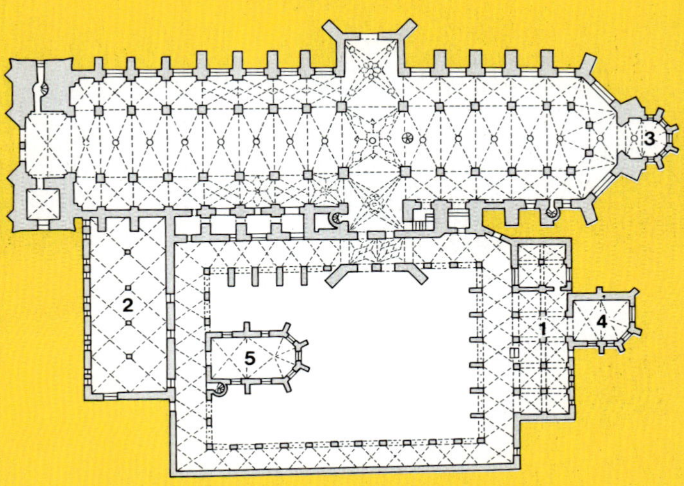

Halberstadt, Dom St. Stephanus 1 Kapitelsaal **2** Refektorium **3** Marienkapelle **4** Stephanskapelle **5** Neustädter Kapelle

Mit ihr konnte jedoch nicht verhindert werden, daß Halberstadt, damals eine der wichtigsten Städte des Reichs, 1179 von Heinrich dem Löwen zerstört wurde. 1206 bis 1236 wurde die alte Palisadenbefestigung durch eine Stadtmauer aus Stein ersetzt. Von 1387 bis 1518 war der Ort Mitglied der Hanse. 1486 unterlagen seine Bürger gegen den Bischof im Streit um die Vorherrschaft in der Stadt. 1648 kam Halberstadt an Brandenburg-Preußen. 1650 verheerte ein großes Feuer die Stadt.

DOMBEZIRK

Dom St. Stephanus: Das Bauwerk ist der 4. Dom an dieser Stelle: der 859 geweihte karolingische Dom stürzte 965 ein, der ottonische Dom, 992 vollendet, wurde 1179 bei den Kämpfen zwischen Heinrich dem Löwen und dem Bischof v. H. stark in Mitleidenschaft gezogen und anschließend erneuert. Dieses Bauwerk wurde abgetragen, um dem heutigen Dom Platz zu machen, der um 1239 begonnen und erst 1491 geweiht wurde. Es handelt sich um eine hochgotische Kathedrale nach französischem Vorbild. Das Querschiff der Basilika liegt fast in der Mitte der langgestreckten Anlage; die Seitenschiffe des Langhauses setzen sich als Chorumgang nach O fort, an der O-Seite des Chorumgangs liegt die 1362 geweihte Marienkapelle. Das Westwerk mit 2 Türmen stammt aus der 1. Bauphase des Doms um 1240 und stammt wohl v. der zisterziensischen Bauhütte. Es hatte urspr. eine Vorhalle. Hier befindet sich ein Doppelportal, darüber Rosenfenster. Das Portal am n Querschiffsarm zeigt im Tympanon den Marientod (um 1440). Beachtung ver-

Halberstadt,
Dom St. Stephanus, Hieronymus >

Halberstadt, Liebfrauenkirche

Halberstadt, Marktkirche St. Martini

dient auch das Strebewerk an Langhaus und Chor, das den hohen Innenraum erst möglich macht.

Im W des Innenraums steht ein gewaltiger Taufstein aus grünlichem Marmor, der Ende des 12. Jh. entstand. Im O wird das Langhaus vom Chor durch einen spätgot. Lettner abgetrennt. Die Figuren der *Triumphkreuzgruppe* über dem Lettner sind die bedeutendsten Skulpturen des Domes. Sie stammen aus dem 2., ottonischen Dom und entstanden um 1200. Christus, den Kopf geneigt, wird v. Maria und Johannes sowie 2 Seraphen flankiert. Am Tragbalken der Figurengruppe sind die Büsten der Apostel angebracht, 2 fehlen.

Im n Chorumgang steht eine *Verkündigungsgruppe,* die vermutlich um 1360 vom Erfurter Severimeister geschaffen wurde. An den Pfeilern des Chors stehen 14 *Heiligenfiguren,* die im 15. Jh. entstanden. Es handelt sich an der N-Seite um Petrus, Jakobus maior, Andreas, Johannes, Bartholomäus und Judas Thaddäus, im Chorschluß um Stephanus und Sixtus, und an der S-Seite um Paulus, Jakobus minor, Philippus, Matthäus, Thomas und Simon Kananäus.

In den Fenstern des Chorumgangs und Hochchors befinden sich *Glasmalereien* aus dem 1. Drittel des 15. Jh., in denen der Marienkapelle Glasmalereien aus der Mitte des 14. Jh. Obwohl sie stark restauriert sind, geben sie einen guten Eindruck v. der Wirkung got. Kirchenräume. Die große Madonna in der Marienkapelle stammt aus der 2. Hälfte des 13. Jh. Die Kanzel entstand 1592, das Chorgestühl im frühen 15. Jh., das bronzene Lesepult in Gestalt eines Adlers datiert aus der Zeit um 1500 und der Orgelprospekt von 1710. Bemerkenswert sind ferner eine Reihe v. Grabdenkmälern, darunter die in der Nürnberger Vischer-Werkstatt hergestellte Bronzeplatte Neuenstadt (1516).

Die Kirche, die 1945 stark beschädigt wurde, hat man 1946–60 restauriert.

Liebfrauenkirche (Domplatz): Der Bau der Kirche des Augustinerchorherrenstifts, das unter Bischof Arnulf (996–1023) gegr. worden war, begann 1005. Aus dieser Zeit stammen die Untergeschosse der W-Türme.

Halberstadt, Liebfrauenkirche, Chorschranke, Apostel >

Halberstadt, Roland vor St. Martini

Halberstadt, Gleimhaus

Der Bau der roman. Basilika wurde um 1140 begonnen und vor 1170 abgeschlossen. Zwischen Hauptschiff und Seitenschiffen wechseln quadratische und rechteckige Pfeiler einander ab. Der Chor ist quadratisch, an das Querschiff schließen sich Apsiden an, die s zweigeschossig. Die Kreuzgratgewölbe in Chor und Querschiff stammen aus dem 13. Jh., die Flachdecke im Langhaus datiert aus dem 19. Jh. Neben den beiden W-Türmen befinden sich noch 2 Türme an den W-Seiten des Querschiffes. Die roman. *Chorschranken* (um 1200) im Inneren der Kirche sind mit Reliefs geschmückt und 2,15 m hoch. Sie zählen zu den bedeutendsten Beispielen dt. roman. Plastik. In jeweils 7 Nischen ist auf der s Seite Maria, auf der n Seite Christus zwischen den Aposteln dargestellt. Über der Chorschranke erheben sich hölzerne Arkaden, die im 19. Jh. nach alten Mustern gefertigt wurden. Im w Vierungsbogen hängt ein Kruzifix, das um 1230 entstanden ist und an die Triumphkreuzgruppe des Domes erinnert. – In der *Barbarakapelle* am s Seitenschiff befinden sich Fresken aus der 2. Hälfte des 14. Jh. In der Taufkapelle steht ein Taufkessel v. 1614.

Westlich der Kirche liegt ein *Kreuzgang* aus dem 14. und 15. Jh.

Südlich des Doms stehen die ehem. *Klausurgebäude* aus dem 12. bis 16. Jh. Hier befindet sich im Kapitelsaal, im Speisesaal (Remter) und in der Schatzkammer der *Domschatz,* der neben dem Bamberger Domschatz die bedeutendste sakrale Kunstsammlung Deutschlands darstellt. Den Grundstock der Sammlung legte Bischof Conrad bereits im Jahre 1205. Zu sehen sind u. a. auch ma liturgische Kleidung, liturgische Geräte, Reliquiare, Elfenbeinschnitzereien und Plastiken. Die Halberstädter Sitzmadonna v. ca. 1230 und der 9 m lange Abrahamsteppich v. ca. 1160 verdienen besondere Beachtung. Die Handschriftensammlung reicht v. der Karolingerzeit bis zur Spätgotik.

Kurien und Dompropstei (Domplatz): Am Domplatz stehen die Kurienhäuser der ehem. Domherren, die barocke Spiegelsche Kurie (1782, →Museum) und die Redern-

Hamersleben (Halberstadt), Säulenbasilika >

sche Kurie (1796). – Der zweigeschossige Renaissancebau der Dompropstei wurde zwischen 1591 und 1611 für den 1. protestantischen Bischof v. H., Heinrich Julius v. Braunschweig, errichtet. Das Untergeschoß mit Arkaden ist aus Stein, das Obergeschoß aus Fachwerk. Hier befinden sich Ratssitzungssaal, Stadtbauamt und Standesamt.

Peterhof: Der als Bischofssitz angelegte, heute staatlich genutzte Bau (um 1552) ist durch zahlreiche Umbauten verändert worden. Sehenswert sind ein nö Treppenturm mit Renaissanceportal und die n angrenzende ehem. Bischofskapelle (12. Jh.).

STADTGEBIET UND PROFANBAUTEN

Pfarrkirche St. Andreas (Holzmarkt): Die ehemalige Klosterkirche der Franziskaner wurde nach 1300 erbaut. Nach der Zerstörung der dreischiffigen gotischen Hallenkirche 1945 hat man bisher nur den einschiffigen Chor mit dreiseitigem O-Abschluß und das Langhaus wiedererrichtet. Die Verglasung der rekonstruierten Maßwerkfenster stammt v. Carl Crodel (1953). Die Ausstattung besteht u. a. aus einem großen Schnitzaltar mit Marienkrönung aus dem frühen 15. Jh. sowie aus einer Madonna aus Alabaster (spätes 15. Jh.).

Hamersleben (Halberstadt), Säulenbasilika, Kapitell

Pfarrkirche St. Katharina (Gerberstr.): Die dreischiffige got. Hallenkirche mit einschiffigem langgestrecktem Chor wurde im 14. Jh. für das Dominikanerkloster errichtet. Die *Einrichtung* ist bemerkenswert: Sie besteht aus einem Hochaltar mit 2 Nebenaltären aus dem frühen 18. Jh., einer Kanzel aus der 1. Hälfte des 17. Jh. und einer Kreuzigungsgruppe aus dem frühen 16. Jh.

Marktkirche St. Martini: Die 2 unterschiedlich hohen Turmhelme der im 13. und 14. Jh. errichteten got. Hallenkirche sind für das Stadtbild v. H. charakteristisch. Über dem s Hauptportal befindet sich ein Relief, auf dem der hl. Martin dargestellt ist (16. Jh.). Die ungewöhnlich reiche *Einrichtung* der Kirche besteht aus einem bronzenen Taufkessel aus dem frühen 14. Jh. (er wird v. den 4 Paradiesströmen getragen und ist mit Reliefs mit Szenen aus dem Leben Jesu geschmückt), aus einem spätgot. Triumphkreuz, einer mächtigen Kanzel v. 1595 (1690 barock verändert) und einem Altar v. 1696. Der Orgelprospekt aus dem frühen 17. Jh. stammt urspr. aus der Schloßkapelle v. Gröningen und wurde 1770 hier aufgestellt. An der W-Front der Kirche steht der *Roland.* Es handelt sich um die 1686 gefertigte Kopie einer Plastik v. 1433. Er stand früher vor dem 1945 völlig zerstörten Rathaus.

Pfarrkirche St. Moritz (Moritzplan): Die roman. Basilika mit 2 W-Türmen und Flachdecken erhielt ihr heutiges Aussehen bei einer Restaurierung 1886. Die Einrichtung besteht u. a. aus dem Mittelschrein (Beweinung Christi) eines spätgot. Flügelaltars v. ca. 1500, Chorgestühl aus dem 15. Jh., einem Bronzekronleuchter v. 1488 und einem schmiedeeisernen Kronleuchter v. 1517.

Johanneskirche (Westendorf): Die Fachwerkkirche wurde 1646–48 v. dem Baumeister W. Götze aus Quedlinburg errichtet. Sie hat einen frei stehenden Glockenturm aus der Zeit nach 1684. Im Inneren befinden sich ein Altar von 1693 mit 3 Gemälden, eine Kanzel v. 1653 sowie ein Taufbecken aus dem 15. Jh.

Gleimhaus (Domplatz 31): In diesem Fachwerkhaus aus dem 16. Jh. wohnte der Schriftsteller Johann Wilhelm Ludwig Gleim (1719–1803). Gleim war 1747–91 Sekretär des Domkapitels und Kanonikus. Sein Haus war der Treffpunkt des v. ihm geleiteten Halberstädter Dichterkreises, zu dem auch Leopold Friedrich Günther Goeckingk und Johann Georg Jacobi gehörten. Zu seinen Besuchern zählten Klopstock, Herder, Heinse und Anna Luise Karschin.
Das Gebäude wurde bereits 1862 als Gedenkstätte eingerichtet. Hier befinden sich etwa 130 Porträts von Gleims Zeitgenossen, Graphiken (12000 Blatt) und etwa 10000 Originalbriefe aus seinen Tagen, u. a. v. Lessing, Herder, Bürger, Goethe und Klopstock. Gleims eigene *Bibliothek* umfaßt etwa 10000 Bände, eine Forschungsbibliothek etwa 6500.

Museum Heineanum (Domplatz 7): Die ornithologische Sammlung wurde 1830 v. dem Grundbesitzer Ferdinand Heine begonnen. Augenblicklich umfaßt sie fast 17000 Vogelpräparate aus aller Welt sowie 5800 Gelege.

Städtisches Museum (Domplatz 36): Das Museum befindet sich in der Spiegelschen Kurie. Hier wird die Vor- und Frühgeschichte des Nordharzvorlandes dokumentiert. Zu sehen sind auch sakrale Holzplastiken, Gemälde (Niederländer und Romantiker), Möbel, Keramik sowie Zinn. Ausgestellt sind ferner eine Apotheke v. 1800 und eine Schuhmacherwerkstatt um 1920.

Außerdem sehenswert: Von der *Stadtbefestigung* sind nur einige Reste der Stadtmauer an der Schwanebecker Straße und an der Schützenstr. sowie der *Wassertorturm* v. 1444 (Gleimstr.) erhalten. – Die *Vogtei*, ein altes Viertel n des Dombezirks, überstand den Bombenangriff 1945. Hier sind zum Teil noch schöne Fachwerkhäuser und Straßenzüge zu sehen (z. B. Taubenstr., Am Kulke.

Umgebung

Dingelstedt (12 km nordwestlich): Der barocke *Kirchenbau* von 1714 umfaßt einen mittelalterlichen Westturm mit Spitzhelm, der sich zum Schiff mit 2 Rundbögen öffnet. Innen ein barocker Altaraufsatz und ein in-

Huysburg (Halberstadt), Klosterkirche

teressanter Orgelprospekt (Mitte 18. Jahrhundert).

Emersleben (8 km nö): Neben der *Dorfkirche* v. 1742 mit roman. w Turm, die eine reiche barocke Innenausstattung besitzt, findet man am ö Dorfrand Reste einer ehem. *Burg,* einer urspr. Rundanlage. Erhalten sind u. a. Teile der Mauer und ein großer Turm.

Groß-Quenstedt (5 km nö): Die *Dorfkirche* besitzt einen massiven quadratischen Turm aus roman. Zeit (Unterbau vermutlich aus dem 11. Jh.). Das langgestreckte Kirchenschiff datiert aus dem 16. Jh. Im Inneren eine schöne U-förmige Empore.

Hamersleben (22 km n): Die dreischiffige roman. *Säulenbasilika* aus der 1. Hälfte des 12. Jh., die einmal Stiftskirche des vermutlich 1107 gegr. Augustiner-Chorherrenstifts St. Pankratius war, gilt als das bedeutendste Beispiel der Hirsauer Bauschule im Harzvorland. Einen Gegensatz zu dieser Bauschule bildet die Verwendung v. plastischem Bauschmuck an Portalen und Kapitellen. Hier findet man symbolhafte Darstellungen v. Pflanzen und Tieren. Von der roman. Chorschranke aus dem frühen 13. Jh. sind noch 3 Figuren aus Stuck erhalten (Christus, Petrus und Paulus). Der Ziborienaltar im s Querschiffsarm ist ebenfalls roman. Es ist einer der ältesten Altäre dieser Art in Deutschland. In der Apsis des Hauptchors befinden sich spätgot. Malereien. Dargestellt sind das Weltgericht sowie verschiedene Heilige. Sie werden zum Teil v. einem gewaltigen Barockaltar verdeckt, der 1687 aufgestellt wurde. Aus dieser Zeit stammen auch die Orgel, die Kanzel und das Chorgestühl sowie einige überlebensgroße Apostelfiguren. – Von den ehem. *Klostergebäuden* sind u. a. noch 2 Flügel des spätgot. *Kreuzgangs* (16. Jh.) erhalten.

Harsleben (4 km sö): Hier steht eine *Renaissancekirche* (1601) unter Einschluß roman. (w Turm) und got. Bauteile (Chor). Die Kassettendecke des Kirchenschiffes ist beachtenswert. Die Intarsienkanzel wurde 1601 v. C. Redding geschaffen, der bemerkenswerte Taufstein entstand 1602.

Huysburg (11 km nw): *Klosterkirche* des ehem. Benediktinerklosters, das 1084 gegr. worden war. Es handelt sich um eine roman. Basilika, die 1121 geweiht wurde. Der W-Bau mit 2 Türmen wurde 1487 fertiggestellt, die Vorhalle an der S-Seite des Langhauses 1756. Die Seitenschiffe haben barocke Kreuzgewölbe, Mittelschiff, Querschiff und Chor bemalte barocke Holzdekken v. 1729. Die Ausstattung besteht aus einem Altar aus der 1. Hälfte des 18. Jh., 2 Nebenaltären v. 1793, einer Kanzel v. 1770 und einem Taufstein aus dem späten 17. Jh. – Von den *Klostergebäuden* sind Teile des *Kreuzgangs* und des *S-Flügels* sowie die barocke *Abtei* v. 1746 (heute Altersheim) erhalten. – Der *Huy* ist ein 20 km langer bewaldeter Höhenzug, ein beliebtes Ausflugsziel.

Klein-Quenstedt (3 km n): Die urspr. roman. *Dorfkirche* wurde spätgot. umgebaut. Sie enthält einen hübschen Kanzelaltar mit Akanthusschnitzereien (1744).

Langenstein (8 km sw): *Gedenkstätte* für die 8000 Opfer des Konzentrationslagers »Malachit«, eines Außenlagers v. Buchenwald. Bronzerelief v. Eberhard Roßdeutscher.

Schlanstedt (19 km n): Einen hübschen Eindruck vermittelt der Hof des einfachen vierflügeligen *Renaissance-Schlosses,* das 1616 unter Einschluß älterer ma Teile errichtet worden ist. Ein roman. Rundturm ist erhalten geblieben. – Die *Dorfkirche* liegt in unmittelbarer Nähe der ehem. Vorburg. Im roman. querrechteckigen Turm sind in halber Höhe zugemauerte Rundbogenfenster angebracht. Das im Kern spätgot. Langschiff wurde Ende des 17. Jh. umgebaut und erhielt eine Holztonne und zweigeschossige Emporen. Bemerkenswert ist die reiche Kanzel (1621).

Schwanebeck (11 km nö): Nach einem Brand der Vorgängerkirche wurde die *Stadtkirche St. Petri* im barocken Stil 1674 neu errichtet. Die hölzernen Emporen sind bemalt mit Szenen aus dem Leben Christi. 1690 entstand der große Altaraufsatz mit Säulenaufbau, ca. zur selben Zeit auch die hölzerne Kanzel. Sehenswert sind ferner 2 einfach gemalte Ölbilder und mehrere Epitaphe. – Die *Büblinger Dorfkirche St. Johanni* ist ein einschiffiger Bau, im Kern spätroman., mit got. dreiseitig geschlossenem Chor. Beeindruckend der Kanzelaltar v. 1701 mit polygonalem Kanzelkorb. – Neben der kath. *Pfarr- und Wallfahrtskirche* »Zum Allerheiligsten Altarsakrament«, 1356 erbaut, mit hübscher Pietà (um 1500) lohnt auch das *Rathaus* mit Fachwerkobergeschoß (1674) einen Besuch.

Spiegelsberge (s Stadtrand): Das *Jagdhaus*

(heute Gaststätte), ein einfacher Barockbau, wurde 1780–82 errichtet. Das reiche Portal v. 1606 gehörte einst zu dem abgebrochenen Schloß Gröningen.
Aus diesem Schloß stammt auch das große Weinfaß im Keller, das 1593–98 v. M. Werner aus Landau gefertigt wurde. Es hat ein Fassungsvermögen v. 132 760 l. Im Park befinden sich neben einem Tiergehege das Mausoleum des Freiherrn v. Spiegel, ein sechseckiges barockes Bauwerk v. 1783, mehrere Grotten und 2 Aussichtstürme.

39340 Haldensleben
Ohrekreis

Einw.: 21 260 Höhe: 56 m S. 288 □ D 6

Haldensleben liegt im Südwesten der Colbitz-Letzlinger Heide zwischen Mittellandkanal und Ohre. Althaldensleben (1938 mit Neuhaldensleben, gegründet Mitte des 12. Jh., vereinigt) wurde schon vor 966 erwähnt. 1167 wurde die Burg Althaldensleben zerstört. Im 12. Jh. war der Ort eine welfische Grenzburg. Nach der Zerstörung der Stadt 1181 wurde der Ort um 1220 planmäßig wiedererrichtet. 1228 wurde in Althaldensleben ein Kloster der Zisterzienserinnen gestiftet. Nach seiner Auflösung 1810 erwarb der Magdeburger Kaufmann und Industrielle J. G. Nathusius die Klostergüter und legte zwischen Haldensleben und Hundisburg entlang der Beber einen großen Park im englischen Stil an. Ihm ist auch die Entwicklung der keramischen Industrie in Haldensleben zu verdanken.

Pfarrkirche St. Marien: Bei dem Gotteshaus handelt es sich um eine dreischiffige flachgedeckte Bruchsteinbasilika, die vermutlich zwischen 1370 und 1414 errichtet wurde. Nach einem Brand 1665 wurde sie stark verändert. Der W-Turm wurde 1812 bis 1821 erbaut, nachdem 1808 der s Turm eingestürzt und anschließend der andere abgebrochen worden war. Das hölzerne Gewölbe im Mittelschiff stammt aus dem späten 19. Jh., der Altaraufsatz und die Kanzel entstanden 1666.

Simultankirche: Das klassizistische Bauwerk v. 1830 steht im Ortsteil Althaldensleben. Der Turm erhebt sich über der Mitte

Haldensleben, Roland zu Pferd

der Kirche. Die Ausstattung der ev. Kirche im O-Teil des Gotteshauses ist klassizistisch, die der kath. im W-Teil barockisierend (ebenfalls v. 1830). Die barocken Plastiken datieren aus der Zeit um 1720.

Rathaus: Der Barockbau v. 1703 wurde 1815–23 klassizistisch umgebaut. Auf dem davor gelegenen Marktplatz steht das Standbild eines *Rolands* zu Pferd, das dem Magdeburger Reiter nachgebildet ist. Es handelt sich um eine Sandsteinkopie nach einem hölzernen Original v. 1528, das im Kreismuseum ausgestellt ist.

Kreismuseum (Breiter Gang): Hier befinden sich eine kleine Gemäldesammlung, u. a. mit einem Werk v. Lucas Cranach d. Ä., ein vollständig ausgestattetes Biedermeierzimmer und die Einrichtung einer kleinbäuerlichen Wohnung. Eine ständige Ausstellung zeigt altsteinzeitl. Funde. Ausgestellt ist auch der Nachlaß der Enkelin von Wilhelm Grimm, die aus H. stammte. Zu sehen sind ein Teil der Bibliothek

Flechtingen (Haldensleben), Burg

(1884 Bände) der Brüder Wilhelm und Jakob Grimm, die mit ihrer Märchensammlung Weltruhm erlangten, sowie andere Gegenstände aus ihrem persönlichen Besitz.

Außerdem sehenswert: Von der *Stadtbefestigung* sind der *Bülstringer Torturm* (vermutlich aus dem 14. Jh.) und das *Stendaler Tor* v. 1593 erhalten. Sehenswerte *Bürgerhäuser* sind das *Ratsfischerhaus* (Stendaler Str. 12), ein Fachwerkbau aus dem frühen 17. Jh., und das *Kühnsche Haus* (Hagen/Ekke Holzmarktstr.), ein Fachwerkgebäude aus dem späten 16. Jh., sowie das *Haus Lange Str. 61* v. ca. 1600. Im Ortsteil *Detzel* befindet sich ein neugot. *Gutshaus* v. 1844, das v. einem englischen Park umgeben wird. – Das *Herrenhaus* des ehem. Klosterguts in *Althaldensleben* ist eine barocke Anlage mit 2 Stockwerken. Den Hof umgab urspr. ein Kreuzgang. Im NW liegt die frühere *Kapelle.* Heute ist hier eine Berufsschule untergebracht. – Im Ortsteil *Glüsig* befindet sich eine kleine *Wallfahrtskapelle* (St. Anna). Der roman. Bruchsteinbau wurde im 17. Jh. erneuert. Im Inneren ein roman. Triumphbogen. – Das ehem. *Gutshaus* in Glüsig (um 1750) besitzt ein asymmetrisches Portal mit Segmentgiebel.

Umgebung

Altenhausen (13 km w): Das ehem. *Schloß* dient heute als Krankenhaus. Das dreigeschossige Gebäude mit hufeisenförmigem Grundriß geht auf einen Bau aus dem 15. Jh. zurück; aus dieser Zeit ist noch die spätgot. Küche mit Herd und Rauchfang erhalten. Das Schloß wurde nach einem Brand 1625 wiederholt umgebaut. – Die spätgot. *Dorfkirche* v. 1594 hat sehenswerte Holzgewölbe. Der Altar und die Kanzel entstanden 1666, der Orgelprospekt stammt aus dem frühen 18. Jh.

Bebertal-Dönstedt (10 km sw): 1597 entstand die spätgotische *Dorfkirche* mit roman. Turm, die schön gelegen ist. Sie enthält u. a. eine polygone Sandsteintaufe (um 1597) und einen bronzenen Hängeleuchter (1730). – Das barocke ehem. *Gutshaus* wurde 1734 erbaut.

Bülstringen (8 km nw): Zu dem barocken *Kirchenbau* v. 1708 gehört ein w roman. Turm. Die prächtige barocke Ausstattung mit großem Kanzelaltar datiert aus der Zeit der Erbauung. Zu sehen ist auch ein spätgot. Kruzifix (in der Sakristei) aus der 1. Hälfte des 16. Jh.

Calvörde (15 km nw): Von der Innenausstattung der 1704 unter Verwendung romanischer Teile erbauten *Dorfkirche* (im 19. Jh. zweimal verändert) sind die schön geschnitzte Kanzel (1609), der Orgelprospekt (1742) und verschiedene Grabdenkmäler hervorzuheben. – Die ehemalige *Burg* am linken Ufer der Ohre wurde vor 1196 als Rundburg auf Sumpfhorst angelegt. Der runde Bergfried in der Mitte des Hofes wurde 1737 abgetragen. Erhalten sind Reste der Mauer und eines Renaissancegebäudes.

Eimersleben (über Erxleben, 21 km sw): Die barocke *Dorfkirche* wurde 1712–21 nach dem Vorbild der Schloßkapelle in Wolfenbüttel erbaut. Der W-Turm ist roman., der Chor got. Die Brüstungen der

Altenhausen (Haldensleben), Dorfkirche >

ANNO.1.6.6.6

hufeisenförmigen Empore im Inneren sind mit Stuckdekorationen verziert. Die Altarwand ist nur unvollständig erhalten.

Emden (bei Erxleben, 14 km sw): Die roman. *Dorfkirche* aus Feldsteinen wurde im 18. Jh. barock umgebaut. Aus dieser Zeit stammt auch die Ausstattung.

Erxleben (18 km sw): Bei der *Dorfkirche* handelt es sich um einen barocken Bruchsteinbau auf kreuzförmigem Grundriß, der 1714 errichtet wurde. Die Innenausstattung aus rohem Kiefernholz stammt aus der 1. Hälfte des 18. Jh. – Das *Schloß* war urspr. eine Wasserburg aus dem 12. Jh. Aus dieser Zeit ist noch der im 15. Jh. erhöhte Bergfried erhalten. Ihre heutige Gestalt erhielt die Anlage im 16. (Hauptflügel v. 1526), 17. (Nebenflügel v. 1679) und 18. Jh.; aus dieser Zeit stammen die sehenswerten Barockanbauten. Die Schloßkapelle entstand in den Jahren 1564–80. Die barocke Ausstattung stammt weitgehend aus der Werkstatt v. Tobias Wilhelmi in Magdeburg. Als Glokkenturm dient der Bergfried der ma Burg. Östlich des Schlosses, in dem heute eine Schule untergebracht ist, steht im ehem. Schloßpark ein klassizistisches Gartenhaus.

Flechtingen (14 km nw): Südlich des Ortes liegt im See auf einem Porphyrfelsen eine *Burg,* die auf die Zeit um 1300 zurückgeht. Zwischen 1860 und 1897 wurde die Anlage neugot. umgebaut, was jedoch ihren ma Charakter nicht zerstörte. – Die got. *Dorfkirche* wurde um 1580 errichtet. Die Ausstattung im Renaissancestil stammt aus dem späten 16. Jh.

Groppendorf (18 km sw): Die roman. *Dorfkirche* mit spätgot. Chor besitzt einen in der Gegend unüblichen quadratischen Chorturm. Das Kircheninnere wird bestimmt durch Wandmalereien, die Anfang des 16. Jh. entstanden. Der Renaissance-Grabstein wurde 1591 aufgestellt.

Groß Ammensleben (10 km sö): Die *Kirche* des ehem. *Benediktinerklosters,* die 1140 geweiht wurde, hat man Ende des 15. und Anfang des 16. Jh. teilweise verändert. Unverändert erhalten sind das Langhaus und ein n Nebenchor. Besondere Beachtung verdient der originale Fußboden im Chor aus unterschiedlich gefärbten Tonziegeln. Weiterhin findet man Sandsteinplastiken aus dem 14. und 15. Jh., Grabsteine aus dem 15. und 16. Jh. sowie 2 Altäre aus dem 16. Jh. Bei der Kirche handelt es sich um eine sog. Simultankirche; hier finden ev. und kath. Gottesdienste statt. Die Klostergebäude sind bis auf den *Pferdestall* (zweischiffige Halle mit Kreuzgewölben) v. 1600 verschwunden.

Groß Rottmersleben (10 km s): Zu dem

Hundisburg (Haldensleben), Schloß

barocken *Kirchenbau* (Anfang 18. Jh.) mit roman. Turm gehört eine einheitliche Innenausschmückung aus der Erbauungsphase, darunter eine umlaufende Empore und eine Altarwand.

Hillersleben (6 km ö): Die *Klosterkirche* eines Benediktinerklosters aus dem 12. und 13. Jh. lag im 18. Jh. in Ruinen. Bei dem Wiederaufbau nach 1859 wurde sie stark verändert. Aus dieser Zeit stammt auch das Westwerk mit 2 Türmen. Die erhaltenen Teile der Klostergebäude sind ein Teil des *Kreuzgangs* (13. Jh.) und das sog. *Alte Schlafhaus* v. 1436.

Hundisburg (5 km s): Das barocke *Schloß,* 1694–1702 erbaut unter Leitung v. Hermann Korb aus Braunschweig unter Einbeziehung des ma Bergfrieds, geht auf eine ma Burg zurück. Der S-Flügel im Renaissancestil entstand 1571. Der Mittelflügel und der N-Flügel brannten 1945 aus. Der Wiederaufbau wurde begonnen. Im S-Flügel ist heute eine Schule untergebracht. – In der *Dorfkirche,* die in ihrer Substanz spätroman. ist, befindet sich ein sehenswertes Grabdenkmal aus der Zeit nach 1596.

Ivenrode (11 km w): Die einschiffige *Dorfkirche* aus Feldstein stammt aus der 1. Hälfte des 12. Jh. Im 18. Jh. wurde sie umgebaut.

Klein Santersleben (15 km sö): In der schlichten, urspr. roman. *Dorfkirche* trifft man auf eine reiche geschlossene Ausstattung aus der Zeit des Barock. Parallelen zu Groß Rottmersleben sind auffällig. – Im ehem. *Schloß,* einem barocken Bau v. 1734, ist ein Kindergarten untergebracht. Der frühere Festsaal wird für Veranstaltungen genutzt.

Uhrsleben (17 km sw): Der Feldsteinbau der *Kirche* geht auf das frühe 12. Jh. zurück und wurde mehrfach umgebaut. Einen ehem. s Kapellenanbau bezeugen 3 zugebaute Spitzbogenarkaden. Die hölzerne Pieta entstand um 1510, die ansehnlichen Altargemälde wurden vermutlich 1789 geschaffen.

Walbeck (27 km w): Um 945 wurde hier ein Chorherrenstift gegr. Die *Stiftskirche* ist seit dem 19. Jh. eine Ruine. Der Stucksarkophag des Stifters des Klosters, Graf Lothar II. († 964), der ehem. in der Vierung der Stiftskirche stand, befindet sich heute in der neuroman. Dorfkirche.

Weferlingen (26 km w): Von Interesse ist die einfache *Dorfkirche* durch den Anbau einer prächtigen *Grabkapelle* für den Markgrafen Friedrich Christian v. Brandenburg-Kulmbach. 1766 wurde sie v. dem Halberstädter Baumeister und Bildhauer Bartoli in ausgeprägtem Barockstil errichtet. Den Eingang ziert ein schönes schmiedeeisernes

Walbeck (Haldensleben), Ehemalige Stiftskirche

Walbeck (Haldensleben), Dorfkirche, Stucksarkophag des Stifters des ehem. Klosters

Gitter. – Die *Schloßruine* befindet sich auf dem Gelände einer ehem. ma Wasserburg. Der gut erhaltene Bergfried wurde um 1300 erbaut, das Wohnschloß zu Anfang des 16. Jh.

06108–32 Halle/Saale

Halle

Einw.: 295 370 Höhe: 87 m S. 290 □ E 8

Zwischen dem Giebichenstein im Norden von Halle und dem Domhügel wurde eine ausgedehnte vorgeschichtliche Salzproduktion nachgewiesen. In karolingischer Zeit war die Saalelinie befestigt, der Standort von 2 Kastellen ist bisher nicht eindeutig erwiesen. Wesentlich für das Entstehen des Ortes war auch die Lage, die einen Übergang über die hier in mehrere Arme verzweigte Saale erlaubt. Giebichenstein mit seiner Salzquelle und das umgebende, ebenfalls Salzbrunnen besitzende Land – sicher also auch der in Halle selbst vorauszusetzende Markt – wurde 961 vom König dem Magdeburger Moritzkloster geschenkt; damit beginnt die ma Ortsgeschichte der Stadt, die seitdem Teil des Erzbistums (später Herzogtums) Magdeburg ist. Zu seiten des Tales, der »Halle« (Bereich des Hallmarkts), bestand nördlich bis zum Domplatz hin eine slawische Besiedlung des 10.–12. Jahrhunderts, südlich war mit dem Alten Markt (siehe unten) ein bedeutender Siedlungsschwerpunkt entstanden, der als ältere und wohl schon befestigte Siedlung im 12. Jh. in der einheitlich ummauerten heutigen Stadt aufging. Mit Marien-, Moritz-, Gertruden-, Nikolai- und (Alt-)Ulrichskirche wurden neue Pfarreien eingerichtet, Stifte und Klöster entstanden vor und in der Stadt, als zunächst eigenständige Gemeinden ferner die heutigen Vorstädte Glaucha (im Süden) und Neumarkt (im Norden).

Bürgerliche Selbständigkeitsbestrebungen führten im 14./15. Jh. zeitweilig zu einer relativen Eigenständigkeit der Stadt gegenüber der erzbischöflichen Herrschaft, ange-

Halle, Das »sozialistisch« neugestaltete Verkehrszentrum zwischen Bahnhof und Altstadt

bahnt schon 1280 mit dem Beitritt zur Hanse. Innerstädtische Auseinandersetzungen brachten jedoch im 15. Jh. einen Sieg des Erzbischofs; 1484 ließ Erzbischof Ernst von Wettin am nordwestlichen Stadtrand die Moritzburg als Zwingburg gegen die Stadt errichten (siehe unten). Unter seinen Nachfolgern, besonders unter Albrecht von Brandenburg und zuletzt unter dem Administrator August von Sachsen, wurde Halle eine glänzende Residenz, bis gemäß der Festlegung im Westfälischen Frieden das Herzogtum an Kurbrandenburg fiel – immerhin wurde 1946, bei der Gründung des Landes Sachsen-Anhalt, an jene Tradition angeknüpft und Halle zur Landeshauptstadt erhoben.

War Halle mit dieser Entwicklung nur noch Garnisonstadt, so boten die Salzproduktion, die günstige Verkehrslage und die Gründung der bald aufblühenden Universität (1694) die Grundlage für eine erneute Blüte, durch die sich Halle gegen die starke Konkurrenz der kursächsischen Nachbarstadt Leipzig behaupten konnte. Angerührt vom sozialen Elend, gründete August Hermann Francke die »Stiftungen« (siehe unten) als Waisen- und Unterrichtsanstalt von einer im sozialen und pädagogischen Bereich bis in das 20. Jahrhundert hinein andauernden Wirkung. Rationalismus, Romantik und Naturwissenschaften waren an der Universität durch bedeutende Gelehrte vertreten; der Hochschule wurde 1817 die Universität der preußisch gewordenen Stadt Wittenberg hinzugefügt. Unabhängig von ihr bildeten sich gesellige Kreise, von denen Reichardts Garten seit 1791 als »Herberge der Romantik« berühmt geworden ist. In der 1815 neu gebildeten Provinz Sachsen wurde die Bezirksregierung allerdings nicht hier, sondern im nahen Merseburg eingerichtet. Dennoch nahm die Stadt gerade im 19. Jahrhundert einen bedeutenden Aufschwung. Halle wurde großer Eisenbahnknotenpunkt und Industriestandort (Nahrungsmittel, Maschinenbau; doch der vom Berufsstand der »Halloren« getragenen Salzproduktion, schon lange unter dem Konkurrenzdruck benachbarter Gradier-

< *Halle, Roter Turm*

werke, wurde schließlich durch die ergiebigere Steinsalzgewinnung ein Ende bereitet). Ausgedehnte vorstädtische Bebauung wuchs in Nord-Süd-Richtung. Die älteste naturwissenschaftliche Akademie deutscher Länder, die Akademie der Naturforscher Leopoldina, fand seit 1878 in Halle ihre Heimstatt. Mit dem Museum für Kunst und Gewerbe und dem Landesmuseum für Vorgeschichte entstanden bedeutende Museen. In der Burg Giebichenstein wurde 1906 eine Kunstgewerbeschule angesiedelt.

Die Stadt blieb im 2. Weltkrieg nahezu unzerstört, litt aber in ihrer historischen Bausubstanz schwer durch die hier überaus weitgehende bauliche Vernachlässigung. 1964 wurde eine brutal in die Stadtstruktur gestellte Neubebauung mit einem Wohnblock am Schülershof begonnen. Die nach 1980 erst fortgeführte »Stadterneuerung« ist durch den bedingungslosen Einsatz der Großplattenbauweise disqualifiziert. Nur wenige Neubauten, so an der Ostseite des Alten Markts, können der historischen Stadtqualität bisher genügen. Die im Jahre 1963 als riesenhafte Wohnsiedlung gegründete Chemiearbeiterstadt Halle-Neustadt, jenseits der Saale, ist seit 1990 mit Halle vereinigt.

Bekanntester Sohn der Stadt ist Georg Friedrich Händel, 1685 hier als Sohn eines Chirurgen geboren. Auch der Komponist Robert Franz, Kind einer Hallorenfamilie, kam in Halle zur Welt (1815).

Die in mittelalterlicher Zeit mit 6 Toren versehene Stadt, westlich von der Saale, auf den übrigen Seiten von Ringstraßen anstatt der früheren Umfestigung begrenzt, hat die Struktur ihres weithin unregelmäßigen alten Grundrisses bewahrt.

Über die Zeiten hinweg ist der Alte Markt, trotz verschiedener Eingriffe, in seiner gestreckt-dreieckigen Grundform erhalten geblieben. Für den Obermarkt bedeutete der nach dem Krieg vollzogene Abriß des spätmittelalterlichen, lediglich ausgebrannten Rathauses im Norden und der Börse im Südwesten eine Ausuferung seiner Platzfronten. Unterhalb davon ist seit der Zeit um 1900 mit dem Hallmarkt an der Stelle der alten, bei den Salzbrunnen gelegenen Siedehütten ein Platzbild entstanden, des-

Halle, Fachwerkhaus in der Altstadt

Halle, Marktkirche Unser Lieben Frauen

sen Merkmale die hochaufragende Marktkirche zum Obermarkt im Osten, die nied rige Bebauung zur Saaleaue hin im Westen und die einheitlich-viergeschossige Wohnhausarchitektur im Norden und Süden sind.

ALTSTADT

Roter Turm: Der auf dem Obermarkt frei stehende Turm, urspr. der Glockenturm der Marienkirche (siehe unten), entstand v. 1418 (Inschrift) an in mehreren Bauschüben. Mit seiner 1506 fertiggestellten Spitze war er seit jeher eine Zierde der Stadt. Nachdem der Turmhelm 1945 abgebrannt war und ein Notdach – wie schon in der Zeit um 1500 – den Turm deckte, wurde der Abschluß als Stahlkonstruktion 1975 erneut errichtet. Die das urspr. frei stehende Bauwerk umgebende Ausstellungs-Umbauung, dem Rang dieses einzigartigen Denkmals völlig unangemessen, wurde damals gebaut, daran angelehnt die barocke Kopie der Halleschen Rolandsstatue des 13. Jh.

Marktkirche Unser Lieben Frauen: Der mit seinen 4 Türmen ganz ungewöhnliche Kirchenbau ist Ergebnis eines weitreichenden, 1529 vorgenommenen Eingriffs in die Gestalt des Obermarktes, als die alten Bauten der Marien- und Gertrudenkirche bis auf die jeweiligen Turmpaare abgerissen und zwischen diese die bestehende Hallenkirche eingefügt wurde. Während die Türme v. St. Gertruden, die Blauen Türme, ihre spätmittelalterliche Gestalt bewahrt haben, wurden die Türme der Marienkirche, die Hausmannstürme, aufgestockt und mit Renaissancehauben versehen. Der im Äußeren damit etwas heterogene Gesamtbau erweist sich im Inneren als eine spätgot. Halle v. vollendeter Gestalt, deren Besonderheit in der überaus engen Pfeilerstellung und dem dichten Rippennetz einerseits, im Verzicht auf einen ausgeschiedenen Chor andererseits besteht. Nach der Einführung

Halle, Marktkirche
Unser Lieben Frauen, Kanzel

Halle, Hallesche Rolandsstatue

der Reformation in H. im Jahre 1541 – Kardinal Albrecht verlegte damals seine Residenz nach Mainz – wurde die Kirche bis 1554 vollendet; ausführende Meister waren Caspar Kraft, Nickel Hofmann und Thomas Rinckeler. Die schon v. Beginn an vorgesehenen Emporen entstanden nunmehr mit einem der neuen Lehre entsprechenden umfassenden biblischen Text am Gesims. Die obere Empore der N-Seite ist eine Zutat des späten 17. Jh.

Die *Ausstattung* ist bedeutend: Die Kanzel, baueinheitlich mit ihrem Pfeiler entstanden, ist ein Werk v. 1547, der prächtig ausladende hölzerne Schalldeckel v. 1596. Der große, zweimal wandelbare Marienaltar entstand 1529 im Umkreis Lucas Cranachs d. Ä., mit einiger Sicherheit urspr. für den Halleschen Dom bestimmt. Die bronzene Taufe, ein Magdeburger Guß v. 1430, kommt ebenso wie der große spätgot. Kruzifixus an der W-Empore aus einer der beiden Vorgängerkirchen. Ein reizvoller Bestandteil der Ausstattung ist das eichene Wandgestühl. Anstelle des im späteren 16. Jh. mit Gewißheit geschlossenen Marienaltars trat das große, die O-Wand des Mittelschiffs gänzlich füllende und aufwendig gerahmte Bild der Apostelgeschichte (1593 v. Heinrich Lichtenfelser). 70 Jahre später wurde es teilweise durch eine kleine Orgel verstellt: Diese frühbarocke Orgel v. Georg Reichel ist eine der wenigen wohlerhaltenen Orgeln dieser Zeit. Auf der W-Empore steht v. der 1716 gebauten großen Cuntius-Orgel nur noch der Prospekt (Neubau des Werkes 1983 v. Schucke). – Die historische Pfarrbibliothek hatte schon früh ein eigenes Gebäude; der heutige Bibliotheksbau wurde 1889 gebaut (Marienbibliothek).

Moritzburg (Friedemann-Bach-Platz 5): Die kastellähnliche erzbischöfliche Burg, am nw Stadtrand über der Saale gelegen, entstand 1484–1503. 1637 z. T. zerstört, geben sich der Eingangsturm, der Westflügel und die als Stiftskirche erbaute Magdalenenkapelle als Bauten v. besonderer architektonischer Bedeutung zu erkennen. Im späten 19. Jahrhundert wurde die Ruine für Universitätszwecke (W-Flügel), 1901–13 dann für

Halle, Marktkirche
Unser Lieben Frauen >

SALVE

Halle, Marktkirche, Orgelprospekt

die städtischen Sammlungen ausgebaut. Neben den gesicherten und damals z.T. ausgebauten Burgteilen wurde ein Teil des stadtseitigen Flügels neu gebaut: Als Museumsbau eigener Prägung entstand an der S-Seite des Hofes das Talamtsgebäude neu (in unmittelbarer Anlehnung an das 2 Jahrzehnte zuvor am Hallmarkt abgebrochene pfännerschaftliche Haus), bestimmt für die Aufnahme des prachtvollen Brautzimmers v. 1616.

Das Museum, heute die *Staatliche Galerie Moritzburg,* war wegen seiner Sammlung expressionistischer Malerei berühmt. Es zeichnet sich inzwischen durch einen ansehnlichen Bestand v. spätmittelalterlichen Bildwerken, Kunsthandwerk des 16. und 17. Jh. und, vor allem, Malerei und Plastik des 19. und 20. Jh. aus; proletarisch-revolutionäre Malerei war einer der Sammelschwerpunkte der letzten Jahre.

Der Backsteinrohbau in den Formen eines florentinischen Palastes gegenüber ist das v. Otto Kilburger 1890 errichtete *Physikalische Institut der Universität.*

Dom (Domplatz): Die große dreischiffige Hallenkirche der 1271 in H. eingetroffenen Dominikaner wurde 1283 geweiht. Ihr Äußeres ist v. einem Renaissance-Giebelkranz gekennzeichnet, der zusammen mit dem glänzenden Umbau zur Kirche des Neuen Stiftes, das Kardinal Albrecht 1520 gegr. hatte, entstand. Von diesem 1523 abgeschlossenen Umbau sind im Inneren nicht viel mehr als die Emporenaufgänge, Portale, Weihetafeln und vor allem die vorzügliche Reihe der Pfeilerapostel (1523–25 v.

< *Vorhergehende Doppelseite:*

Links: Halle, Dom, Renaissanceportal

Rechts: Halle, Dom

Folgende Seite: >

Links: Halle, Dom, Hl. Mauritius

Rechts: Halle, Dom, Kanzel

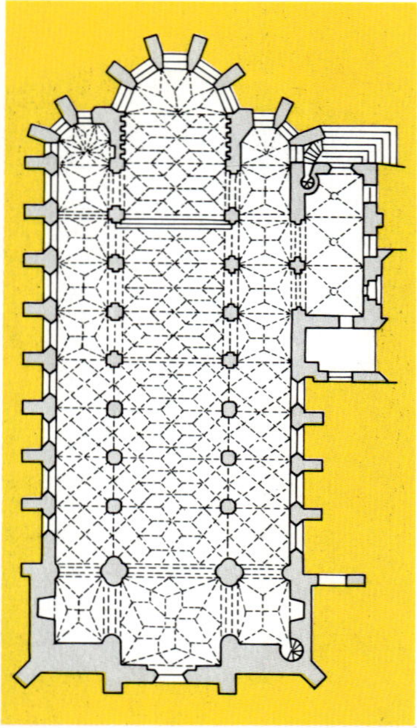

Halle, Moritzkirche

Peter Schroh), ferner Teile des Chorgestühls und die in krauser Frührenaissance skulptierte Kanzel (1526) erhalten. Die übrige kostbare Ausstattung wurde weit zerstreut (Reste befinden sich in Mainz, Aschaffenburg und München). Nachdem der Bau 1589 Hofkirche der Administratoren geworden war, entstanden der streng gebaute, den Chorraum füllende Altar (1662) und die barocken Emporen. Vom Kloster sind nur wenige Reste erhalten. An seiner Stelle steht z.T. die 1. in Halle erbaute medizinische Klinik, 1839 für die Universität v. Peter Justus Schulze errichtet.

Residenz (Domstr.5): Kardinal Albrecht richtete im alten Cyriakusspital seit 1531 das neue Stift ein, doch wurde dieses alsbald zu seiner Residenz umgewandelt; die schon im 19.Jh. erheblich verunstaltete Frührenaissance-Architektur des Bauwerks ist auf der Saalefront und im Hof teilweise ablesbar. Recht gut erhalten ist der den Hof n abschließende Kapellenbau v. 1537 (darin das *Geiseltalmuseum* mit bedeutenden urgeschichtlichen Funden aus den Tagebauen s v. H.).

Moritzkirche (Hallorenring): Die Pfarrkirche, seit 1184 auch Augustinerchorherren-Stiftskirche, ist ein nach 1388 aufgeführter spätgot. Neubau, der erst im frühen 16.Jh. vollendet wurde. Die architektonisch reich gegliederten O-Teile entstanden noch im 14.Jh. Die berühmten, inschriftlich bezeichneten und teilweise datierten Figuren des Konrad v. Einbeck lohnen den Besuch; die Bildwerke, die Schmerzensmaria, Christus als Schmerzensmann, Christus an der Geiselsäule und der hl. Mauritius, sind v. schwerer, ausdrucksstarker Körperlichkeit. Die vorzügliche männliche Büste im N-Chor wird als Selbstbildnis des Bildhauerarchitekten angesehen, was jedoch offenbleibt. Der Hochaltar entstand mit dem Abschluß der Bauarbeiten im Jahre 1511. Die qualitätvolle Kanzel schuf der Bildhauer Zacharias Bogenkrantz im Jahre 1592. Anstelle der früheren Stiftsgebäude ist nur das heutige Pfarrhaus zu finden.

Ulrichskirche (Leipziger Str.): Die zweischiffige Kirche des ehem. Servitenklosters entstand im mittleren 14. und 15.Jh. Von der Ausstattung ist im Inneren nur das Sakramentshaus in Frührenaissanceformen erhalten. Der überaus qualitätvolle Altar, Taufe und Kanzel wurden als Leihgabe der Magdeburger Wallonerkirchgemeinde überlassen, als 1975 der v. der Kirchgemeinde nicht mehr benötigte Bau als Konzerthalle verändert wurde und dabei die Erinnerung an die kirchliche Vergangenheit des Bauwerks (mit dem Abbruch der Emporen auch zum Schaden der Akustik) getilgt werden sollte.

Ratshof: Als Verwaltungsgebäude an der Rückseite des damals noch stehenden Rathauses 1928–30 nach Entwurf v. Wilhelm Jost u.a. erbaut; die Bronzefiguren am Turm (urspr. W.Weidanz) 1984 nachgebildet. Davor steht mitten auf dem Marktplatz das *Denkmal für Georg Friedrich Händel.* Das Bronzestandbild wurde 1858 nach einem Modell v. Hermann Heidel gegossen.

Wohn- und Geschäftshäuser: An der S-Seite des Obermarktes steht das *Stadthaus,* ein Neurenaissancebau v. E.Schreiterer (1891 bis 1894). Benachbart und gegenüber *Kaufhausbauten* der Jahre 1928 und 1929. Weitere Kaufhäuser des 1. und 2. Jahrzehnts des 20. Jh. findet man in den beiden großen innerstädtischen Straßen, der Leipziger Str. und der Großen Ulrichstr. Überhaupt dominieren Wohn- und Geschäftshäuser des späten 19. und des frühen 20. Jh., während der ma Wohnhausbau nur noch stellenweise, die Beispiele barocken Bauens aber doch in ansehnlichen Zeugnissen zu finden sind. Immerhin umfaßt im s Teil der Altstadt die Große Märkerstr. einen beachtlichen Altbaubestand. In einem schönen, im 16. und 18. Jh. umgestalteten Haus wohnte der Philosoph Christian Wolff; hier ist das *Geschichtsmuseum der Stadt Halle* eingerichtet (Nr. 10) mit Dokumenten zur Stadtgeschichte und Autographen aus dem 17. bis 20. Jh. Ein bedeutender Renaissancebau ist das sog. *Schleiermacherhaus* (Nr. 22). – Vom Obermarkt ist nach N durch eine enge Gasse das *Haus zum Kühlen Brunnen* zu erreichen, ein noch aus mehreren Bauten bestehender Stadtpalast der 1. Hälfte des 16. Jh., der in seiner Frührenaissance-Architektur im letzten Jahrzehnt wiederhergestellt wurde. Er war das Anwesen des Hans v. Schenitz, einem hohen Hofbeamten des Kardinals Albrecht. Unweit davon ist in nw Richtung das *Geburtshaus Georg Friedrich Händels* (Große Nikolaistr. 5) zu erreichen, das mit seinem Nachbarhaus zusammen 1985 wiederhergestellt und als *Museum* neu eingerichtet wurde. Teile des Bauwerks gehören noch in das 13. Jh., wesentlich für seine Erscheinung sind Umbauten des 18. Jh. Das Nachbarhaus birgt interessante Räume des 16. Jh. – Unweit, am w Ausgang der Großen-Klaus-Str., steht das v. Wilhelm Friedemann Bach, dem Halleschen Bach, 1747–64 bewohnte Haus.

Universitätsbauten: Die älteren und zentralen Bauten befinden sich an der Stelle des früheren Franziskanerklosters. Das *Hauptgebäude,* 1832–34 nach Plänen v. Friedrich Zwirner errichtet, blieb ohne die urspr. geplanten Seitenflügel. Sehenswert ist sein weiträumiges Treppenhaus. Den Universitätsplatz schließt im N das *Verwaltungsgebäude* v. 1870 ab, gegenüber vom Hauptbau steht das *Melanchthonianum* (1903), den älteren Bauten ist auch das *Thomasianum* (1910) angeglichen. Am Ring steht das

Halle, Moritzkirche, Selbstbildnis des Bildhauerarchitekten Konrad von Elnbeck

als archäologisches Museum und Seminar errichtete *Robertinum* (1889–91) nach einem Entwurf v. Carl Hagemann. Der Bau greift noch einmal die in der Mitte des 19. Jh. blühende »Hellenische Renaissance« auf. Gegenüber steht auf der Außenseite des Ringes das 1884 nach Plänen v. H. Seeling erbaute *Theater,* das 1948 in sehr vereinfachten Formen nach Kriegsschäden wieder ausgebaut wurde. Unweit hiervon ist in n Richtung das Gebäude der Akademie der Naturforscher, *Leopoldina,* zu finden, in der schmalen Front das Portal mit der Devise: »Nunquam otiosus« (»niemals müßig«). In der Nachbarschaft ist die seit 1876 geplante, 1880 vollendete *Universitätsbibliothek* (P. v. Tiedemann, angeregt v. M. Gropius) sehenswert. Der nüchtern erdachte Backsteinrohbau gehört zu den wichtigsten Bibliotheksbauten der 2. Hälfte des 19. Jh. in Deutschland. Gegenüber erhebt sich schloßähnlich das 1882–1884 gebaute *Oberbergamt,* heute v. der Universitätsbibliothek genutzt.

Universitätsring: Hier stehen eine Reihe aufwendiger Geschäftshäuser, so das Gebäude der früheren preußischen Lebensversicherung (Nr. 6, 1890). In den Grünanlagen des Ringes gegenüber das Denkmal für den Universitätsmusikdirektor und Komponisten Robert Franz. Der große spätgot. Bildstock daneben ist erst in jüngerer Zeit hierher versetzt worden. An der Außenseite des w anschließenden *Moritzburgringes* steht das seit 1867 erbaute Logengebäude zu den Drei Degen (Tschernyschewski-Haus).

Hansering: Der ö Ringabschnitt wird v. dem neuroman. Postgebäude (1894) eingeleitet; im Mittelabschnitt prangt das 1905 in spätgot. Formen v. K. Illert gebaute *Gerichtsgebäude.* Mit dem *Leipziger Turm* steht am alten SO-Ausgang der Stadt der ansehnlichste Rest der ma Stadtbefestigung. Oberhalb der Grünanlagen geht es zum *Stadtgottesacker.* Die weiträumige Renaissance-Anlage aus der 2. Hälfte des 16. Jh. ist einer der großartigsten historischen Friedhöfe in Deutschland, beeinträchtigt allerdings durch einen in den letzten Jahrzehnten nur unzureichend verhinderten Verfall der schönen, einheitlich gebildeten Grufthallen. Auf dem Friedhof, der schon 1529 und bis in die Mitte des 20. Jh. benutzt war, sind u. a. August Hermann Francke, Christian Thomasius, Richard v. Volkmann und weitere Persönlichkeiten der Halleschen Geschichte begraben. Zu beachten ist das Selbstbildnis des Baumeisters Nickel Hofmann über dem inneren Portalbogen des Eingangsturmes. Auf den am Hansering ö anschließenden Flächen ist das seit 1873 und zunächst bis 1884 gebaute *Universitätsklinikum* zu finden, eine dezentralisierte Anlage v. erheblicher baulicher Qualität. Zu beachten ist auch das *Stadtbad* in der Schimmelstr., 1913 v. Stadtbaumeister Wilhelm Jost höchst einfallsreich entworfen und bemerkenswert vollständig erhalten.

Glaucha: Südlich der Altstadt stehen vom alten Glaucha nur noch wenige Straßenzeilen; erhebliche Teile der Flur wurden in der Zeit nach 1880 überbaut. Ein großer Zentralbau des mittleren 18. Jh. ist die *Georgenkirche,* die, obgleich baulich sehr gefährdet, erhalten werden konnte. In der Nähe steht die kath. Propsteikirche (1894 bis 1896 von Anton Güldenpfennig). Das Gelände der *Franckeschen Stiftungen* beginnt am Franckeplatz mit dem Hauptgebäude. Die Stiftungen sind, trotz mancher Verluste, als bedeutender Baukomplex der Zeit des frühen 18. Jahrhunderts erhalten; in ihrer nüchternen Architektur beleuchten sie die geistlichen Grundsätze und pädagogischen Zielsetzungen ihres Gründers, dessen Standbild (1829 von Christian Daniel Rauch) sich am Ende des langgestreckten Lindenhofes befindet. Der große, die vielen hundert Zöglinge fassende Betsaal diente in den letzten Jahren als Turnhalle. Besondere Beachtung verdient die Naturalien- und Lehrmittelsammlung, nicht weniger das einzelstehende Bibliotheksgebäude, in dem die Regale schon kulissenartig aufgestellt sind.

Der weiter ö gelegene *Bahnhof* wurde 1887–90 anstelle der älteren Bahnhofsgebäude repräsentativ in Insellage neu errichtet, 1987 in seiner anspruchsvollen Fassade wiederhergestellt.

Südliches Stadtgebiet: Hier befinden sich ausgedehnte, seit der Zeit um 1920 entstandene Siedlungen im Bereich der etwas älteren, ebenso beachtenswerten Industrieanlagen. Genannt seien hier nur die *Siedlung Vogelweide* (1930), der Wasserturm Süd und die Siedlung Am Lutherplatz (1927 bis 1929). Reizvoll ist die kleine hochroman. *Dorfkirche* des eingemeindeten Dorfes *Böllberg.*

Neumarkt: Nördlich der Altstadt hat sich der ehemals selbständige Ort Neumarkt in den letzten Jahren erheblich verändert; die noch dem 18. Jh. entstammenden Wohnzeilen machten einer stereotypen Neubebauung Platz. Abgerissen wurde auch ein Teil der in der Zeit um 1900 weitgehend überbauten, geschäftigen Geiststr., der alten Ausfallstraße nach N. Erhalten blieb die *Laurentiuskirche* (im Kern ma, weitreichender Umbau im späten 17. Jh.). Der benachbarte *Botanische Garten* der Universität ist sehenswert. Hier steht mit dem kleinen Turmbau der Sternwarte (1788 v. Karl Gotthard Langhans) der älteste erhaltene Universitätsbau der Stadt. Der Garten dehnt sich auf der Anhöhe aus, die seit dem 12. Jh. das berühmte Neuwerkskloster eingenommen hatte. Von dessen Gebäuden blieb nichts erhalten. Die anschließenden Wohngebiete Am Mühlweg und um die *Pauluskirche* (Backstein-Zentralbau v. 1900; Entwurf Schultze, Hoßfeldt und Matz) herum sind ausgedehnte Ensembles v. Villen und Reihenhäusern der Zeit zwischen 1870 und 1910. Einzelbauten wie das Gefängnis am Kirchtor (Mitte 19. Jh., Entwurf: Wilhelm Heinrich Matthias), das Volksparkgebäude (Burgstr. 26, 1906), der Wasserturm Nord (1897) oder das *Landesmuseum für Vorgeschichte* (→Museen) am Wettiner Platz sind hier als architektonische Lösungen v. Rang für die jeweilige Bauaufgabe hervorzuheben.

Giebichenstein: Die Bebauung geht weiter n nahtlos in die der Flur Giebichenstein über. Die auf einem Saalefelsen malerisch gelegene *Oberburg* (roman. Bauteile ausgegraben) ist seit dem 17. Jh. Ruine. In der spätgot. *Unterburg* hat Paul Thiersch 1919 in bemerkenswert einfühlsamer Weise die Werkstätten der Kunstschule (heute Hochschule für industrielle Formgestaltung) eingefügt. Über die Saale führt eine schöne Straßenbrücke, in Spannbeton 1926 errichtet und mit den großen Tierfiguren v. Gerhard Marcks auf den Pfeilersockeln geschmückt.

Reichardts Garten: Seit 1791 v. Johann Friedrich Reichardt (†1814) geschaffen, war er literarischer Mittelpunkt der Stadt um 1800. Reichardts Grab ist auf dem Friedhof in Giebichenstein zu finden; die Dorfkirche dort ist ein beachtlicher Zentralbau v. 1740. In der Nähe ist mit dem *Kurbad Wittekind* eine städtische Kuranlage erhalten (Hauptgebäude 1923 von W. Jost). Interessant angelegt ist seit 1901 der *Zoologische Garten* auf dem Reilsberg; der auf die Bergspitze gesetzte Flugkäfig beeindruckt als Seilnetzkonstruktion von 1961. Weiter entfernt ist der Gertraudenfriedhof am Landrain, 1912 v. W. Jost und G. Lindner als großstädtische Friedhofsanlage v. strengen, neuklassizistischen Formen errichtet.

Königliche Saline: In der Saaleaue, w der Stadt, lohnt die ehem. königliche Saline einen Besuch: 1722 gegr., ging sie 1868 in pfännerschaftlichen Betrieb über. Damit war die Stillegung der innerstädtischen Siedebetriebe verbunden, 1964 wurde auch hier die Salzgewinnung eingestellt. Erhalten ist das ehemalige Salztonnenmagazin, das als *Museum* (→Museen) der Geschichte der Halloren genutzt wird.
In den Außenanlagen ist ein Solebad eingerichtet.

Halle, Giebichenstein

Havelberg, Dom St. Marien

MUSEEN

Geburtshaus Georg Friedrich Händels (Große Nikolaistr. 5) →Wohn- und Geschäftsbauten S. 125.

Geiseltalmuseum (Domstr.) →Residenz S. 124.

Geschichtsmuseum der Stadt Halle (Große Märkerstraße 10) →Wohn- und Geschäftshäuser S. 125.

Halloren- und Salinemuseum (Mansfelder Str. 52): Das Museum auf dem Gelände der ehem. königlichen Saline informiert über die Kulturgeschichte der Halloren und die technische Entwicklung der Salzgewinnung. In einer Siedepfanne wird gelegentlich noch Salz produziert.

Landesmuseum für Vorgeschichte (Wettiner Platz): 1911/12 v. Wilhelm Kreis errichtet; sehr bedeutende frühgeschichtliche Sammlung.

Staatliche Galerie Moritzburg →Moritzburg S. 122.

Umgebung

Dieskau (7 km sö): Das Dorf wird vom *Schloß* überragt, urspr. eine ma Anlage, deren 3 Flügel im Kern dem 16. Jh. angehören. Mehrere jüngere Umbauten, zuletzt 1878, paßten den stattlichen Landsitz wechselnden Bedürfnissen an und zeigen durchweg beachtliche Qualität, so eine große Stuckdecke aus dem Beginn des 17. Jh., eine der frühesten figürlichen Stuckdecken in dieser Landschaft überhaupt. Auch der Schloßbesitzer Christoph v. Hoffmann, Kanzler der Universität Halle, hat im späten 18. Jh. das Schloß im Inneren verändert. Besondere Beachtung verdient sein Landschaftspark, der unmittelbar unter dem Eindruck des Wörlitzer Gartens in den 3 letzten Jahrzehnten des 18. Jh. entstand und in den Grundzügen noch erhalten ist.
In der hübschen *Dorfkirche* verdient die vornehme, in den feingliedrigen Formen des Leipziger Frühklassizismus eingebaute Hoffmannsche Gruftkapelle besonderes Interesse; das Wandgrabmal für J. T. A. Hoffmann († 1770) wird Adam Friedrich Oeser zugeschrieben.
Holleben (10 km sw): Der Ort war als alter Saaleübergang und Burgward wichtig. Neben der *Dorfkirche* (12. und 15. Jh., barock verändert, Ausstattung 16./17. Jh.) sind die prächtigen *Mühlengebäude* hier zu nennen, 1618 und um 1730 erbaut. – Im eingemeindeten Ort *Beuchlitz* schließt an das Schloß, einen wenig gepflegten Bau der Mitte des 18. Jh., ein hochbarocker Grottenraum an (als Abstellraum genutzt).
Petersberg (12 km n): 250 m hoher Berg innerhalb eines 320 ha großen Landschaftsschutzgebiets. An seinem S-Hang liegt der Ort Petersberg. Hier steht die *Klosterkirche* des Augustinerchorherrenstifts, das v. 1124 bis 1538 bestand. Mit dem Bau der Kirche, einer roman. Basilika, wurde 1128 begonnen. 1184 wurde sie geweiht. Nach einem Brand 1565 verfiel das Bauwerk, 1853–57 wurde es v. Ferdinand v. Quast hi-

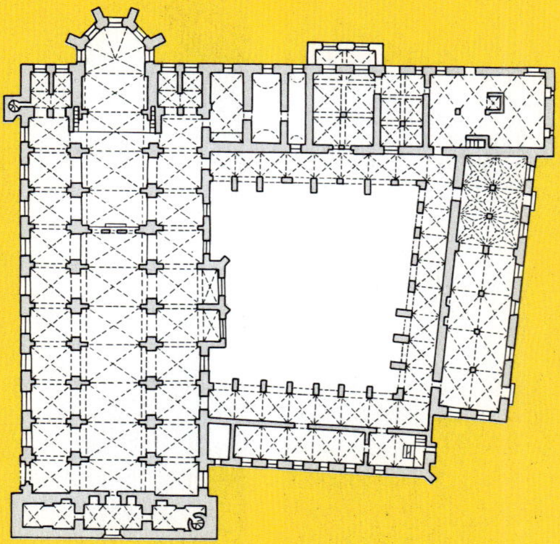

Havelberg, Dom St. Marien

storisierend restauriert. Im Mittelschiff und im W-Bau befindet sich die Grablege der Wettiner. Die Grabplatten aus Sandstein (16. Jh.), Werke der Dresdner Bildhauer Hans und Christoph Walter, sind durch Sandsteinnachbildungen ersetzt. In der Kirche findet sich weiterhin ein spätgotisches Kruzifix aus der 1. Hälfte des 16. Jahrhunderts.

Wettin (16 km nw): Von der *Burg,* die bereits 785 und 961 urkundlich erwähnt wird, sind nur unbedeutende Reste aus dem 16. Jh. erhalten, u. a. der Turm der Unterburg mit Wendeltreppe v. 1606. Die anderen Gebäude wurden im 19. Jh. vollständig umgebaut. Von der Auffahrt zur Burg hat man einen sehr schönen Blick ins Saaletal. Die Burg war Ende des 10. Jh. Stammsitz eines gräflichen Geschlechts, das sich nach ihr Wettiner nannte. – Die *Pfarrkirche St. Nikolai* ist ein einschiffiger spätgot. Bau aus dem 1. Viertel des 16. Jh. Der W-Turm, in seinem Kern roman., wird v. Renaissancegiebeln geschmückt. Das Inventar besteht u. a. aus einer Kanzel v. 1611 und einem Altar aus der 2. Hälfte des 17. Jh. – Das zweigeschossige *Rathaus* ist ein Renaissancebau v. 1660. Der Turm an der Vorderfront hat eine welsche Haube.

39539 Havelberg
Stendal

Einw.: 7330 Höhe: 48 m S. 289 □ F 5

Die Kreisstadt liegt an der Havel, 14 km oberhalb ihrer Einmündung in die Elbe. Der Ort war in slawischer Zeit eines der Hauptheiligtümer, vermutlich lag die Kultstätte auf dem steil zur Havel abfallenden Domberg. Eine erste Zerstörung ist anzunehmen, als Kaiser Otto I. 948 ein Bistum gründete, das zunächst dem Erzstift Mainz unterstand, nach der Gründung des Erzbistums Magdeburg 968 aber diesem zugeordnet wurde. Der Bischofssitz ging beim Wendenaufstand 983 verloren und wurde erst um die Mitte des 12. Jh. zurückgewonnen. Im 12. Jh. entstand auch die Stadt auf

Havelberg, Dom St. Marien

Havelberg, Dom, Chorgestühl

der von der Havel umflossenen Insel unterhalb des Domberges mit einem dem Radialschema folgenden Straßensystem und mittig gelegenem Markt. Zur Gesamtstadt kam es jedoch erst durch den Zusammenschluß mehrerer Siedlungsteile im Jahre 1876. Ein besonderes traditionelles Stadtfest ist der Große Markt, ein Pferdemarkt von überregionaler Bedeutung.

Dom St. Marien: Ein an sich vorauszusetzender Bau des 10. Jh. (vielleicht aus Holz?) konnte bisher nicht nachgewiesen werden. Der bestehende Bau entstand wohl noch vor der Mitte des 12. Jh., begonnen als eine langgestreckte, ungewölbte dreischiffige Pfeilerbasilika ohne Querschiff mit einer halbkreisförmigen O-Apsis und einem wehrhaften Querriegelbau als w Abschluß. Die Weihe fand 1170 statt. Das Mauerwerk besteht aus hammerrecht bearbeitetem Grauwacke-Bruchstein. Beim Umbau nach einem Brand 1279 wurde Backstein als Baumaterial verwendet und die Kirche in einen got. Gewölbebau verwandelt, dabei ersetzte man angeblich auch die roman. Apsis durch das Chorpolygon (oder erst um 1400?). Das 30 m breite und 6 m tiefe Westwerk wurde im späten 12. Jh. um ein Glockengeschoß aus Backstein erhöht. Das oberste Geschoß mit Dach entstand erst 1907/08. Urspr. hatte der Westbau nur eine einzige hoch gelegene Tür, die man über eine Holztreppe erreichen konnte. Diese wurde im Falle der Gefahr zerstört. Das 1840–42 eingebrochene W-Portal wurde 1907–1908 durch das jetzige neuroman. ersetzt. Die wertvolle *Ausstattung* aus der Zeit um 1400 wurde teilweise aus den Einnahmen der Wallfahrtskirche in Wilsnack finanziert. Das Hauptwerk dieser Zeit ist der *Lettner,* angeblich zwischen 1396 und 1411 entstanden und von Meistern ausgeführt, die aus der Prager Parler-Werkstatt kamen. Der Lettner grenzt mit seinen Schrankenwänden die 4 ö Joche des Mittelschiffs als Priesterchor für den Prämonstratenserkonvent aus und ist mit 20 Reliefs und 14 Sandsteinfiguren geschmückt. Die Reliefs zeigen Szenen aus der Passion Chri-

Havelberg, Dom, Chorgestühl

sti. Von einem älteren Lettner (um 1300) stammen die als Leuchter verwendeten *Sandsteinfiguren* im Chor, die als Mönch und Novize sowie als Koch und Kellermeister gedeutet werden. Ferner aus der Zeit um 1300 die *Triumphkreuzgruppe, Chorgestühl* aus dem Ende des 13. und der 2. Hälfte des 14. Jh., einige qualitätvolle *Sandsteinskulpturen* an den Innenseiten der Schranken, darunter die sog. Rosenstrauchmadonna und eine weitere Madonna v. 1370/80. Renaissance-Taufstein v. 1587. Hochaltar (1700), Kanzel (1693) und Orgel (1777) sind barock. Beachtung verdient das Grabmal mit Alabasterfigur über der Grabplatte des Bischofs Johann v. Wöpelitz († 1401). Die *Klostergebäude* des Prämonstratenser-Domherrenstifts beim Dom wurden im 12. und 13. Jh. aus Backstein errichtet. Sie umfassen einen spätroman. zweigeschossigen O-Flügel mit Kapitelsaal, Küche und Dormitorium, einen frühgot. S-Flügel mit den zweischiffigen Refektorien, das Winterrefektorium mit Sterngewölben des 15. Jh. sowie einen frühgot. W-Flügel, dessen Eingang mit einem Sandsteinrelief (Anbetung der Könige) aus dem frühen 15. Jh. geschmückt ist. In einigen Räumen ist das *Prignitz-Museum* (siehe unten) untergebracht.

Stadtkirche St. Laurentius: Die dreischiffige spätgot. Hallenkirche wurde im 15. Jh. erbaut, ihre Gewölbe aus Holz v. 1854 imitieren ein ma Kreuzrippengewölbe. Dem quadratischen W-Turm ist eine spätgot. Eingangshalle vorgebaut und 1660 eine behäbige Barockhaube aufgesetzt worden. Die Ausstattung ist wesentlich barock, die Kanzel entstand 1704, der bronzene Taufständer 1724, die Orgel 1754. Nur das Altarziborium, ein Werk v. Bernhard Rode aus Berlin, datiert v. 1817 und zeigt neugot. Elemente unter Verwendung eines älteren Altarblattes.

Kapelle des St.-Spiritus-Hospitals (nahe dem Sandauer Tor): Backsteinbau (um 1400), neben dem Eingang Passionsreliefs mit Stifter.

Sandau (Havelberg), Kirche, Kriegsruine des Westquerturms

Kapelle St. Anna (vor dem ehem. Steintor): Achteckiger Zentralbau als Backsteinbau des 15. Jh. mit Zeltdach, charakteristisch die Kreisblenden zu seiten der Fenster, innen flach gedeckt.

Prignitz-Museum (im ehem. Domkloster): Hier kann man sich über die Entwicklung des Elbe-Havel-Landes informieren. Der bedeutendste ausgestellte Fund aus der Vor- und Frühgeschichte ist das sog. *Seddiner Königsgrab.* Weiterhin ist eine Holzschnittfolge aus dem frühen 15. Jahrhundert zu sehen: »Historie vom Wunderblut zu Wilsnack«. Die Möbel stammen aus der Zeit v. der Renaissance bis zum Biedermeier.

Außerdem sehenswert: In der Stadt noch einige ansehnliche *Fachwerkhäuser* des 17. und 18. Jh. erhalten sowie Putzbauten des Klassizismus (Ernst-Thälmann-Str. Steinstraße und Sandauer Str.). – Beim Dom befinden sich die 7 ehem. *Kurien,* die ehem. *Dechanei* als schlichter eingeschossiger Barockbau v. 1748 und w des Doms die ehem. *Domschule* v. 1803–15, ein klassizistisches Gebäude wohl an der Stelle des ma Bischofshofes.

Umgebung

Sandau (5 km s): In der Stadt mit planmäßig angelegtem Straßennetz an einem früheren Elbeübergang, die Ende des 12. Jahrhunderts erstmals bezeugt wird, befindet sich eine spätroman. flachgedeckte *Backsteinbasilika* (1200) mit querrechteckigem W-Turm. Der spätgotische Chor mit Kreuzrippengewölben und Apsis wurde nach 1695 umgestaltet. Die nach dem Vorbild der Klosterkirche des Prämonstratenserstifts in Jerichow erbaute Kirche ist 1945 schwer beschädigt und seit 1958 wiederhergestellt worden.

06333 Hettstedt

Mansfelder Land

Einw.: 20 270 Höhe: 150 m S. 290 □ E 7

Der im Wippertal gelegene Ort ist aus einem Dorf hervorgegangen, das sich bereits im 13. Jh. aufgrund des Kupferschieferbergbaus stark entwickelte. In diese Zeit fällt auch die Anlage der Burg, die den Bergbau schützen sollte. 1434/35 wird Hettstedt als Markt und Gerichtsstätte erwähnt. Vom 14.–16. Jh. war es eine wirtschaftlich und kulturell bedeutende Stadt. Nach einem Sinken der Bevölkerungszahl, verursacht durch Verlagerung des Bergbaus nach dem Dreißigjährigen Krieg und durch Seuchen, setzte 1908 mit dem Bau eines Kupfer- und Messingwerkes eine neue Belebung ein.

St.-Jakobs-Kirche: Die dreischiffige spätgotische Hallenkirche wurde mehrfach baulich verändert. Der Chor mit interessantem spätgot. Netzgewölbe wurde 1418–29 errichtet, der Turm 1428. 1697 wurde die Kirche v. einem Brand verwüstet. Die hölzerne Tonne des Schiffes stammt aus dem Jahre 1706. Den w Turm ziert eine barocke Haube. Die Innenausstattung ist zum großen

Teil spätbarock. Hervorzuheben sind ein schönes Lese- und ein Sängerpult.

St.-Gangolfs-Kapelle (auf dem Kupferberg): Der schlichte spätgot. Bau, der keinen Turm besitzt, enthält einen sehenswerten spätgotischen Schnitzaltar. An den Außenseiten der Predella sieht man Petrus und Paulus in Renaissancemalerei.

Außerdem sehenswert: Das *Rathaus,* urspr. v. 1526, brannte 1627 aus und wurde 1682 bis 1684 neu errichtet. Mehrfach restauriert. – V. dem *Schloß,* einer gotische Anlage, die 1334 erstmals urkundlich erwähnt wird, ist lediglich ein runder Turm erhalten. – Auch v. der alten *Stadtbefestigung* stehen nur noch Reste, darunter Teile der Stadtmauer entlang der Wipper mit 2 Türmen und das n Stadttor. – Im Ortsteil *Burgörner-Altdorf* lohnt sich ein Besuch der *Dorfkirche,* erbaut 1803–04 (innen ein Taufstein aus dem Jahre 1617), und des ehem. *Gutshauses* (um 1714). Es war im 19. Jh. im Besitz der Familie Dachröden. Caroline Dachröden heiratete Wilhelm v. Humboldt. Östlich des Gutshauses liegt der Humboldt-Hain, ein v. der Familie Humboldt gestalteter englischer Park. – Das Regionalmuseum unterrichtet über den Mansfelder Bergbau. Eine originalgetreu nachgebildete Dampfmaschine stellt das Prunkstück der Ausstellung dar.

Umgebung

Gerbstedt (8 km ö): Die einfache *Stadtkirche St. Johannes Baptist* aus der Mitte des 18. Jh. besitzt eine schlichte hölzerne Barockausstattung. Herausragend ist der spätgot. Flügelaltar (um 1430/40) mit einer Marienkrönung in der Mitte des Schreins. – Sehenswert sind auch das ehem. *Rathaus* v. 1566, mehrfach erneuert, mit hohem achteckigem Treppenturm und das alte *Herrenhaus,* ein Renaissancebau, der nach 1905 als Wohnhaus und als Molkerei diente.

Heiligenthal (10 km sö): Um 1170 entstand die spätroman. *Dorfkirche* mit W-Querturm und eingezogenem Chor. In der s Wand des Langhauses sind noch die urspr., jetzt zugemauerten Rundbogenfenster zu sehen. Ebenfalls s ein reiches Sturzpfostenportal (um 1170). Der Kanzelaltar 1. Hälfte 18. Jh.

Wiederstedt (4 km n): Das ehem. *Schloß* in Oberwiederstedt, in dem der romantische Dichter Novalis (eigtl. Georg Philipp Friedrich v. Hardenberg) am 2.5.1772 geboren wurde, war seit 1634 im Besitz der v. Hardenbergs. Urspr. war das Gut, zu dem das Schloß (im Kern ein Renaissancebau, wiederholt verändert) gehört, in kirchlichem Besitz. Das frühere Nonnenkloster wurde Mitte des 16. Jh. säkularisiert. Aus der Klosterzeit ist nur noch das einstige Priesterwohnhaus, das sog. *»Brüderhaus«* erhalten. Von der ehem. Klosterkirche fungiert der w Teil als *Dorfkirche,* der ö als Speicher. In der Kirche beachtenswerte Herrschaftsempore (um 1700) und bed. Epitaph.

IJ

38871 Ilsenburg

Wernigerode

Einw.: 6920 Höhe: 246 m S. 290 □ C 7

Der Ort liegt am Nordrand des Mittelharzes am Fluß Ilse. 995 hielt sich Kaiser Otto III. hier auf einer königlichen Burg auf (nur noch geringe Reste der Befestigung erhalten). 1003 schenkte er sie dem Bischof von Halberstadt zur Gründung eines Benediktinerklosters. Das Kloster wurde 1525 im Bauernkrieg zerstört. 1546 wurde in Ilsenburg ein Hüttenwerk mit 2 Hochöfen gegründet (1911 stillgelegt), das sogar Zar Peter I. 1697 besichtigte. Der Ilsenstein südlich der Stadt, der 473 m hoch ist, zog zahlreiche Dichter und Maler an. Johann Wolf-

Ilsenburg, Klosterkirche

Drübeck (Ilsenburg), Klosterkirche >

Ilsenburg, Klosterkirche, Klausur

gang von Goethe erwähnte den Felsen in der Walpurgisnachtszene im »Faust«. Engelbert Humperdinck benutzte ihn als Schauplatz für seine Märchenoper »Hänsel und Gretel« (1893): auch Heinrich Heine, Viktor von Scheffel, Hans Christian Andersen und Theodor Fontane haben über ihn geschrieben.
Ilsenburg erhielt 1959 die Stadtrechte.

Klosterkirche (Schloßkirche): Die dreischiffige roman. Basilika wurde 1078–87 errichtet (Hirsauer Bauschule). Sie gehörte urspr. zum Benediktinerkloster St. Petri und Pauli. Bei einem Umbau im 16. Jh. wurden der n Querschiffarm und das n Seitenschiff abgebrochen. Nach der Reformation diente die Kirche den Grafen v. Stolberg-Wernigerode als Schloßkirche. Das Kreuzgratgewölbe im Seitenschiff stammt aus dem späten 12. Jh., das im Mittelschiff aus der Zeit nach 1553. Der Chor hat ein hölzernes Tonnengewölbe. Der Gipsestrich der Kirche stammt aus dem späten 12. Jh. In ihn sind Ornamente und Tierszenen eingeritzt, u. a. ein Baum des Lebens. Die Ausstattung wurde Anfang des 18. Jh. vermutlich v. Bastian Heidekamp* geschaffen (Kanzel und Hochaltar). – Von den *Klostergebäuden* sind die spätroman. O- und S-Flügel erhalten. Im O-Flügel befinden sich die Sakristei, das Auditorium, der Kapitelsaal und die Küche, im S-Flügel das große dreischiffige Refektorium. – Bereits 1609 hatten sich die Grafen v. Stolberg-Wernigerode in der Klosteranlage einen Wohnsitz eingerichtet. 1862 wandelte Graf Botho v. Stolberg-Wernigerode das ehem. Kloster in einen romantisierenden Schloßneubau um.

Dorfkirche: Das urspr. roman. Bauwerk wurde 1883 stark verändert. Die Ausstattung besteht u. a. aus einem Taufstein v. 1551 v. J. Wink, einem spätroman. Kruzifix aus der Zeit um 1230 und verschiedenen Grabdenkmälern des 17. und 18. Jh.

Hüttenmuseum (Ernst-Thälmann-Str. 9): Die Sammlungen zur Geschichte der lokalen Eisenindustrie umfassen unter anderem Ilsenburger Ofenplatten aus dem 16. bis 18. Jahrhundert. Hauptgegenstand der Ausstellung ist die früher in I. verbreitete Kunstgießerei.

Außerdem sehenswert: Südlich v. I. liegt die *Paternosterklippe,* ein 521 m hohes Granitgestein, v. dem aus man eine schöne Aussicht in Richtung Brocken genießt. – Die *Vogelmühle* in I. ist die letzte vollkommen erhaltene Getreidemühle mit Wasserkraftantrieb im n Harzgebiet. 1547 wurde sie

Drübeck (Ilsenburg), Klosterkirche, Kapitell

zum ersten Mal urkundlich genannt. Der jetzige Bau entstand um 1700.

Umgebung

Abbenrode (9 km nw): Die *Dorfkirche* besteht aus einem Barockbau v. 1695 und einem w Turm (Ende 15. Jh.). Der spätgot. Flügelaltar (Ende 15. Jh.) stand früher in der Stephanikirche in Goslar. Herausragende Stücke der Innenausstattung sind die reichgeschnitzte Kanzel (Anfang 18. Jh.) und die Orgel, 1708 v. Cuncius geschaffen.
Darlingerode (5 km ö): In der roman. *Kirche* befinden sich ein spätgot. Schnitzaltar (um 1500) und eine polygonale Kanzel aus Holz (Anfang 17 Jh.). Die hufeisenförmige Empore wurde 1594 eingebaut.
Drübeck (3 km ö): Die dreischiffige roman. Basilika, *Klosterkirche* des ehem. Benediktiner-Nonnenklosters St. Vitus, das um 960 gegr. worden war, wurde in der 2. Hälfte des 12. Jh. erbaut. Sie gehörte zu einem der ältesten Klöster im Harzgebiet. Nach der Säkularisierung im 16. Jh. war das Gebäude teilweise zerstört oder doch zumindest stark entstellt worden. Bei einer Restaurierung 1952–59 hat man versucht, den urspr. Zustand wiederherzustellen.

Jerichow, Stiftskirche

Beachtung verdienen der nahezu authentische Westbau mit 2 Türmen und Apsis (um 1200) sowie die fünfschiffige Krypta mit Kreuzgratgewölben und reichverzierten Kapitellen unter dem Chor. Die Ausstattung besteht u. a. aus einem spätgot. Altar. Der Äbtissinnen-Grabstein wurde um 1555 v. J. Spinrad aus Braunschweig geschaffen. – Beachtenswert ist auch die alte *Sommerlinde* im ehem. Klosterhof, deren Spannbreite fast so groß wie der Innenhof ist.

39319 Jerichow
Jerichower Land

Einw.: 2110 — S. 289 □ F 5

Ehem. Prämonstratenserstift: Die Entstehung des Stiftes reicht in die Mitte des 12. Jh. zurück, als die im 10. Jh. verlorengegangenen slawischen Gebiete ö der Elbe wieder in dt. Hand gelangten. War der Ort zunächst als provisorischer Sitz des Havelberger Bischofs vorgesehen worden, so erübrigte sich dies mit der Wiederinbesitznahme v. Havelberg im Jahre 1148. Zur gleichen Zeit wurde das 1144 bei der gräflichen Burg des Ortes (diese im 18. Jh. abgebrochen) gegr. Stift in n Richtung verlegt.
Die **Stiftskirche,** ein Hauptwerk der roman.

Jerichow, Stiftskirche

Architektur in Norddeutschland, entstand im Anschluß an den Ortswechsel zunächst als etwas kürzerer und turmloser Werksteinquaderbau; an sein Querhaus schlossen Apsiden an. Der Bau war noch nicht mannshoch gediehen, als in einheitlicher Höhe zum Backsteinmaterial übergegangen wurde – es wurde vermutet, daß die Quader infolge des vor der Mitte des 12. Jahrhunderts begonnenen Havelberger Dombaus (→Havelberg) in J. nicht mehr zur Verfügung standen. Wahrscheinlich fand der begonnene Bau durch eine mit der Backsteinarchitektur und ihren Formen vertraute Werkstatt aus Oberitalien auf dem traditionellen einheimischen Grundriß als Flachdeckbasilika seine Fortsetzung. Außen ist die Kirche mit Lisenen und Friesen gegliedert, innen tragen Rundpfeiler und Trapezkapitelle die Hochschiffwände. 1172 werden Kirche und Kloster als bestehende Gebäude genannt.

Die heutige Gestalt der Kirche geht auf einen Umbau zurück, der in das späte 12. Jh. fällt: Die Nebenapsiden sind durch Nebenchöre ersetzt, und in Vierung, Chorquadrat und Hauptapsis ist eine zweischiffige Krypta eingetieft, die im Außenbau durch rundbogige Fenster zu erkennen ist. In dieser Gegend ungewöhnlich sind verschiedene Kapitelle der Krypta; vergleichbare, doch um Jahrzehnte ältere Formen findet man im Elsaß und weiter in Südwestfrankreich. Um 1240 wurde die W-Wand der Kirche weitgehend abgebrochen, das Langhaus und ein Joch verlängert und mit einer w Doppelturmfront abgeschlossen. Glokkengeschoß (eine Glocke aber schon um 1200), obere Geschosse und Turmspitze entstanden erst im 15. Jh. Das Innere der Kirche beeindruckt durch die Weite und Klarheit der stereometrischen Baukörper. Neben einigen spätgot. Abänderungen wie der Unterteilung des s Nebenchores ist auf Veränderungen der Restaurierung v. 1856, bei der man sich um die Wiederherstellung des Baus sehr verdient gemacht hat, zu verweisen, so die Kryptenfront oder die damals gebaute W-Empore. Die alte *Ausstattung* ist mit einem skulptierten Osterleuchterfragment (um 1170) und einer großen Sandsteintaufe (1. Hälfte 13. Jh.) zu nennen. Als Fundstück bezeugt ein Relief der Marienkrönung aus dem späten 14. Jh. (in der Krypta) eine sonst nicht durch Kunstwerke belegte Ausstattungszeit. Die gemalte Marmorimitation auf den Laibungen der Vierungsbogen gilt als Fassung des 12. Jh.; die Darstellung der Marienkrönung in der Apsis entstand im frühen 15. Jh. Interesse verdient ein Epitaph für 2 Ritter, die 1370 »im Krieg« für das Stift gefallen sind.

Stiftskirche, Refektorium im Südflügel

Die im S der Kirche gelegene *Klausur,* eine Folge roman. Räume mit Kapitelsaal und 2 Refektorien, entstand im Anschluß an den Einbau der Krypta in mehreren Bauabschnitten bis in die Zeit um 1240; das damals errichtete Sommerrefektorium zeigt die n des Harzes bekannten reichen Kapitellformen der Spätromanik (vgl. Hecklingen). Erheblich verändert ist der W-Flügel, der nach vielfältiger Übernutzung 1965–85 v. störenden Einbauten befreit und behutsam ergänzt worden ist. Die großenteils erhaltene Klostermauer läßt den Umfang der Stiftsanlage erkennen.

Stadtkirche: Die große, mit einem Rechteckchor schließende Saalkirche ist der spätroman. Nachfolgebau eines schon 1144 genannten Gotteshauses. Wie andere Kirchen der Umgebung auch folgt der Backsteinbau in seiner Gliederung dem Vorbild der Stiftskirche; er mag im frühen 13. Jh. entstanden sein. Die Ausstattung stammt aus dem 17. und 18. Jh. Von Bedeutung ist das

Epitaph v. Arnstedt, 1609 v. Sebastian Ertle aus Magdeburg geschaffen.

Umgebung

Melkow (7 km nö): Die spätroman. *Dorfkirche* (um 1200) ist ein gut erhaltener Backsteinbau, orientiert an der Klosterkirche in J. Nur z. T. erhalten sind die Figuren der Sandsteintaufe (Anfang 13. Jh.).
Redekin (7 km sö): Die um 1200 gebaute *Kirche* repräsentiert mit W-Turm, Saal und apsidial schließendem Chor den auch in der Altmark geläufigen großen Dorfkirchentyp, der hier unter dem Eindruck der Stiftskirche v. J. als Backsteinbau mit reichen Gliederungsmotiven ausgeführt ist. Kennzeichnend für das Formengut v. J. ist u. a. die rechteckige Wandvorlage, in die das W-Portal eingeschnitten ist. Neben einem roman. Taufstein und einem spätgot. Schnitzaltar stammt die hübsche Ausstattung aus dem 17. und 18. Jh. Einige Grabmale erinnern noch an die frühere Ortsherrschaft. – Das 1763 erbaute Schloß fiel der Kriegs- und Nachkriegszeit zum Opfer.
Wust (10 km nö): Zu der spätroman. *Dorfkirche* aus Backstein (um 1200) gehört ein barocker w Turm. Die Innenausstattung stammt aus der Zeit des Barock. Bes. sehenswert sind die bemalte Kassettendecke und ein Grabstein (H. v. Katte, † 1684).

06917 Jessen

Wittenberg

Einw.: 9820 S. 291 □ G 7

Die Kreisstadt der ländlichen Region entstand aus einem Burgward am Übergang der Straße von Wittenberg nach Dresden über die Schwarze Elster – die *ehem. Niederungsburg* ist stark verändert. Die *Stadtkirche* erhielt ihre heutige Gestalt und Ausstattung in der 2. Hälfte des 17. Jh. Unter den bis 1815 sächsischen, danach preußischen Kreisen (Provinz Sachsen; ab 1946 Sachsen-Anhalt), die 1952 den Bezirken Cottbus bzw. Leipzig zugeteilt wurden, hat sich allein der Kreis Jessen in der Volksabstimmung des Jahres 1990 für eine Rückkehr nach Sachsen-Anhalt entschieden.

Umgebung

Annaburg (11 km sö): Ein am Rand der Lochauer (heute Annaburger) Heide gelege-

Annaburg (Jessen), Jagdschloß

nes kurfürstliches Jagdschloß, die Lochau, war Lieblingssitz Kurfürst Friedrich des Weisen, der hier 1525 verstarb (in der Nähe eine Gedenkstele aus der Mitte des vorigen Jh.; vgl. Wittenberg, Schloßkirche). An der Stelle dieses Baus entstand 1571–78 für die sächs. Kurfürstin Anna, geb. Prinzessin v. Dänemark, das heute hier stehende schöne *Schloß,* die Annaburg, als Witwensitz – im Erzgebirge hatte der Kurfürst zu dieser Zeit sein großes Jagdschloß, die Augustusburg, gebaut. Auch die Annaburg ist ein recht regelmäßig angelegtes Schloß v. stattlicher, giebelreicher Erscheinung mit zeitgemäßen Annehmlichkeiten wie den offenen Wandelgängen (Loggien) zum Hof hin. Eine architektonische Erfindung wie z. B. den Reittreppenturm (vgl. Schloß Torgau) wußte der Baumeister Christoph Tendler zu nutzen.

Die Gebäude sind samt dem geräumigen Vorschloß verhältnismäßig gut erhalten und als Wohnungen genutzt. 1762–1920 war hier eine Militärerziehungsanstalt untergebracht, weswegen um 1875 einige größere Bauten hinzugefügt wurden (Kommandantur, Speise- und Betsaal).

Der kleine Ort ist mit einer Lindenallee seit 1573 direkt auf das Schloß bezogen, die spätgot. *Kirche* ist barock überformt und ausgestattet.

Axien (14 km s): Die spätroman. *Dorfkirche* birgt in ihren O-Teilen einen umfangreichen, wichtigen Zyklus spätroman. Wand- und Gewölbemalereien des 2. Viertels des 13. Jh. Das Kreuzgratgewölbe des Chorjoches ist als Kuppel ausgedeutet; der thronende Christus als Weltenrichter, Evangelisten, Apostel und Propheten sind die Hauptfiguren des umfangreichen Bildprogramms.

Klöden (11 km sw): Neben dem am rechten Elbufer gelegenen früheren Burgward, an dessen Stelle ein schlichtes Barockschloß steht, entstand ein großer Marktflecken mit einer stattlichen *Kirche* des 12.–15. Jh. Bes. das Innere dieses Baus ist sehenswert; altertümlich wirkt die von Holzsäulen gestützte Decke. Unter der alten Ausstattung, die vom Altarblock des 12. Jahrhunderts und der roman. Sandsteintaufe bis zur Wand- und Glasmalerei des 15. und 16. Jh. reicht, ist besonders auf den romanischen Triumphkruzifixus hinzuweisen, ein qualitätvolles Werk des späten 12. Jh. Da der Ort um 1200 Sitz eines Propstes war, ist das bedeutende Bildwerk vielleicht schon immer in dieser Kirche gewesen.

Prettin (19 km s): Wie so oft ging auch dieser kleine Ort aus einem Burgward hervor, der hier einen Übergang über die Elbe deckte (heute Autofähre nach Dom-

Klöden (Jessen), Kirche, Romanisches Triumphkruzifix (l), Kirche (r)

mitzsch). Eine gewisse Bedeutung des Städtchens zeigt sich noch in der recht aufwendigen *Kirche,* die aus einem roman. Kernbau und einer hochgot. Erweiterung als Hallenkirche zusammengewachsen ist. An einigen Stellen erinnert ihre Ausstattung an die Residenzzeit der Kurfürstin Hedwig auf der Lichtenburg (s. u.), so bei dem Altar v. 1614, der aus 4 spätgot. Altären zusammengesetzt ist. – Die Stadt war ummauert und besaß 3 Tore, wovon der Lichtenberger Torturm und Reste des Mauerzuges erhalten sind.

An der Stelle eines um 1300 gegr., 1540 aufgelösten Antoniter-Präzeptorats ö des Ortskerns entstand wenig später als die o. g. Annaburg, nämlich 1574–80, die *Lichtenburg* als kurfürstliches Wohnschloß. Baumeister war wieder Christoph Tendler, ferner Hans Irmisch. Anstelle der Annaburg bevorzugte die Gemahlin Kurfürst Augusts bald diese weit ausgedehnte Schloßanlage, die auch später mehrfach noch als Witwensitz v. sächs. Kurfürstinnen bewohnt wurde. Wie andere ehem. sächs. Residenzschlösser (vgl. Zeitz, Torgau) hat die Lichtenburg als Strafanstalt in preußischer Zeit gedient; 1933 bis 1945 wurde sie als KZ eingerichtet (Gedenkstätte).

Das Schloß erscheint heute als ausgedehnte, unregelmäßige Baugruppe v. 3 Flügeln; die ehem. geschlossene Umgrenzung durch Wassergräben ist verunklärt. Die Architekturformen sind denen in Annaburg unmittelbar verwandt und entsprechen völlig der gegenüber dem mittleren 16. Jh. unter Kurfürst August üblichen kargen Architektur (vgl. auch das Augusteum in Wittenberg). Bes. interessant ist die 1581 gebaute Schloßkirche, ein zweischiffiger, völlig gotisierender Bau v. weiträumigen Verhältnissen, dem im damaligen Sachsen kaum etwas Vergleichbares zur Seite gestellt werden kann. Für die Fürstenloge an der W-Seite wurde allerdings die ionische Ordnung gewählt. Bedeutend ist auch der 1611 v. der Kurfürstin Hedwig gestiftete Altar v. Giovanni Maria Nosseni (der vergleichbare Altar in der Dresdner Sophienkirche ist ein Nachkriegsverlust); die bewegten Figuren stammen v. Sebastian Walter. Von der einst reichen Innenausstattung der Schloßräume ist wenig erhalten; Ausmalungen des 16. und frühen 18. Jh. konnten nachgewiesen werden.

K

06537 Kelbra

Sangerhausen

Einw.: 3140 S. 290 □ D 8

Unter dem Schutz einer Burg entwickelte sich der Ort am Übergang über die Helme schon im 13. Jh. zur Stadt. Kelbra ist offenbar planmäßig angelegt worden. 1815 ging es von Kursachsen an Preußen über. Wirtschaftlich konnte die Stadt außer bei der Erzeugung von Perlmuttknöpfen keine Bedeutung erlangen.

Klosterkirche St. Georgi: Der einschiffige, im Kern got. Bau (Ende 12. Jh.) gehörte zu dem Kloster der Zisterzienserinnen, das 1251 v. den Grafen v. Beichlingen gegr. worden war. Der Turm stammt noch aus der 1. Bauperiode, während der Chor Ende des 13. Jh. und das Langhaus in spätgot. Zeit entstanden. Nach einem Brand 1607 wurden die Holzdecken eingebaut. Außer dem gemalten spätgot. Flügelaltar (1619) ist die Innenausstattung im wesentlichen barock. Kanzel und Emporen stammen aus dem 17. Jh., das Lesepult aus Marmor wurde 1719 aufgestellt.

Altendorfkirche St. Martini: In dieser urspr. spätroman. Kirche mit spätgot. erweitertem Kirchenschiff trifft man auf einen reich ausgestalteten Kanzelaltar (um 1700).

Wohnhäuser: K. besitzt einige gut erhaltene Häuser aus der Zeit um 1700, z. T. in Fachwerkausführung; bemerkenswert z. B. das Haus in der Thomas-Müntzer-Str. 22.

Köthen, Schloß, Thronsaal

Außerdem sehenswert: Das *Rathaus* wurde nach einem Brand wieder neu errichtet (1777). Das stattliche Gebäude wird v. einem Satteldach gekrönt. – Östlich der Stadt steht eine einfache *Friedhofskirche.* Sie wurde 1718 erbaut und weist innen eine hölzerne Tonnenwölbung auf.

Umgebung

Berga (4 km nw): Die Ende des 19. Jh. im Stil der Neugotik erbaute *Dorfkirche* enthält noch 4 barocke Figuren (Apostel), die in der früheren Ortskirche aufgestellt waren. – Das eindrucksvolle *Fachwerkpfarrhaus* stammt aus dem Jahre 1779.

Kyffhausen/Burg (7 km sö): Die großräumige roman. Burganlage (11. und 12. Jh.) hatte die Aufgabe, die im Tal liegende Kaiserpfalz Tilleda zu schützen. Sie war eine der größten Burgen in Mitteleuropa. Im 14. Jh. verlor sie ihre strategische Bedeutung. In der Unterburg sind noch Mauerreste, Toranlagen, Türme und weitere Bauten erhalten. Zwischen Vor- und Hauptburg sind Fundamente der Kapelle, Saal mit Apsis (um 1000), freigelegt. In der Oberburg befindet sich ein *Museum* zur Geschichte der Besiedlung des Burggeländes und der Reichsburg Kyffhausen. – 1891–96 wurde auf der Mittelburg zur Erinnerung an die Reichsgründung ein bombastisches Kaiser-Wilhelm-Nationaldenkmal aus Rotsandstein errichtet. Die 81 m hohe Anlage, deren Turm in einer über 6 m hohen Nachbildung der wilhelminischen Kaiserkrone gipfelt, ist Ausdruck der »Denkmalseuche« (R. Muther 1902), die im wilhelminischen Kaiserreich grassierte.

Roßla (4 km nö): Das ehem. *Schloß* (in der ehem. DDR Kulturhaus und Kindergarten) ist ein klassizistischer Neubau v. 1827–31, der anstelle einer ma Wasserburg errichtet wurde. Hervorzuheben ist das Treppenhaus mit doppelläufiger Treppe. – Die ehem. *Rentkammer,* ein massiver Renaissancebau mit Fachwerkobergeschoß (Ende 16. Jh.), befindet sich w vom Schloß.

Tilleda (8 km ö): Fundamentreste der ehem. *Kaiserpfalz* (10–13. Jh.) auf dem Pfingstberg lassen eine Vor- und Hauptburg und die ottonische Pfalzkirche (nach 972) erkennen. Bei Grabungen wurden Hinweise auf Eisenverarbeitung und Tuchmacherei gefunden. – Die *Dorfkirche* v. Tilleda besitzt einen spätroman. Chorturm; der Altarraum wurde in got. Zeit erbaut, während das Kirchenschiff barocken Ursprungs ist. Der Altaraufsatz (1718) ist reich geschnitzt. Der barocke Orgelprospekt wurde v. Papenius geschaffen.

Uftrungen (8 km nw): Die barocke Ausstattung der *Dorfkirche* stammt aus der Zeit ihrer Erbauung (1732–36). Ein Triumphbogen in der ö Wand geht auf den got. Vorgängerbau zurück. – Das *Karstmuseum Heimkehle* (Hauptstr. 20) informiert über die einzigartigen Gipshöhlen und ihre Entstehung. Die Heimkehle gehört zu den wenigen Gipshöhlen Europas, die für eine Besichtigung zugänglich sind.

06366 Köthen

Köthen

Einw.: 31 855 Höhe: 87 m S. 290 □ E 7

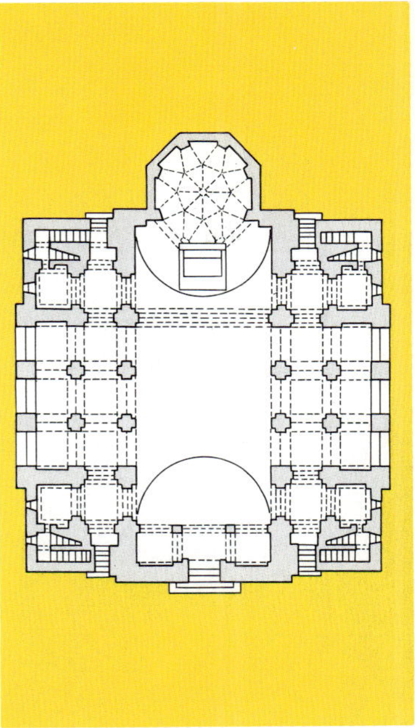

Köthen: Schloßkirche St. Marien

Die wichtige Fernstraße von Magdeburg nach Süden gabelte sich hier, bei der Sumpfniederung der Ziethe, nach Halle und Magdeburg hin. Nahe der Burg, dem Kern des heutigen Schlosses, entstand schon im 12. Jh. ein gut befestigter Marktort, der eine zunehmend wichtige Rolle im anhaltischen Territorium einnahm. Die Stadt entwickelte sich neben dem 1160 genannten Dorf Hohenköthen aus mehreren Siedlungskernen heraus und wies bereits im 14. Jh. 2 Vorstädte auf. Der überaus große (später geteilte) Marktplatz und die Reste der Stadtbefestigung lassen ebenso wie die Größe der Stadtkirche noch die Bedeutung der Stadt im Spätmittelalter erkennen. Der Anspruch der herzoglichen Residenz von Anhalt-Köthen (1603–1847) drückte sich auch in einer Anzahl qualitätvoller Wohnhäuser und einer westlichen Erweiterung der Altstadt (18. Jh., Wallstr.) aus. Mit dem Köthener Hof waren die »Fruchtbringende Gesellschaft« (seit 1629), eine der frühen Pflegstätten deutscher Sprache, und das Wirken Johann Sebastian Bachs als Hofkapellmeister (1717–23) verbunden. Die Kreisstadt, schon 1841 Eisenbahnknotenpunkt, ist Sitz einer pädagogischen Hochschule und einer Ingenieurhochschule (gegründet 1784 als Lehrerseminar bzw. 1897 als Polytechnikum), zugleich ist die Stadt seit der Mitte des 19. Jh. ein nicht unbedeutender Industrieort.

Sehenswert ist das *Heimatmuseum* in einem früheren Fabrikgebäude (Museumsstr. 4–5) mit bedeutenden Beständen zur Vorgeschichte und der Residenzzeit der Stadt. Im Schloß befindet sich, in alter musealer Aufstellung, die bedeutende *Sammlung* des berühmten Ornithologen Johann Friedrich Naumann (Hauptwerk: »Naturgeschichte der Vögel Deutschlands«, 1820 bis 1844).

Schloß: Das heutige Erscheinungsbild des Schlosses im NO der Altstadt läßt eine von ringförmigem Graben umgebene Niederungsburg mit w vorgelagertem Wirtschaftshof als Grundlage des heutigen Bauwerks erkennen. Die landschaftlich gestaltete Parkanlage war im 17. und 18. Jh.

Köthen, St. Jakobi

als ausgedehnter kunstvoll-regelmäßiger Garten gestaltet. Die Schloßbauten (Westflügel, Südflügel) entstanden, v. wenigen noch erhaltenen Teilen des 1597 abgebrannten Vorgängerbaus abgesehen, unter den Fürsten Johann Georg und Ludwig bis 1611 nach Entwurf der Brüder Peter und Franz Niuron als dreigeschossige verputzte Bauten mit hofseitigen Treppentürmen und diese verbindender Galerie. Der nördliche Flügel (Ferdinandsbau) wurde, den älteren Häusern im Äußeren angeglichen, erst 1823 von Gottfried Bandhauer hinzugefügt. Während der Regentschaft des Fürsten Leopold kam es 1731, also erst nach Bachs Weggang, zum Umbau der Schloßkapelle (im Erdgeschoß des S-Flügels) durch Johann Michael Hoppenhaupt. Besser als dieser im Inneren völlig veränderte Bau sind die mit dem Umbau der Obergeschosse damals in das Schloß eingezogenen qualitätvollen Stuckdecken erhalten. Bedeutendster Raum des Schlosses ist der v. Bandhauer 1822 in das 2. Obergeschoß dieses Flügels eingebaute große *Thronsaal.* Die Monumentalität seiner klassizistischen Architektur wird v. der zartgliedrigen (wiederhergestellten) Raumfarbigkeit gemildert. Marstall, ehem. Reitbahn und Remise (1766, 1821, 1833) schließen das w Vorgelände des Schlosses ein; das Prinzessinnenhaus am sw vorgelagerten Schloßplatz entstand 1779. Gegenüber wurde 1907 dem Fürsten Ludwig, Begründer der »Fruchtbringenden Gesellschaft«, ein *Bronzestandbild* gesetzt (Hans Arnoldt).

Kath. Schloß- und Hofkirche St. Marien: 1826–32 v. Gottfried Bandhauer im Auftrag des letzten, zum Katholizismus übergetretenen Herzogs errichtet. Der klassizistische Zentralbau, über quadratischem Grundriß in bedeutenden Maßen und architektonischen Formen angelegt, ist nach dem Einsturz des sehr hoch angelegten Zentralturmes unvollendet geblieben.

Stadtkirche St. Jakobi: Der große spätgotische Hallenbau hat mit der w Doppelturmfront, die 1895 nach Entwurf v. Bernhard Sehring anstelle des schon 1599 eingestürzten älteren Turmes errichtet wurde, einen gewichtigen Akzent im Landschaftsbild weit über K. hinaus erhalten. Die Anfang des 15. Jh. erbaute, in den O-Teilen mit reicher Bauzier versehene Hallenkirche beeindruckt durch ihre Weiträumigkeit. Ihre Wölbung entstand erst um 1500, die s Vorhalle um 1480. Die Hauptstücke der Ausstattung wurden mit der wichtigen Instandsetzung in den Jahren nach 1866 neu geschaffen. Damals wurde auch die Fürstengruft unter dem Chor (Särge des 17. und 18. Jh.) eingebaut.

Agnuskirche: In dem für die lutherische Bevölkerung 1694 errichteten, im 18. Jh. veränderten Saalbau befinden sich ein großer Schnitzaltar des frühen 16. Jh. und ein großes Porträt der Stifterin des Baus, der Fürstin Gisela Agnes (†1740) v. Antoine Pesne.

Martinskirche (im SO der Stadt): Der große und qualitätvolle Backstein-Zentralbau entstand noch in Jugendstilformen nach einem Entwurf des Stadtbaumeisters Gothe 1912–14.

Rathaus: Der aufwendige Neurenaissancebau wurde 1898–1900 nach Plänen der Architekten Süssenguth und Reinhardt errichtet.

Stadtbefestigung: Erhalten sind die Türme des *Halleschen* und des *Magdeburger Tores* (14. und 16. Jh.) sowie Reste der *Ummauerung.*

Alter Friedhof: Angelegt in der 1. Hälfte des 16. Jh. Umfassung und einige ältere Grabdenkmäler sind noch vorhanden.

Außerdem sehenswert: Ungeachtet mancher Vernachlässigung in den letzten Jahrzehnten bewahrt die Stadt noch eine Reihe interessanter Bauten, wie *Fachwerkhäuser* und *Massivbauten* des 16. Jh. im Marktbereich, stattliche *Wohnhäuser,* z. T. für Angehörige des Hofes, aus dem 17. und 18. Jh. (Stiftsstr., Wallstr.), *klassizistische Häuser* in der Art Bandhauers (Schalaunische Str., Geuzer Str.) oder das zeitweilig als Spielkasino betriebene *Bahnhofshotel* (um 1845) und das ehem. *Polytechnikum* v. 1897.

Umgebung

Gröbzig (15 km sw): Das anhaltische Amtsstädtchen entstand im Schutz einer dem Fuhne-Übergang deckenden Burg (ein ma Turm blieb v. der 1809 abgerissenen Anlage erhalten); ein Stadtbrand v. 1678 hat ältere Bauten weitgehend zerstört. Die seit 1728 hier ansässige Judengemeinde erbaute sich bald eine Synagoge, die als *Heimatmuseum* überdauert hat und in jüngster Zeit in ihrer Raumfassung der 2. Hälfte des 19. Jh. wiederhergestellt wurde. Hier befindet sich eine beachtliche Sammlung jüdischer Kultusgeräte.
Vor dem Ort liegt ein recht ausgedehnter *jüdischer Friedhof.*
Großpaschleben (3 km nw): Das an der Stelle einer älteren Niederungsburg stehende *Schloß* (Pflegeheim) ist als Neubau der Jahre 1706–07 datiert, doch klingt mit dem Treppenturm in der Mittelachse der Hofseite und den Eckerkern außen ein überaus geläufiger Schloßtypus der Renaissance an, der vermuten läßt, daß der Vorgängerbau zu erheblichen Teilen beibehalten worden ist.

Köthen, Rathaus, Portal

Radegast (15 km sö): Die sumpfige Fuhne-Niederung s des Städtchens wird v. einem Damm überquert, der 1688 auf Anordnung Herzog Christians I. v. Sachsen-Merseburg geschüttet wurde. An das Ereignis erinnert ein aufwendiges zeitgenössisches *Denkmal* am Straßenrand.
Salzfurtkapelle (18 km sö): Kern des roman. Kirchenbaus ist eine der recht seltenen (herrschaftlichen) Rundkapellen; Ausstattung des 16. und 18. Jh.

39397 Kroppenstedt

Bördekreis

Einw.: 1790 S. 290 □ D 7

Der Ort in der südlichen Börde liegt an der alten Handelsstraße von Halberstadt nach Magdeburg. 934 wurde er urkundlich erstmals erwähnt. Im 13. Jh. erhielt Kroppenstedt Stadtrechte. Es war immer eine Ansiedlung von Ackerbürgern und ist nur langsam gewachsen.

Pfarrkirche St. Martini: Die spätgot. Kirche St. Martini aus dem 15. Jh. wurde Ende des 16. Jh. nach S erweitert. Es handelt sich um eine asymmetrische vierschiffige Hallenkirche mit einschiffigem Chor und dem spätroman. W-Turm einer Vorgängerkirche. Die Kirche besitzt an der S-Seite ein Kielbogenportal v. 1593, an der N-Seite 2 barocke Portale (1678). Der Innenraum hat im Langhaus Holzdecken und im Chor Kreuzrippengewölbe. Der w Turm stammt noch vom spätroman. Vorgängerbau. Die bemerkenswerte Innenausstattung enthält einen Altaraufbau mit reich geschnitztem Knorpelwerk (1693), eine in gleicher Art erbaute Kanzel (1684) und eine Taufe mit Alabasterreliefs (1610). Das spätgotische Sakramentshaus entstand um 1500.
Das sehenswerte *Pfarrhaus* wurde 1611 erbaut.

Rathaus: Das in seinem Kern spätgot. zweigeschossige Rathaus aus dem 16. Jh. wurde im Jahre 1719 umgebaut. Es ist ein nüchterner rechteckiger Bau mit Satteldach, barocken Dachreitern, geschweiften Türmchen und kleiner Freitreppe. Ihm gegenüber befindet sich das 4,5 m hohe *Freikreuz* v. 1651 aus Sandstein, ein Denkmal der bestätigten städtischen Verfassung. Das sogenannte »Reiterkreuz« wurde 1248 erstmals erwähnt und war urspr. vielleicht ein Marktkreuz.

Landsberg, Doppelkapelle St. Crucis

Außerdem sehenswert: Von der *Stadtbefestigung* sind bedeutende Teile der *Stadtmauer* sowie einige *Wehrtürme* erhalten.

L

06188 Landsberg
Saalkreis

Einw.: 3716 S. 291 □ F 7

Mit der Teilung der wettinischen Länder im Jahre 1156 wurde Landsberg einer der Hauptorte der Ostmark; Markgraf Dietrich der Bedrängte baute in der Folge die Burg zur Residenz aus (bis 1174). Aus der Burgsiedlung am Fuß des weit in die nördliche Leipziger Tiefebene hinein sichtbaren Burgberges entstand noch im 12. Jh. die kleine Stadt gleichen Namens mit der romanischen Kirche St. Nikolai. Die Burg verfiel im 15. Jh.; erhalten blieb die in ihrem architektonischen Rang und der Qualität der Erhaltung hochbedeutende Kapelle.

Doppelkapelle St. Crucis: Der um 1170 entstandene Bau ist eines der Hauptbeispiele zweigeschossiger Burgkapellen. Der kubische Baukörper schließt nach O in 3 Apsiden. Ein in spätgot. Zeit aufgesetztes Wohngeschoß mit barockem Walmdach hat die urspr. Gestalt verändert, ferner entspricht das freigelegte Bruchsteinmauerwerk mehr der Vorstellung des 19. Jh. (instand gesetzt 1860) als dem urspr. Zustand.

Durch das Hauptportal im N (Bogenfeld mit Jüngstem Gericht, Gewändefiguren) betritt man den in seiner stauferzeitlichen Architektur vorzüglich erhaltenen Innenraum, zunächst die Unterkapelle mit relativ schweren, im Wechsel v. Pfeilern und Säulen höchst plastischen Formen. Die durch die charakteristische, hier sehr große Rechtecköffnung mit dem unteren Raum verbundene Oberkapelle war urspr. v. einem Burggebäude über einen Steg (vermauerte Pforte in der N-Wand) direkt erreichbar. Als Aufenthaltsort der Herrschaft erscheint die Architektur der Oberkapelle leichter und noch kostbarer; die Kapitellornamentik hat als erstrangige Übernahme der berühmten Bauplastik v. Königslutter zu zählen. Aus einer benachbarten Dorfkirche stammt der in der Oberkapelle aufgestellte Schnitzaltar (um 1520). – Sehenswert ist die *heimatgeschichtliche Ausstellung* im obersten Geschoß.

Umgebung

Brehna (6 km nö): Der geschichtlich wichtige Ort ist immer nur ein Städtchen gewesen. Erwähnenswert sind das hübsche *Rathaus* und eine der kursächsischen *Postmeilensäulen* (um 1730). – Als Stiftung der Grafen v. Brehna haben die *Kirchengebäude* des ehem. Augustinerchorfrauenstiftes überdauert. Eine recht ungewöhnliche bauliche Verbindung, die sich als malerische Baugruppe darstellt, ist die ehem. Klosterkirche St. Clemens mit der spätgot. erweiterten Pfarrkirche St. Jakobus eingegangen. – Am w Stadtrand stehen 2 *Bockwindmühlen* (18. und 19. Jh.). In den fruchtbaren Landstrichen ö des Harzes waren die Windmühlen vor wenigen Jahrzehnten noch sehr zahlreich.

Hohenthurm (5 km sw): Westlich der Autobahn ragen einige Porphyrkuppen (so Landsberg, Petersberg, Niemberg) weithin in der flachen Landschaft auf. Der für den Ort namengebende hohe *Rundturm*, 1244 genannt, steht auf einem dieser Felshügel als Rest einer größeren Burganlage und ist mit der roman. *Dorfkirche* unmittelbar verbunden. Die übrigen, recht stattlichen *Burggebäude* wurden im 18. und 19. Jh. zu größeren Teilen neu gebaut.

Zörbig (12 km n): Die kleine, recht regelmäßig angelegte Stadt war zeitweilig sachsen-merseburgische Residenz (vgl. Radegast unter: Köthen). Die *Burg*, die als ursprünglich ma Bau v. der Situation und dem erhaltenen hohen Bergfried her sich zu erkennen gibt, wurde um 1700 zu einem

Landsberg, Doppelkapelle

Brehna (Landsberg),
< Postmeilensäule, Detail

Wohnschloß verändert. Der beachtliche Graben blieb dabei erhalten. – In der mehrfach umgestalteten *Stadtkirche St. Moritz* ist neben einer interessanten Barockausstattung eines der großen Triumphkruzifixe der spätroman. Zeit zu sehen. Mit einiger Sicherheit stammt es aus der Kirche des ehem. Augustinerklosters auf dem nahen Petersberg. – Neben dem *Rathaus* v. 1843 ist als Rest der weitgehend beseitigten Stadtbefestigung der *Hallesche Torturm* mit seinem schönen Giebelaufsatz v. 1544 zu beachten. – Westlich der Altstadt hatte die Orgelbauanstalt Rühlmann ihren Sitz; die Fabrikationsgebäude sind noch vorhanden.

06636 Laucha

Burgenlandkreis

Einw.: 2980 S. 290 □ E 8

Das frühere slawische Dorf (Lochowo) wurde im 12. und 13. Jh. von Deutschen besiedelt. Um die Mitte des 14. Jh. erhielt der Ort Stadtrechte.
Im thüringischen Bruderkrieg fiel Laucha einem Brand zum Opfer, danach wurde vermutlich die Stadtbefestigung errichtet (Mitte des 15. Jh.). Von 1732 bis zum 1. Weltkrieg besaß Laucha eine bedeutende Glockengießerei.

Pfarrkirche St. Marien: Die Marienkirche wird 1287 erstmals erwähnt, der heutige spätgot. Bau stammt aus den Jahren 1479 bis 1496. Erst 1532 wurde die Kirche geweiht. Der langgestreckte Saal mit dreiseitigem O-Schluß ist flach gedeckt; rings um den Bau sind jedoch Strebepfeiler vorhanden, die auf eine beabsichtigte Wölbung schließen lassen. Der w Teil der Kirche ist in Quadersteinen, der ö in Bruchsteinen ausgeführt. Südlich ist die zweigeschossige Sakristei mit polygonalem Grundriß angebaut. Von der Innenausstattung, die im wesentlichen in der 1. Hälfte des 18. Jh. entstand, sind bes. der große Orgelprospekt mit Akanthuswangen, ein Kruzifix und eine spätgot. Madonna hervorzuheben.

Rathaus: An der Stelle eines ehem. Edelho-

Laucha, Glockenmuseum

Laucha, St. Marien

fes wurde 1563 der Rathausneubau errichtet. Der dreigeschossige Renaissancebau wird durch ein Walmdach mit Dachreiter abgeschlossen. Die effektvolle doppelläufige Freitreppe ist 1912 erneuert worden.

Wohnhäuser: Ein bemerkenswertes zweigeschossiges Wohnhaus aus der Zeit der Spätgotik steht in der Großen Salzstr. 9. Zahlreiche Häuser in Laucha haben interessante Portale aus dem 17. Jh., so in der Bahnhofstr. 1 und 4 sowie in der Dr.-Külz-Str. 12.

Glockenmuseum: Es ist in der ehem. Glokkengießerwerkstatt der Familie Ulrich untergebracht. Die Glockengießerei ist die einzige erhaltene Turmglockengießerei aus dem 18. Jh. Hier wurden innerhalb von 121 Jahren über 5000 Bronzeglocken gegossen. Außerdem sind hier Glocken aus dem 14. bis 19. Jh. zu bewundern. Die älteste ist die Balgstätter Glocke von 1311, die wahrscheinlich von Mönchen gegossen wurde.

Außerdem sehenswert: Von der *Stadtbefestigung* ist das spätgot. *Obertor* aus der 2. Hälfte des 15. Jh. mit Resten der Stadtmauer erhalten.

Umgebung

Burgscheidungen (5 km nw): An die Stelle einer hoch über der Unstrut erbauten Reichsburg (10. Jh.) Heinrichs I. trat im 16./17. Jh. das *Renaissanceschloß*, das 1724–27 v. D. Schatz zur Hälfte barock erneuert wurde. Neben dem Hauptgebäude mit opulentem Mittelrisalit und prächtigem Festsaal verdienen das Renaissanceportal (1633) und der Treppenturm am SO-Trakt sowie der v. dorischen Säulen gestützte Altan am N-Trakt Beachtung. – Schatz legte auch den italienischen *Terrassengarten* mit Tierkreisplastiken und einem Grottenhof an. Als Werke von Ch. Weber gelten die 4 Grabplatten (um 1590) in der *Dorfkirche* (13./18. Jh.).

Burgscheidungen (Laucha), Schloß

Leitzkau, Ehemaliges Prämonstratenserstift

Gleina (5 km nö): Der n Turm der *Dorfkirche,* innen mit Kreuzgratgewölbe, datiert v. 1512. Das Kirchenschiff wurde 1696/97 umgebaut. Im Inneren eine bemalte hölzerne Tonne und barocke Ausschmückung. Bemerkenswert ist die Empore mit Patronatsloge. Der opulent gestaltete Kanzelaltar wurde um 1700 geschaffen. – Das *Herrenhaus* (1. Hälfte 18. Jh.) besitzt verschiedene Räume mit Rokokostukkaturen. In der ehem. DDR wurden hier ein Pflegeheim und ein Ambulatorium eingerichtet.
In der Nähe befindet sich eine ehem. *Fronfeste,* die wahrscheinlich aus dem 16. Jh. stammt.
Kirchscheidungen (3 km n): Chor und Kirchenschiff der *Dorfkirche* sind roman. Ursprungs, der dreiseitige Chorschluß ist spätgot. Die mehrfach restaurierte Kirche besitzt eine hölzerne Tonne mit Barockgemälden und eine auffällige Madonnenfigur (1. Hälfte 15. Jh.). Mehrere beachtenswerte Epitaphe aus dem 16.–18. Jh. – Einen Besuch lohnen auch 2 *Gutshäuser* (Oberhof: 18. Jh., Unterhof: Ende 16. Jh.).

Leitzkau, Ehemaliges Prämonstratenserstift

39279 Leitzkau

Anhalt-Zerbst

Einw.: 1290 S. 288 □ E 6

Der in der mittelalterlichen Geschichte dieses Landstriches, vor allem im Hinblick auf die Wiedererrichtung des Bischofssitzes in Brandenburg im 12. Jh. hochbedeutende Ort ist heute nicht mehr als ein größeres Dorf. Es besitzt Denkmale v. hohem Rang, deren schwere Kriegsschäden mit Behutsamkeit behoben worden sind.

Leitzkau, Peterskirche

Ehem. Prämonstratenserstift: Es wurde um 1140 an dieser Stelle angelegt und 1155 geweiht. Beeindruckend ist die in großen Teilen erhaltene mächtige *Kirche St. Maria »in monte«,* eine dreischiffige Basilika mit Stützenwechsel (gemauerte Säulen) und zweitürmiger (unvollendeter) W-Turm-Anlage, die deutlich unter dem Einfluß der Magdeburger Liebfrauenkirche entstand. Das Stift wurde 1534 aufgehoben; seit 1564 entstanden unter Einbeziehung älterer Klausurteile 3 v. Münchhausensche *Schlösser* deutlich unter dem Eindruck der Weserrenaissance: *Neuhaus* (W-Flügel), *Althaus* (gegenüber;

Leitzkau, Schloß Neuhaus

nur der Treppenturm erhalten) und *Hobeck* (im NO, mit erhaltenen Innenräumen). Zwischen Hobeck und Althaus vermittelt eine kunstvoll gebaute, viergeschossige Loggia.

Peterskirche: Sie wurde 1114 und nochmals (nach Vergrößerung?) 1140 geweiht und gilt als ältester steinerner Kirchenbau des Gebietes ö der Elbe. Als vorläufiger Sitz des Brandenburger Domkapitels ist sie, in ihren aufwendigen, jedoch veränderten Formen noch nicht hinreichend erforscht, zudem v. besonderem Interesse.

Umgebung

Dornburg (6 km sw): Der in der Elbniederung seit ma Zeit nachweisbare Herrschaftspunkt erfuhr als Anhalt-Zerbster Witwensitz nach einem Brand v. 1750 einen Neubau v. wahrhaft fürstlichen Ausmaßen: Das elegante *Schloß* wurde nach Plänen v. Friedrich Joachim Stengel – der sich an seinem 1748 vollendeten Residenzschloß in Saarbrücken orientiert hatte – gebaut und blieb schließlich 1760 unvollendet.

Gommern (9 km w): Ein wichtiger Straßenübergang im Sumpfgebiet der Ehle war Grundlage dieses schon im 9. Jh. genannten Ortes. Die *Niederungsburg,* die sich deutlich über das Gelände erhebt, bestand aus 2 Teilen. Ihr hoher Bergfried wurde v. einer gründlichen Erneuerung der Anlage im späten 16. Jh. ausgenommen. Die Stadt liegt n der Burg.

Loburg (12 km nö): Die *Burg* schützte seit alters den Ehle-Übergang der Straße Brandenburg–Zerbst. Von ihr sind der mächtige runde Bergfried, wohl aus der 1. Hälfte des 13. Jahrhunderts, und die Gräben erhalten. Aus 2 Burgsiedlungen erstand zu Beginn des 13. Jh. die Stadt. – Die *Stadtkirche St. Laurentius,* ein aus hoch- und spätmittelalterlichen Teilen zusammengewachsener Bau, ist mit dem lebhaften Umriß ihrer Giebel und den 3 Spitzen des W-Turms (vgl. Zerbst, Nikolaikirche) v. besonderem Reiz.

Magdeburg, Magdeburger Reiter

Der Renaissance-Umbau v. 1569 bzw. 1580 spielt hierfür eine besondere Rolle. Das weiträumige Innere mit nachgot. Rippendekoration an der Holztonne wurde in der gleichen Zeit gestaltet; Ausstattung und Grabsteine des 16.–18. Jh.

Möckern (9 km n): An einer alten Straßenkreuzung sicherte eine Burg den Ehle-Übergang. Von der ma *Wasserburg* im NW der Altstadt sind, vielfach und zuletzt im 18. und 19. Jh. qualitätvoll überformt, ansehnliche Teile erhalten. – Die *Stadtkirche St. Laurentius* erfuhr ähnlich der Loburger Kirche einen Renaissance-Umbau am Ende des 16. Jh. Interessante Ausstattung des 15.–18. Jh.

Pretzien (12 km w): In der roman. *Dorfkirche,* einem großen Saalbau, wurden 1973 spätroman. Wandmalereien v. hoher Qualität entdeckt. Die in Fresko- und Seccotechnik hergestellte Malerei wird einer Werkstatt zugeordnet, die am erzbischöflichen Hof in Magdeburg tätig war. Zentrales Thema ist das Jüngste Gericht. Bauuntersuchungen wiesen eine Chorschranke nach.

M

39104–30 Magdeburg

Hauptstadt von Sachsen-Anhalt

Einw.: 270550 Höhe: 57 m S. 290 □ E 6

Geschichte: Magdeburg liegt am mittleren Elblauf. Kern der Großstadt ist der Bereich des Domplatzes, hoch über dem linken

Magdeburg, Denkmal für Otto von Guericke

Magdeburg, Dom

Elbufer gelegen. Ein karolingisches Kastell bei dem 805 genannten Handelsplatz an der Elbfurt (eine Brücke ist vor 1275 genannt) ging in der Pfalz Kaiser Ottos I. auf (ein großes Pfalzgebäude von offenbar spätantiker Erscheinung wurde nach 1960 in seinen Grundmauern auf dem Domplatz ergraben). 937 stiftete Otto I. in Magdeburg ein Benediktinerkloster, Keimzelle der Kathedrale, die hier nach der Erhebung des Ortes zum Sitz eines Erzbischofs (968) gebaut wurde. 941 wird auch schon der Markt mit seiner Pfarrkirche der Kaufleute (St. Johannes) genannt. Den Dombereich, die Anfang des 11. Jahrhunderts in nächster Umgebung gegründeten Stifte St. Nikolai, St. Sebastian und Unser Lieben Frauen, eine ehemalige Fischersiedlung (?) mit der Kirche St. Petri nördlich des alten Marktes und die südöstlich des Marktes gegründete neue Pfarrei zu St. Ulrich (11. Jh.) verband der »Breite Weg« – bis zur Gegenwart ein städtebauliches Rückgrat in Nord-Süd-Richtung.

Eine zweite Blütezeit erlebte der Ort unter Erzbischof Wichmann (2. Hälfte 12. Jh.), der die Siedlungen mit einer Mauer umschließen ließ, obwohl schon damals westlich des Marktes mit den Kirchen St. Jakobi und St. Katharinen eine Vorstadtbildung einsetzte. Unter Erzbischof Albrecht II. (1205–32), dem Bauherrn des gotischen Domes, wurden diese einzelnen Stadtkerne in erweiterter Form ummauert. Vom Sudenburger Tor im Süden (die alte Burgsiedlung unterhalb des Domes nicht eingeschlossen) bis zum Krökentor im Norden maß die Stadt nahezu 1500 m in der Länge. Bereits 1209 wird die Neustadt mit der Kirche St. Nikolai erwähnt, ein weiterer Zuwachs im Norden der blühenden Stadt.

Die Stadt blieb erzbischöflich, trat aber 1531 dem Schmalkaldischen Bund bei. 1576 wechselte das Domkapitel zum evangelischen Glauben; die Erzbischöfe regierten hinfort als Administratoren. Magdeburg wurde 1631 nahezu vollständig zerstört, verschont blieben der Dom und das Liebfrauenkloster. 1680 fiel die Stadt an Brandenburg und erhielt im kontinuierlichen Ausbau bis 1740 eine moderne Befestigung, die stärkste ihrer Zeit in Preußen. Mit dem Wiederaufbau der Stadt in der Mitte des 17. Jahrhunderts wurde das mittelalterliche Straßensystem beibehalten. Später ordnete

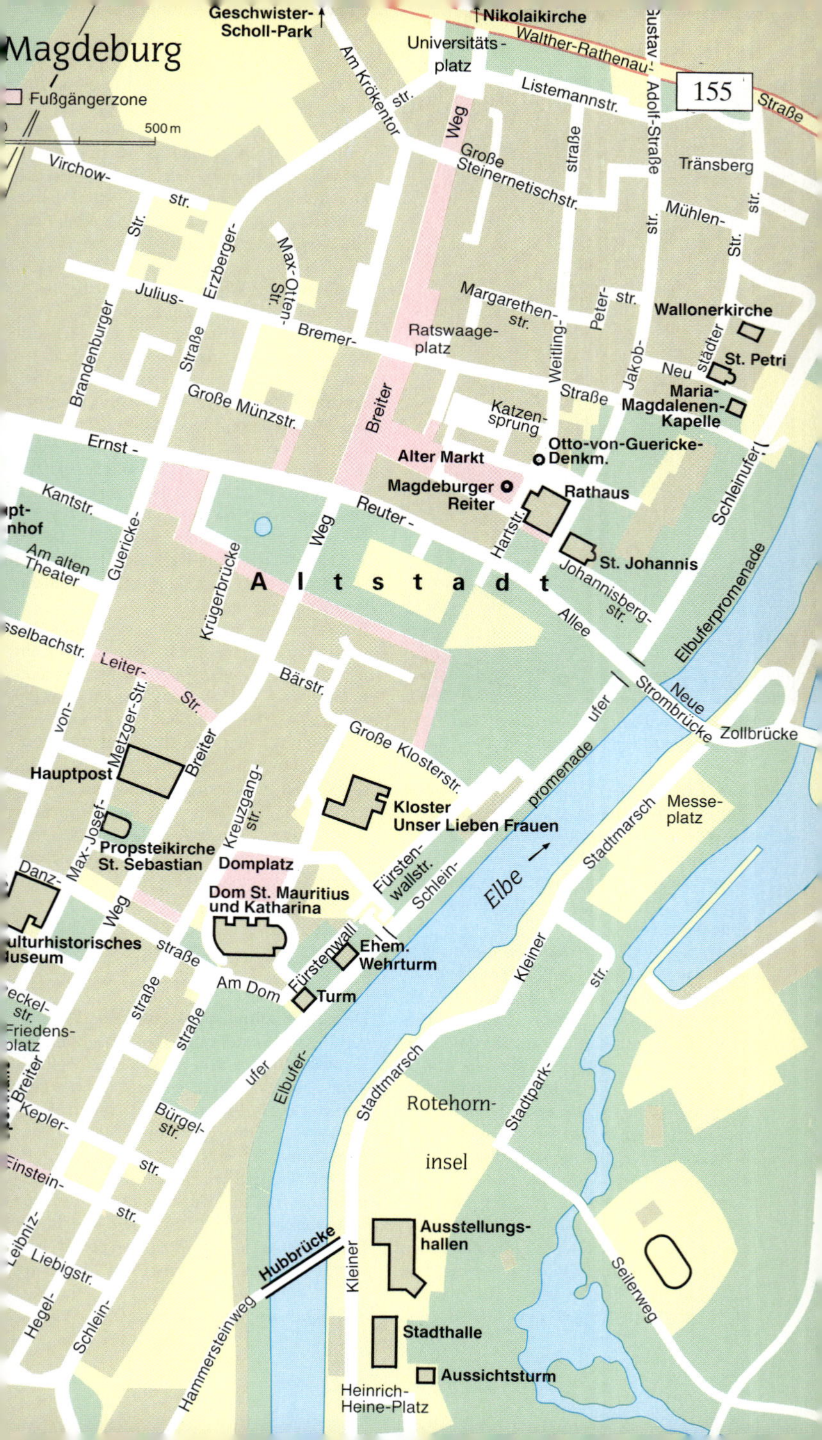
Magdeburg
Fußgängerzone
500 m
Geschwister-Scholl-Park
Nikolaikirche
Universitätsplatz
Walther-Rathenau-Straße
Gustav-Adolf-Straße
Am Krökentor str.
Weg
Listemannstr.
straße
Große Steinernetischstr.
Tränsberg
Virchow-str.
Mühlen-str.
Str.
Brandenburger Str.
Erzberger-Straße
Max-Otten-Str.
Julius-Bremer-Straße
Margarethen-str.
Peter-str.
Wallonerkirche
Ratswaageplatz
Weitling-
Jakob-str.
Neustädter Str.
St. Petri
Große Münzstr.
Breiter Weg
Katzensprung
Maria-Magdalenen-Kapelle
Ernst-Reuter-Allee
Alter Markt
Otto-von-Guericke-Denkm.
Magdeburger Reiter
Rathaus
Schleinufer
Kantstr.
Hauptbahnhof
Am alten Theater
Guericke-
Hartstr.
St. Johannis
Krügerbrücke
Altstadt
Johannisberg-str.
Elbuferpromenade
Otto-von-Guericke-Str.
Leiter-Str.
Bärstr.
Neue Strombrücke
Zollbrücke
Metzger-Str.
Große Klosterstr.
Hauptpost
Kreuzgang-str.
Kloster Unser Lieben Frauen
Messeplatz
Max-Josef-
Propsteikirche St. Sebastian
Domplatz
Fürstenwallstr.
Schleinufer
Elbe
Stadtmarsch
Danz-
Dom St. Mauritius und Katharina
Kulturhistorisches Museum
straße
Fürstenwall
Ehem. Wehrturm
Kleiner Stadtmarsch
str.
Am Dom
Turm
Heckel-str.
Friedensplatz
straße
Breiter Weg
Elbuferweg
Kepler-
Bürgel-str.
Stadtmarsch
Rotehorninsel
Stadtpark-str.
Einstein-str.
Leibniz-
Liebigstr.
Hubbrücke
Kleiner
Ausstellungshallen
Seilerweg
Hegel-
Schleinufer
Hammersteinweg
Stadthalle
Aussichtsturm
Heinrich-Heine-Platz

Magdeburg, Dom, Törichte Jungfrauen an der inneren Paradiespforte

Fürst Leopold von Anhalt-Dessau (1702 bis 1745) als Gouverneur des Platzes den Breiten Weg und vor allem den Domplatz (s. u.) im Sinn der Zeit, wobei repräsentative Fassadenabfolgen entstanden. Als Planstadt entstand 1812–14 dann elbaufwärts die Neue Neustadt.
Durch die Existenz der starken Festung war die Industrie zunächst auf die Vororte angewiesen. Standen in der 1. Hälfte des 19. Jh. noch Umschlag und Verarbeitung landwirtschaftlicher Produkte der fruchtbaren Börde im Vordergrund, so entwickelte sich in der 2. Hälfte des Jahrhunderts besonders der Maschinenbau. Die auch dem Straßen- und Schiffsverkehr zunehmend hinderliche, strategisch nicht mehr sinnvolle Festung wurde seit 1890 aufgelassen und geschleift. Damit war um 1900 der Weg für eine neuzeitliche Wohnbebauung an breiten vorstädtischen Straßen frei. Im modernen Großsiedlungsbau der Randgebiete fand sie um 1930 ihre Fortsetzung. 1945 wurden 90 % der Bausubstanz der Altstadt und 30 % der Vorstädte durch Luftangriffe zerstört; 1600 Tote waren zu beklagen.
Der 1951 begonnene Wiederaufbau hat wesentliche Strukturen der Stadt außer acht gelassen. Nicht nur, daß mit den Kirchen St. Jakobi, St. Katharinen, der ehem. Nikolaikirche und wichtigen Gebäuden des 19. Jh. verschiedene (ausgebrannte) Bauten ohne Not abgerissen wurden. Vor allem wurde mit der Anlage einer überdimensionierten Querachse zum Breiten Weg, der Wilhelm-Pieck-Allee, eine Aufmarschstraße geschaffen und damit das Gefüge der historischen Stadtstruktur erheblich gestört. Auch die uniforme Neubebauung nördlich des Marktes gehört zu den »Leistungen« des sozialistischen Aufbaus der Stadt. Auf der anderen Seite ist auf die Wiederherstellung der 1944/45 schwer getroffenen großen Denkmale hinzuweisen: Dom (1945 bis 1957), Liebfrauenkirche (1946–52), Petri-, Wallonerkirche und Rathaus. 1990 wurde Magdeburg zur Landeshauptstadt von Sachsen-Anhalt bestimmt.
In Magdeburg wirkte u. a. Otto von Guericke (1602–86; Denkmal 1907 v. Carl Echtermeier an der Hauptwache). Nicht erhalten sind die Geburtshäuser v. Georg Philipp Telemann (1681) und Karl Leberecht Immermann (1796) – an diesen erinnert ein Denkmal v. Echtermeier in den Glacisanlagen (1899). Gustav Blaeser schuf 1857 das Denkmal für den Oberbürgermeister A. W. Francke (amtierte 1817–48). Im Ortsteil Buckau steht das Geburtshaus v. Erich Weinert (Gedenkstätte).

SAKRALBAUTEN

Dom St. Mauritius und Katharina (Domhügel): Grundmauern des 1207 abgebrannten Doms Ottos I. wurden 1926 und 1959 bis 1965 ergraben. Sie belegen eine große, kreuzförmige Kirche mit ö Türmen, Westwerk und einem vorgelagerten Atrium. Der Grundstein für den got. Neubau, dem 1. nach französischem Kathedralschema errichteten Bau in Deutschland, wurde 1209 v. Erzbischof Albrecht II. gelegt. Bis zur Fertigstellung, der Vollendung der W-Fassade, vergingen 311 Jahre. Etwa 1240 stand

Magdeburg, Dom vom Kreuzgang aus >

Magdeburg, Dom, Stucksarkophag mit antiker Marmordeckplatte für Kaiser Otto den Großen

Magdeburg, Dom, Chorgestühl, Misericordia

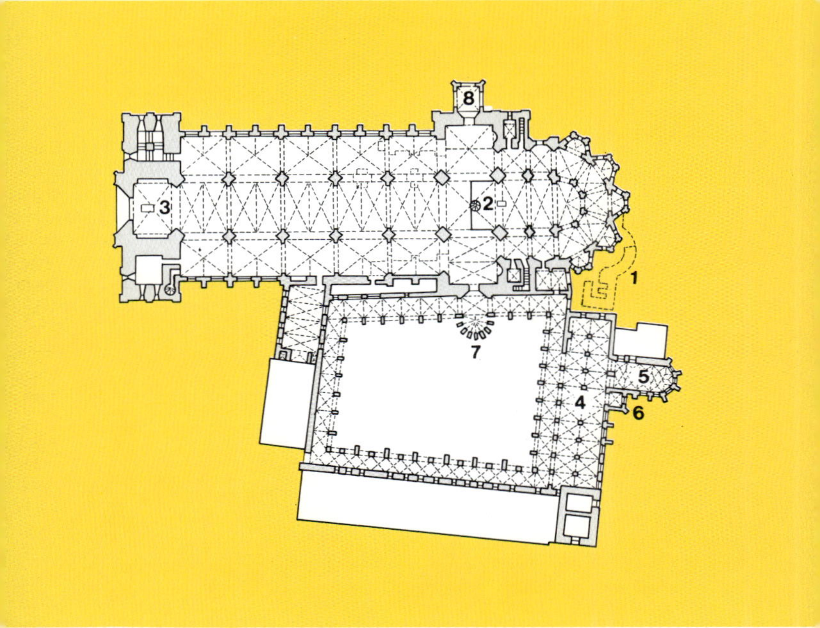

Magdeburg, Dom St. Mauritius und St. Katharina 1 Reste des ottonischen Doms **2** Grabmal Ottos I. **3** Grabmal Ernsts v. Wettin **4** Sepultur **5** Marienkapelle **6** Redekinkapelle **7** Tonsur **8** Vorhalle mit Jungfrauenportal

Magdeburg, Dom, Figurenkapitell

der Chor. Planwechsel im Ablauf dieser ersten 3 Jahrzehnte sind in unterschiedlichen Maßen und im geschoßweisen Wechsel der Formen wie auch der Bauplastik zu erkennen. Das untere Geschoß, der Chorumgang, zeichnet sich durch die Fülle der Bauplastik, die Kapitelle und Bogenfelder aus. Mit dem burgundisch geprägten »Bischofsgang« darüber wurden im Inneren zugleich Bauteile des ottonischen Domes, die antiken, marmornen Säulenschäfte und figürliche Teile eines geplanten Portales, wiederverwendet. Anschließend an die O-Teile – die O-Türme blieben schließlich unvollendet – wurden das Querschiff (gewölbt bis 1274) und das gegenüber dem Chor in den Seitenschiffen erheblich verbreiterte Langhaus gebaut; für 1363 ist nach der Einwölbung des Langhauses eine erste Weihe überliefert. Zu dieser Zeit stand die im 3. Viertel des 13. Jh. begonnene Doppelturmfront bis zu ihrem 3. Geschoß; der reich gegliederte Mittelteil wurde im 15. Jh. vollendet, die Achteckgeschosse folgten erst 1520. Alle Teile des Baus, jeweils unterschiedlich ausgeformt, sind somit Ergebnis längerer Bauphasen. Gleichwohl ist dem Dom ein hohes Maß an einheitlicher Wirkung des Ganzen eigen, insbesondere in dem großartig-freien Innenraum des Langhauses, der durch das Maß der weitgespannten Arkaden und die Zweizonigkeit des Wandaufbaus geprägt ist. Die in Gestalt eines frei stehenden Giebelhauses erscheinende *Vorhalle* am n Querarm (Paradies) wurde diesem um 1310/20 angefügt und ist durch die berühmten Statuen der Klugen und Törichten Jungfrauen, die in der Mitte des 13. Jahrhunderts entstanden, geschmückt. Auf der Gegenseite ist dem frühgot. s Querhausportal eine polygonale, mit dem Paradies etwa gleichzeitig entstandene Kapelle (in der Art der Brunnenkapellen an Klosterkirchen) vorgelegt – mit seiner Wölbung ein Raum v. hohem Reiz. Sie ist ein Teil des Kreuzganges, dessen 4 Flügel in der Zeit vom letzten Viertel des 12. Jh. bis in das 14. Jh. entstanden und in ihrer Lage auf den Vorgängerdom bezogen sind. Im ma Bestand ist vor allem der O-Flügel mit der Sepultur (die Stützen sind Wiederverwendungen spätantiker Säulen), der Marien- und der Redekinkapelle (vorzügliche Ausmalung aus dem frühen 15. Jh.) erhalten.

Von den ma Einbauten des Domes ist zunächst der in die Vierung hineinragende *Lettner* zu nennen, 1445 durch einen Meister Johannes Brochstete aufgebaut, ein architektonisch reiches Werk mit einem offenen Wendelstein an der Chorseite. Zuvor war vielleicht noch eine roman. Chorschranke der Zeit um 1170 im Gebrauch, denn deren Figuren wurden damals in die Marienkapelle der Sepultur eingefügt. Den Chor mit dem marmornen Hochaltar v. 1363 schließt seitlich das etwa gleichzeitige, streng gebaute Chorgestühl ab, in dessen Mitte der Stucksarkophag Kaiser Ottos I. (†973) seinen angestammten Platz hat.

Ein ungewöhnliches Werk des mittleren 13. Jh. ist eine kleine *Kapelle* über dem Grundriß des Sechzehnecks im Langhaus. Die darin aufgestellte kleine Sitzgruppe eines Herrscherpaares wird als himmlisches Brautpaar oder Kaiser Otto mit seiner Gemahlin Editha gedeutet. Die w Turmhalle wurde v. Erzbischof Ernst v. Wettin (†1513) als Kapelle seines Begräbnisses eingerichtet. Im Zentrum des Raumes steht die großartige, v. Peter Vischer d. Ä. 1495 in Bronze gegossene *Tumba* mit der vollplastischen Gestalt des Erzbischofs. Auf dem Altar dieser Kapelle stand urspr. der jetzt in Hohenmölsen befindliche Altar (siehe dort); hier findet sich jetzt eine vorzügliche Alabasterfigur des hl. Mauritius v. 1467. Vor der Kapelle steht auf zweistufigem Podest der porphyrene Taufstein, ein offenbar hochgot. Werk des 14. Jh.

Die *Kanzel* schufen die Bildhauer Christoph Kapup und Sebastian Ertle 1595–97 zum Abschluß längerer Instandsetzungsarbeiten. Das prachtvolle, figurenreiche Werk der Spätrenaissance wird v. der Figur des Apostels Paulus getragen. Auch die übrige Ausstattung ist in ihrer Bedeutung hoch einzuschätzen. Hier seien nur die wichtigsten *Skulpturen* genannt: Unter den um und nach der Mitte des 13. Jh. entstandenen Figuren ist die des hl. Mauritius im Chorraum berühmt; auch die kleinere Figur einer hl. Katharina und eine Verkündigungsgruppe entstanden im Umkreis dieses Meisters. In ihrer architektonischen Rahmung bes. zu beachten ist die aus einer Marmorsäule gehauene Madonna im n Querhaus (um 1240). Aus dem 14. Jh. ist

Magdeburg, Dom, Maria mit Kind >

CIMA
DE
DA

Magdeburg, Kloster Unser Lieben Frauen

das steinerne Retabel des Elisabethaltars zu nennen (um 1360). Das Ehrenmal für die Gefallenen des 1. Weltkrieges in der Apsis des n Querhauses schuf Ernst Barlach 1929.

Die figürlichen *Grabdenkmäler* setzen mit den Bronzegrabplatten für die Erzbischöfe Friedrich v. Wettin (†1152) und Wichmann (†1192) ein, beides hochbedeutende Werke und Zeugnisse der Magdeburger Gießkunst. Von hoher Qualität sind auch die beiden ganzfigürlichen Grabsteine der Erzbischöfe Otto v. Hessen (†1361; vgl. das Elisabethretabel) und Albrecht v. Querfurt. Die reich skulptierte Tumba für die Königin Editha im Chorscheitel des Umgangs wurde unter Erzbischof Ernst v. Wettin gefertigt. Die überaus reich angelegten Epitaphe des späten 16. und frühen 17. Jahrhunderts, die sich im Langhaus vorfinden, gelten protestantischen Domherren; die Meister dieser wichtigen Werke sind Hans Klintzsch, Christoph Kapup, Sebastian Ertle und Christoph Dehne. Weitere Grabmäler des 14.–19. Jh. befinden sich im Kreuzgang und im Kreuzhof.

Magdeburg, Dom, Grabplatte des
< Erzbischofs Friedrich von Wettin

Ehem. Kloster Unser Lieben Frauen (Regierungsstr. 4–6): Bei dem Kloster handelt es sich um eine der bedeutendsten roman. Anlagen auf dt. Boden; in der Geschichte der Stadt M. spielte es eine wichtige Rolle. Genutzt wird es heute als Konzertraum (Kirche) und Museum (Konventbauten).

Die *Kirche* des nach 1017 gegr. Stifts wurde v. Erzbischof Werner (1063–78) in ihre noch bestehende Gestalt als dreischiffige Basilika mit Querhaus gebracht. Nachdem Erzbischof Norbert (1126–34) im Jahre 1129 das Stift mit Prämonstratensern besetzt hatte, kam es zum Bau der heutigen w Turmfront. Erstmals wurde mit der Wölbung der Turmhalle in dieser Region ein Rippengewölbe konstruiert. Ein Brand im Jahre 1188 forderte die Ummantelung bzw. den Ersatz der Pfeiler; die frühgotische Einwölbung v. Langhaus und Querhaus folgte um

1240. Die Hallenkrypta des 11. Jh. erfuhr im 16. Jh. eine Art Erweiterung im Bereich der Vierung: Der bis in barocke Zeit bestehende, erst 1975 wiederentdeckte Memorialraum entstand im Zusammenhang mit der Heiligsprechung Norberts im Jahre 1582 – auch die erhaltene Marmordeckplatte des Grabes gehörte zu dieser Anlage. Die Gebeine des Ordensgründers wurden 1627 nach Prag überführt. Die ältere Ausstattung des Baus ging weitgehend verloren. Aus Leitzkau stammt die feingliedrige Renaissancekanzel.

Höhepunkt des in 4 Flügeln erhaltenen Kreuzganges ist das zweigeschossig gewölbte *Brunnenhaus* mit seinem steinernen Kegeldach. Vom Kreuzgang aus zugänglich ist die erst nach 1188 entstandene dreischiffige Halle der »hochsäuligen Kapelle« n vom Hauptchor, ein Meisterwerk spätromanischen Architektur. Während das Sommerrefektorium im W-Flügel nur fragmentarisch erhalten ist, existiert am N-Flügel mit dem dreigeschossigen, tonnengewölbten *Refektorium* eines der eindrucksvollsten hochmittelalterlichen Klostergebäude überhaupt.

Die Front des Baus geht nach O. Hier ist die Sammlung der Kleinplastik und der spätmittelalterlichen Skulpturen des *Kulturhistorischen Museums* aufgestellt; auch die berühmte *Klosterbibliothek* – das Bibliotheksgebäude des 19. Jh. wurde erst in den 70er Jahren abgerissen – fand im Kloster wieder eine Heimstatt.

Propsteikirche St. Sebastian (Max-Josef-Metzger-Str.): Die Kirche des 1015 gegr. Kollegiatstifts vereint Bauteile des 12. Jh. (W-Türme, Querhaus) und des 14. Jh. (langgestreckter Chor) mit einer geräumigen Langhaushalle des frühen 15. Jh. – auffallend sind deren »drehwüchsige« Pfeilerprofile. Die Ausstattung wurde größtenteils erst in der Nachkriegszeit hier eingebracht: Bildfenster der 1. Hälfte des 14. Jh. aus Hadmersleben, neue Fenster v. Carl Crodel; unter mehreren spätgot. Schnitzaltären ragt der aus Polleben stammende Hauptaltar heraus.

Pfarrkirche St. Johannis (Johannisberg): Für das Stadtbild ist die Kirche v. besonderer Bedeutung. Nachdem sie im 2. Weltkrieg ausgebrannt war, ist ihre spätgot. Langhaushalle als Mahnmal der Kriegszerstörung Magdeburgs als Ruine gesichert worden. Teile des ottonischen Erstbaus wurden im Chorbereich aufgedeckt. Dem Turmblock des frühen 13. Jh. ist eine wohlgestaltete Vorhalle (frühes 15. Jh.) vorgelegt.

Magdeburg, Ehemaliges Kloster Unser Lieben Frauen (l), Modernes Portal (r)

Pfarrkirche St. Petri (Neustädter Str.): Die dreischiffige Hallenkirche aus der Zeit um 1400, gekennzeichnet durch einen schmuckreichen Chor und den breitangelegten W-Turm vom Vorgängerbau des 12. Jh., wurde mit dem Wiederaufbau um 1970 im Äußeren in Anlehnung an den spätmittelalterlichen Zustand wiederhergestellt. Das Innere blieb nunmehr ungewölbt. Es wurde mit Werken des Bildhauers Heinrich Apel und Glasfenstern v. Carl Crodel ausgestattet. – Benachbart steht die kleine hochgot. *Maria-Magdalenen-Kapelle.* – Mit der nach Abbruch der im Krieg zerstörten Wohnhäuser zutage getretenen *Stadtmauer* ergibt sich ein eindrucksvolles Bild der Elbuferbebauung.

Wallonerkirche (Neustädter Str.): Die 1366 geweihte Kirche des 1285 gegr. Augustinerklosters wurde 1694 der reformierten (wallonischen) Gemeinde übergeben. Sie ist die einzige in M. erhaltene Bettelordenskirche. Ohne Wölbung wiederhergestellt ist der eindrucksvolle Langchor.
Als Leihgaben stehen hier der kunstgeschichtlich bedeutende Hochaltar der Ulrichskirche v. Halle/Saale (1488) – zu klein in dem überhohen Raum – und aus derselben Kirche die 1430 gegossene Taufe und die Kanzel. Ausstattungsstücke aus aufgegebenen Kirchen sind im Langhaus zusammengetragen.

Nikolaikirche, Neue Neustadt (Nikolaiplatz): 1821–24 in monumentalen Formen v. Karl Friedrich Schinkel errichtet und dessen erster größerer Kirchenbau. Die ö Chorflankentürme sind vielleicht v. der Turmanordnung des Domes beeinflußt. Von monumentaler Auffassung ist auch das Innere mit doppelten Emporen und kassettierter Tonne über dem Mittelschiff.

Ambrosiuskirche (Magdeburg-Sudenburg): Neugot. Bau v. 1875–77.

PROFANBAUTEN

Rathaus (Alter Markt): Der durch seine parallelen Satteldächer an der Ostseite erkennbare, im Inneren durch einen zweischiffigen, über 40 m langen Saal beeindruckende ma Bau wurde zum Markt hin im letzten Jahrzehnt des 17. Jahrhunderts mit einer zweigeschossigen Prachtfassade geschmückt; Laube und Altan sind dabei Elemente herkömmlicher Rathausarchitektur (Bronzetür v. Heinrich Apel, 1970; modernes Glockenspiel). – Vor dem Rathaus

Magdeburg, St. Sebastian

Magdeburg, St. Johannis

Magdeburg, Nikolaikirche

steht die Kopie des berühmten *Magdeburger Reiters,* eines hochrangigen Rechtszeichens aus der Mitte des 13. Jh.
Nördlich des Marktplatzes ist die *Halle in der Buttergasse* zugänglich, im frühen 13. Jh. wohl als Kaufhalle vierschiffig eingewölbt, ein großartiges und nahezu einzigartiges Zeugnis der roman. Profanarchitektur der Stadt.

Domplatzbebauung: Auf der N- und O-Seite des Platzes ist die größtenteils barocke Umbauung wiederhergestellt; in der Abfolge prächtiger Fassaden v. besonderem Rang für die Bewertung der mitteldt. Barockarchitektur. Genannt seien hier das ehem. erzbischöfliche, später *königliche Palais* (Nr. 2/3) auf der O-Seite (1707 ff. v. Giovanni Simonetti). Im Hof ist der Überrest der alten *St.-Gangolf-Kapelle* sichtbar. Die Palais der N-Seite (Nr. 7–9) entstanden um 1725 nach Plänen des Festungsbaumeisters Cornelius v. Walrave; das Gebäude Nr. 6 wurde erst nach 1945 zur Wiederherstellung der Reihe neu erbaut.

Öffentliche Bauten des 19. und 20. Jh.: Von ihnen seien hier genannt: *Hauptbahnhof* (s. u.), *Hauptpost* (um 1895) und *Kulturhistorisches Museum* (1906), alle mit Veränderungen der Nachkriegszeit. Das Bauen der 20er Jahre gründet auf dem 1923 herausgegebenen Generalbebauungsplan von Bruno Taut. Neben einer Reihe baugeschichtlich wichtiger *Großsiedlungen* entstanden als bedeutende Einzelbauten u. a. die *Ausstellungshalle »Stadt und Land«* (heute *Hermann-Gieseler-Sporthalle;* 1922 v. Taut und Johannes Göderitz), die ehem. *Ortskrankenkasse* (1926 v. M. Worm und C. Krayl). Krönung dieses Neuen Bauens ist das *Ausstellungszentrum* auf der *Rotehorn-Insel,* eingeleitet durch das monumentale Pferdetor mit dem Hauptgebäude der Stadthalle v. Göderitz – nicht nur formal, sondern auch funktional eine Meisterleistung ihrer Zeit.

Gärten: Von Bedeutung sind auch die landschaftlich angelegten *Volksgärten,* frühe Formen der Stadtparks. *Herrenkrug-Park,* schon im späten 18. Jh. begonnen, 1829 nach Plänen v. Peter Joseph Lenné angelegt, 1839 unter Mitarbeit v. Rudolf Schoch erweitert (Gesellschaftshaus v. 1843); *Kloster-Berge-Garten,* 1823–25 nach Plänen von Lenné (an der Stelle der zerstörten Klostergebäude entstand das Gesellschaftshaus in Abänderung eines Entwurfs v. Schinkel). Auf eine Planung Lennés v. 1827 geht auch der Ende des 19. Jh. aufgelassene *Nordfriedhof* (seither Park) zurück. Von Interesse dürfte auch der 1895 als Königin-Luise-Garten entstandene *Geschwister-Scholl-Park* sein.

Technische Denkmäler: Hier seien die *Hubbrücke* über die Elbe und vor allem das 1938 für den Mittellandkanal gebaute *Schiffshebewerk in Rothensee* (ein Schwimmhebewerk) genannt. – Der *Hauptbahnhof* wuchs als Zentralbahnhof aus den 1873 und 1882 fertiggestellten Empfangsgebäuden zweier Eisenbahngesellschaften zusammen.

Befestigung: Während von den verschiedenen ma Befestigungen im wesentlichen nur die Stützmauern zwischen Johanniskirche und Wallonerkirche sowie 2 spätgot. Türme in der Nähe des Domes erhalten sind, exi-

Magdeburg, Magdalenenkapelle, Petri- und Wallonerkirche

Magdeburg, Rathaus

Zentrum frühmodernen Bauens, Großsiedlung an der Großen Diesdorfer Str., 1924–1929

stieren v. den Festungsbauten der Barockzeit u.a. noch Teile der Zitadelle auf dem Elbwerder. Bei der Schleifung der Befestigung blieben um 1900 Teile der Festung des 19. Jh., in Parkanlagen umgewandelt, vor dem Abbruch bewahrt (ein Modell der barocken Festung im Kulturhistorischen Museum).

MUSEEN

Kulturhistorisches Museum (Otto-von-Guericke-Str. 68–73): Es wurde 1906 als Kaiser-Friedrich-Museum vom Kunstverein der Stadt erbaut. Hier stehen die originalen Figuren des Magdeburger Reiters und seiner Begleiterinnen. Die Abteilungen für Geschichte der Technik und Kunsthandwerk (14. Jh. und später), speziell die Möbelsammlung und die Gobelins, sind hervorzuheben. Außerdem: altdt. Malerei, dt. Malerei des 19. und 20. Jh. (Wasmann, Rayski, Marées, Thoma u.a.), Plastik des 19. und 20. Jh. (Rodin, Kolbe, Barlach, Seitz, Cremer u.a.), Druckgraphik und Handzeichnungen.

Kloster Unser Lieben Frauen→Sakralbauten.

Umgebung

Wolmirstedt (14 km n): Die ehemalige Burg der Erzbischöfe von Magdeburg wurde ab 1480 zu einem Schloß umgebaut. Erhalten ist die spätgotische *Schloßkapelle,* ein einschiffiger Backsteinbau, dessen Blendmaßwerk auf das Vorbild der Schloßkapelle v. Ziesar hinweist. Im Inneren ein alter Laufgang.
Das frühere *Gutshaus* der Stiftsdomäne ist ein beeindruckender Barockbau v. 1732, der wiederholt umgebaut wurde. – Im *Kreisheimatmuseum* (Glindenberger Str. 9) sind u.a. Funde v. der Ausgrabung der Hildagsburg ausgestellt, der einzigen größeren

Mansfeld, Schloß

Ausgrabung eines ehem. slawischen Burgwalles im Raum M.

06343 Mansfeld
Mansfelder Land

Einw.: 3940 S. 290 □ D 7

Die wohl schon im 10. Jh. angelegte Siedlung *Mannesfeld* entwickelte sich im Schutz einer erstmals 1229 urkundlich erwähnten Burg. Sie liegt an der alten Handelsstraße nach Sangerhausen und Erfurt. Im 14. Jh. erhielt der Ort von den Grafen von Mansfeld, die bis 1780 auf der Burg ihre Residenz hatten, Stadtrechte. 1517–60 wurde Mansfeld zu einer der mächtigsten Festungen in Mitteldeutschland ausgebaut; im Dreißigjährigen Krieg spielte sie eine wichtige Rolle. Der frühere Wohlstand der Stadt – und auch der Reichtum der Grafen Mansfeld – beruhte auf dem Kupferbergbau (→Eisleben). Martin Luther lebte hier von 1484–1497.

Schloß und Schloßkirche: Das *Schloß* der Grafen Mansfeld liegt seit dem 17. und 18. Jh. zum großen Teil in Ruinen. Es war eine unregelmäßige Mehrflügelanlage, deren ma Kern im 16. Jh. zu einem Komplex v. 3 Wohnschlössern erweitert worden war. Von den ehem. Befestigungsanlagen, die 1674 gesprengt wurden, sind noch Reste erhalten. An der w Seite der Schloßanlage befindet sich das neugot. *Schloß Vorderort* (1860–62). Die früheren Schlösser Mittel- und Hinterort sind schon ab 1570 verfallen. – Die spätgot. *Schloßkirche* (15. Jh.) stammt noch von dem Vorgängerbau und ist der älteste erhaltene Teil der Anlage. Die einschiffige Kirche mit Kreuzrippengewölben und w umlaufenden Emporen wurde 1907 und 1974 restauriert. Die Ausstattung ist bemerkenswert: Sie besteht aus einem Flügelaltar aus der Cranach-Werkstatt (um 1520), einem Taufstein v. 1522, einem Kruzifix (um 1500) und einer Sakramentsnische auf der S-Empore (1519). Langhaus und Chor trennt ein schmiedeeisernes Gitter aus dem frühen 16. Jh.

Klostermansfeld, Basilika

Stadtkirche St. Georg: Bei dem Bau handelt es sich ebenfalls um eine einschiffige spätgot. Kirche (spätes 15. Jh.). Der W-Turm mit achteckigem Aufbau und welscher Haube geht auf einen roman. Vorgängerbau zurück. Im Inneren befinden sich mehrere spätgot. Flügelaltäre und Grabmäler der Grafen v. Mansfeld. Ein Porträt Martin Luthers datiert v. 1540.

Außerdem sehenswert: Das *Lutherhaus* wurde 1530 für den Bruder Martin Luthers, Jakob, erbaut (1880 restauriert) und wird oft irrtümlich als Luthers Elternhaus bezeichnet. Es enthält eine Luthersammlung. – Die *Lutherschule* besitzt ein Portal aus dem Jahre 1610 mit einem darüber angebrachten Relief des drachentötenden Georg (Mitte 17. Jh.).

Umgebung

Biesenrode (6 km nw): Der w Turm der *Dorfkirche* ist aus Feldstein erbaut und got. Ursprungs. 1793 erhielt das Langhaus eine hölzerne Tonne. Zu der beeindruckenden barocken Innenausschmückung gehören eine umlaufende Empore und ein großer Kanzelaltar. – Im ehem. *Pfarrhaus* (1698) mit einer Freitreppe in der Mitte sind Wohnungen untergebracht.

Klostermansfeld (4 km ö): Das Langhaus der dreischiffigen roman. *Basilika* aus dem späten 12. Jh., die einmal zu dem Kloster eines Josaphatordens gehörte, wird durch Stützenwechsel geprägt. Die teilweise abgebrochene Kirche wurde 1960–70 wiederhergestellt. Der spätgot. Schnitzaltar wurde Ende des 15. Jh. gefertigt, die Grabdenkmäler stammen aus dem 16.–18. Jh.

Möllendorf (4 km sw): Die klassizistische *Dorfkirche* mit ö dreiseitigem Schluß wurde 1827 erbaut. An der Außenseite befinden sich barocke Grabsteine. – In barocker Bauweise umgestaltet wurde das ehem. *Schloß Neu-Asseburg* (1596).

Wippra (18 km w): Mehrfach umgebaut wurde die im Kern ma *Kirche.* Der Turm

Klostermansfeld (Mansfeld), Basilika

datiert v. 1775–76. Der mächtige Altarschrein entstand um 1500. – Nördlich der Ortschaft befinden sich *Fundamentreste* einer ehem. *Herrenburg,* die schon im 11. Jh. genannt wurde. Sie war neben der Burg Anhalt eine der wenigen Backsteinburgen in diesem Gebiet und umfaßte urspr. eine rechteckige ö Vorburg und eine ovale w Kernburg.

06217 Merseburg Merseburg-Querfurt		
Einw.: 41 530	Höhe: 88 m	S. 291 □ F 8

Kern der am linken Saaleufer sich über etwa 6 km erstreckenden Kreisstadt ist die sogenannte Altenburg im Norden des ca. 1,2 km langen, in der Jungsteinzeit als Siedlungsplatz schon befestigten Höhenrückens über der Saale. Die Burg, die um 800 bereits bestand, schützte in wichtiger Grenzlage einen Flußübergang und umfaßte zugleich eine später zur Vorstadt gewordene Burgsiedlung gleichen Namens. König Heinrich I. ummauerte den Burgbezirk und gründete eine bedeutende Pfalz im südlichen Teil der Anhöhe. Mit insgesamt 69 Königsaufenthalten wurde Merseburg einer der wichtigsten Plätze im deutschen Reich. Für das 961 von Otto I. und 1004 von König Heinrich II. erneut begründete Bistum wurde die Domkirche erbaut und 1021 bzw. 1042 geweiht; Teile dieses Gründungsbaus sind im bestehenden Dom erhalten. In dieser Zeit stand Bischof Thietmar (†1018) an der Spitze der Diözese, sein »Chronikon« ist eine der wichtigsten Geschichtsquellen dieser Zeit. Das kleine Bistum, im Spätmittelalter nur noch landsässig, wurde seit 1561 von kursächsischen Prinzen verwaltet; als Herzogtum Sachsen-Merseburg (seit 1656) fiel der Kleinstaat 1738 an Kursachsen und mit dessen nordwestlichen Teilen 1815 an Preußen.

Die bis zur Zerstörung im 2. Weltkrieg ganz unregelmäßig gebaute Stadt hatte sich unterhalb der Domfreiheit seit dem 12. Jh. um die Marktkirche St. Maximi herum entwik-

Merseburg, Dom, Hallenkrypta

Merseburg, Dom

kelt; die Gründung eines Neumarkts auf dem rechten Saaleufer bei der Kirche St. Thomas blieb von geringerer Bedeutung. Als die Stadt 1815 zum Sitz einer Bezirksregierung erhoben wurde, entwickelte sie sich in der Folge zunehmend. Der seit 1906 im Geiseltal betriebene Braunkohlenabbau führte im 20. Jh. zu einer hochgradigen Belastung der umliegenden Region in Verbindung mit der hier angesiedelten Großindustrie. Diese zog 1944 Luftangriffe auf sich, die zur fast vollständigen Zerstörung der Innenstadt führten; der Domhügel wurde weniger versehrt. Die 1968 begonnene Neubebauung des Stadtinneren hat auf historische Strukturen nur ungenügend Rücksicht genommen.
Die schönste Stadtansicht ergibt sich im Blick über die Saale hinweg auf die Baugruppe von Dom und Schloß.

Dom St. Johannes d. T. und St. Laurentius: Nördlich der Pfalzkirche, die als erste Bischofskirche gedient hatte, ließ König Heinrich II. 1015–21 einen großen Dombau errichten, den Bischof Hunold nach Bauschäden bis 1042 vergrößert fertigstellte. Dieser frühromanische Kirchenbau ist mit den W-Türmen und den O-Teilen erhalten; die runden O-Türme und die von feinprofilierten Pfeilern gegliederte Hallenkrypta gehören zum 2. frühromanischen Bauabschnitt. Im frühen 13. Jh. wurden die O-Teile, mit neuer Apsis versehen, gewölbt; im W wurde die große Vorhalle angefügt. Das geräumige Hallenlanghaus, 1510–17 gebaut, ist in seiner Länge von der Ausdehnung der vorangegangenen Basilika bestimmt. Mit seinem weitmaschigen Netzgewölbe ist es ein großartiges Zeugnis des obersächsischen Hallenkirchenbaus der Spätgotik. Von den an dem im S gelegenen malerischen Kreuzgang (13. Jh.) anschließenden ma Bauten sind nur noch am O-Flügel die Michaeliskapelle und, östlich davon, das Domkapitelhaus über dem Saalehang erhalten. Von der überaus bedeutenden, reichhaltigen *Ausstattung* des Domes kann hier nur eine kleine Auswahl genannt werden. Dabei ist zu berücksichtigen, daß die Domkirche auch in nachreformatorischer Zeit – bis heute – Sitz eines Domkapitels geblieben ist und daß sie

Merseburg, Dom, St. Johannes d.T. und St. Laurentius >

Merseburg, Dom, Bronzegrabplatte Rudolfs von Schwaben

Merseburg, Schloßhof

zugleich in herzoglicher Zeit Hofkirche und damit Begräbnisstätte der Herzöge und der hohen Beamten war. 2 Restaurierungen im 19. Jh. haben die nachmittelalterliche Ausstattung z.T., die Grabdenkmäler des 17. und 18. Jh. weitgehend an ihrem Platz belassen.

An erster Stelle ist das *Grabmal für König Rudolf v. Schwaben* zu nennen. Als Gegenkönig Heinrichs IV. fiel Rudolf in der Schlacht v. Hohenmölsen im Jahre 1080. Die Bronzeplatte zeigt den Herrscher in feinem Flachrelief – für die europäische Grabmalplastik ein frühes Zeugnis von hohem künstlerischem und historischem Rang. Während der Altar (1668), der Orgelprospekt (1697; das Werk 1855 durch Friedrich Ladegast umgebaut) und der Eingang zur Fürstengruft im S-Querhaus (1670) Werke der »Herzogszeit« sind, die bis zum 19. Jahrhundert von einer barocken Logen- und Emporenarchitektur ergänzt waren, entstammen Teile der Ausstattung einer noch älteren Zeit: Das *Chorgestühl* zwischen den spätroman. Chorschranken entstand 1446. Würdenträgern des Kapitels war der reicher skulptierte Fünfsitz an der N-Wand (um 1490) vorbehalten. – Ein köstlicher Schmuck des Langhauses ist die *Kanzel,* ein für die früheste mitteldt. Renaissance bezeichnendes Werk der Zeit um 1520. – Der Triumphkruzifixus, z.T. ergänzt, gehört zu der Gruppe der monumentalen sächs. Triumphkreuze des mittleren 13. Jh. Es ist wie die in der Vorhalle (W-Fenster) erhaltene Glasmalerei ein Teil der sonst kaum bewahrten Ausstattung der spätroman. Erneuerung des Domes. Aus der Neumarktkirche (s.u.) stammt der hochroman., reich skulptierte *Taufstein* (um 1180).

Als *Bischofsgrabmäler* sind u.a. der schmucklose Grabstein Bischof Thietmars (N-Querhaus), ferner das ganzfigurige Grabdenkmal des Bischofs Friedrich v. Hoym (†1382), im n Seitenschiff, zu nennen. – Das n Querhaus ließ sich Bischof Thilo v. Trotha als Begräbniskapelle einrichten: Sarkophag und Epitaph sind Werke der Vischer in Nürnberg. In Frührenaissanceformen ist schon das Epitaph für Bischof Adolf v. Anhalt gebildet (ebenda). Einer v. Thilos Nachfolgern, Bischof Sigis-

Merseburg, Schloß, Portal >

ATTOLLITE PORTAE CAPI
TA VESTRA ET ELEVAMINI
PORTAE MVNDI VT INGRE
DIATVR REX GLORIAE

mund v. Lindenau (†1544) nutzte die w Vorhalle, die er 1535 einwölben ließ, seinerseits als Grabkapelle. Neben seinen Grabdenkmälern (Grabplatte, Epitaph) ist auf die urspr. dazugehörenden, figürlich skulptierten Schranken (zwischen den Türmen angebracht) hinzuweisen. In der *Vorhalle* gehören ferner das Epitaph für den samländischen Bischof Günther v. Bünau (†1518) und der Kunigundenaltar (1518 v. Ulrich Creutz) zusammen. Etwa aus gleicher Zeit stammt der riesige, geschmiedete Radleuchter. 2 Glocken des 12. Jh., hier auf dem Boden abgestellt, gehören zu den ältesten im Land. Hinzuweisen ist ferner auf eine kleine Ritterfigur der Zeit um 1380, die wohl an einen meißnischen Markgrafen erinnern soll. Ein etwas älteres Bildwerk ist das Relief mit der Georgslegende im Kreuzhof.

Im *Kreuzgang* selbst verdient der Grabstein eines Ritters Beachtung. Die Figur ist im Umkreis der Naumburger Stifterstatuen entstanden. Die vielen nachmittelalterlichen Grabdenkmäler im Dom können hier ebensowenig aufgezählt werden wie die prunkvollen Särge in der herzoglichen Gruftkapelle.

In dem eine Reihe bedeutender Kunstwerke umfassenden *Domschatz* (z. Zt. nicht zugänglich) sind mit den berühmten »Merseburger Zaubersprüchen« (vor Mitte 8. Jh., aufgezeichnet im 10. Jh.) und dem im mittleren 9. Jh. niedergeschriebenen »Fränkischen Taufgelöbnis« überaus bedeutsame althochdt. Sprachdenkmäler überliefert.

Schloß: Es wird vermutet, daß die Merseburger Bischöfe im 13. Jh. ihr Schloß n des Domes an der Stelle der Königspfalz Heinrichs II. errichtet hatten. Ein spätgotischer Neubau unter Bischof Thilo v. Trotha und seinen Nachfolgern, seit 1470 ins Werk gesetzt, liegt der vierflügeligen Anlage, wie sie heute noch besteht, zugrunde. Portale, bischöfliche Wappentafeln und Vorhangbogenfenster, im Inneren der Speisesaal im Erdgeschoß des N-Flügels sind sichtbare Bestandteile dieses Neubaus. In die Stiftsregierung Kurfürst Johann Georgs I. v. Sachsen fällt ein repräsentativer Teilneubau der Anlage, den der Baumeister Melchior Brenner um 1600 ausführte – der O-Flügel entstand damals neu, der N-Flügel wurde modernisiert (die Hinzufügungen lassen sich an ihren prächtigen Spätrenaissanceformen erkennen). Gleichzeitig entstand der überaus reichgebildete Brunnen im Schloßhof. Die in der Herzogszeit (seit 1657) vorgenommenen Veränderungen fallen, nachdem sie im 19. Jh. z. T. beseitigt wurden und anderenteils dem 2. Weltkrieg

Merseburg, Sixtikirche

zum Opfer fielen, heute nur noch an wenigen Stellen ins Auge.
An das Schloß schließt n der *Schloßgarten* an, seit 1661 auf dem Gelände des ehem. Königshofes angelegt. Schloßgartensalon und Obere Wasserkunst, 1727–38 nach Entwürfen von Johann Michael Hoppenhaupt, geben noch einen Begriff vom Glanz der letzten Herzöge, deren Dynastie 1738 ausstarb. Westlich begrenzen den Schloßgarten das spätbarocke Zechsche Palais (1782) und das *Ständehaus* (1892 bis 1895), dieses war seinerzeit der Tagungsort des Provinziallandtages. Die weiter n, auf dem Gelände der *Altenburg,* stehenden baulichen Reste des 1091 gegr. Benediktinerklosters St. Petri verdienen als frühe kirchliche Niederlassung Beachtung und bauliche Instandsetzung. Von besonderer geschichtlicher Bedeutung sind auch die Gebäude s des Domes, die heute v. dem im Kern ma, im Äußeren zumeist jünger erscheinenden Häusern geprägt sind. Von der Dom- und der Burgstr. her zeigt sich diese Bebauung in wehrhafter Geschlossenheit (Verstärkung der Befestigung im 15. Jh.). Die *Martinskurie* im S dieser Anwesen dürfte der Nachfolgebau der 1. Bischofsresidenz sein.

Altstadt: Der schon im 10. Jh. belegte Marktort unterhalb des Domhügels ist der Kern der ma Altstadt, die nach den Zerstörungen des 2. Weltkrieges und der Neubebauung nur noch an wenigen Merkzeichen zu erkennen ist. Einigermaßen erhalten blieb s der Burgstr. vor allem der rechteckige Marktplatz mit dem spätgot. *Rathaus* (1475; 1561, 1913 umgestaltet) und vor allem die große *Stadtpfarrkirche St. Maximi.* Der vielleicht schon im 10. Jh. bestehende Bau erscheint seit dem 15. Jh. als Hallenkirche. Anstelle des roman. W-Turmes wurde um 1870 ein neugot. Turm errichtet. Die Ausstattung (15.–18. Jh.) ist sehenswert. – Der altstädtische Wohnhausbestand findet seinen Höhepunkt in den *Domherrenkurien* in der Nähe des Domes. Daneben bestehen noch einige bürgerliche *Wohnhäuser* des 17. und 18. Jh.

Außerdem sehenswert: Außerhalb der Altstadt ist neben dem 1581 entstandenen *Stadtfriedhof St. Maximi* (mit Friedhofskapelle v. 1613, daran frühgot. Bogenfeld v. hoher Qualität; einige der besten Grabsteine wurden in das Kreismuseum – im O-Flügel des Schlosses – übertragen, der Rest immer noch sehenswert) die *Sixtikirche* zu beachten: Das bereits im 11. Jh. auf einem Hügel außerhalb der Stadt gegr. Kollegiatsstift hat in Gestalt einer großen Hallenkir-

Merseburg, Saaleblick auf Dom und Schloß

chenruine überlebt. Ihr W-Turm wurde 1888 als Wasserturm ausgebaut. – Jenseits der Saalebrücke steht die *Neumarktkirche St. Thomas,* um 1180 errichtet. Der nicht ganz vollständig erhaltene, schon 1825 restaurierte Bau ist u. a. wegen seiner Portale hervorzuheben. – Auch die im 19. und 20. Jh. entstandenen Bauten der damaligen Bezirksstadt sind zu beachten, u. a. die *Post,* ein Backsteinrohbau der Zeit um 1870, und das *Kreiskrankenhaus* (um 1910). Im Nachbargebäude ist das *Zentrale Staatsarchiv* untergebracht, das die Akten der ehem. oberen preußischen Staatsbehörden verwahrt. – Die *Technische Hochschule für Chemie* wurde 1954 in M. gegr. Ihre Gebäude befinden sich im SW der Stadt.

Umgebung

Bad Dürrenberg (12 km sö): Die seit 1744 vom sächsischen Bergrat Johann Gottfried Borlach erkundeten, 1763 erschlossenen Salzquellen führten zum Bau der *Salzgewinnungsanlagen,* die bald der Salzsiederei in Halle erhebliche Konkurrenz machten (stillgelegt 1964). Eindrucksvoll sind die 2 massiven Schachttürme (1763, 1811) über dem Saaleufer, in denen die Sole zu den Gradierwerken gepumpt wurde. Von diesen ist ein immer noch imposantes Teilstück von 850 m Länge (1817 neu errichtet) erhalten, hier wie anderswo als Inhalatorium des 1845 gegründeten Solbades instand gehalten.

Dölkau (Ortsteil v. Zweimen, 12 km ö): Das schöne zweigeschossige *Schloß* mit siebenachsigem, eingestelltem Portikus entstand 1804; als Architekt des klassizistischen Bauwerkes wird der Leipziger Baumeister Johann Friedrich Dauthe vermutet.

Frankleben (7 km sw): Das *Schloß Unterhof* ist ein beachtenswerter Herrensitz (v. Bose) aus der Zeit um 1600, ausgezeichnet durch runde Ecktürme und einen mittleren Standerker über einer doppelläufigen Freitreppe an der W-Front – also eine Spielart höfischer Renaissance-Architektur des mittleren 16. Jh.

Leuna (4 km s): Auf der Grundlage der reichen Braunkohlenvorkommen der Umgebung entstanden die kriegswichtigen Anlagen zur Ammoniaksynthese schon 1916. Sie bilden den Kern der ausgedehnten und mehrfach erweiterten Industrielandschaft, der seit 1930 eine Werksiedlung zugehört. Einschließlich der umliegenden Dörfer ist Leuna seit 1945 Stadt.

Lützen (20 km sö): Im Städtchen an der Fernstraße Leipzig – Frankfurt/Main steht als ehem. Vorposten der Merseburger Bischöfe ein beachtliches spätmittelalterliches *Schloß* (13. und 16. Jh.; *Heimatmuseum*). Der den Bau einst umgebende Wassergraben ist zugeschüttet. – In der spätgot. *Stadtkirche St. Viti* (1488) ist der v. dem aus Schneeberg stammenden, damals in Weißenfels ansässigen Meister Johann Heinrich Böhme 1706 geschaffene Altar sehenswert. – Die Schlacht bei Lützen am 6. 11. 1632 bedeutete eine Wende im Geschehen des Dreißigjährigen Krieges. Im Kampf fiel hier der schwedische König Gustav II. Adolf. Das alte Erinnerungsmal, ein großer Findling – bezeichnet GA 1632 –wird seit 1837 v. einem Baldachin, einem Eisenguß aus Lauchhammer nach dem Entwurf Karl Friedrich Schinkels, überwölbt. Die Gedächtniskapelle dahinter, 1906/1907 nach einem Entwurf von Lars Wahlmann gebaut, verbindet romanisierende und barocke Motive; beabsichtigt ist im Sinne des späten Historismus eine kennzeichnend »schwedische« Architektur, verquickt mit sinnbildhaften Motiven, die Gustav Adolf als Kreuzritter des Protestantismus, als zweiten Martin Luther heroisieren. Das nebenstehende Blockhaus wurde 1932 hier aufgestellt. Es beherbergt ein kleines *Museum* mit Erinnerungsstücken aus der Zeit der Lützener Schlacht.

Schkopau (4 km n): Eine für das 8. Jh. hier schon nachgewiesene karolingische Befestigung über der Saaleaue wandelte sich im 12. Jh. zu einer ausgedehnten *Burganlage* der hier ansässigen Reichsministerialen. Eindrucksvollster Teil ist der runde Bergfried (2. Hälfte 12. Jh.), der auf einem schon im 10. und 11. Jh. aufgeschütteten Hügel errichtet wurde. Die unterhalb (s) davon gelegenen Burgteile wurden zwischen 1554 und 1558 v. einem ausgedehnten Wohnschloß (v. Trothe) überbaut. Diese Renaissance-Architektur ist mit Resten ihrer Bemalung trotz eines eingreifenden Umbaus von 1876 in erheblichem Umfang erhalten. Zur Zeit

Naumburg, Dom, St. Peter und Paul >

wird das Schloß wiederhergestellt. – Sehenswert ist auch die *Dorfkirche* (1732–34) v. Christian und Johann Christian Trothe, die hier stellvertretend für eine ganze Reihe reizvoller, nicht immer gut erhaltener Dorfkirchen des 18. Jh. im Umkreis v. M. genannt sei. Schkopau ist allerdings eher durch die umweltfeindliche Produktion des Buna-Werkes (1936 für die Kautschuksynthese errichtet) bekannt geworden.

N

06618 Naumburg

Burgenlandkreis

Einw.: 29 850 Höhe: 129 m S. 290 □ E 8

Von den auf der alten Burg bei Großjena sitzenden Markgrafen wurde um 1000 die *Neuenburg* gegründet, die westlich des heutigen Domes (Platz des Oberlandesgerichts) lag. Bei einem vor 1021 gegründeten Kollegiatsstift wurde das von Zeitz hierher verlegte Hochstift angesiedelt. Bis zum Jahre 1555 bestand das Bistum Naumburg, die darauffolgende kursächsische Administration mündete in ein Herzogtum Sachsen-Naumburg-Zeitz (1656–1718); das seit der Mitte des 16. Jahrhunderts evangelische Domstift bestand gleichwohl – bis heute – fort. Die Stadt scheint ungewöhnlich früh entstanden zu sein. Ein Handelsplatz ist 1033 mit der Übersiedlung von Kaufleuten sicher. Städtische Strukturen bildeten sich vermutlich schon in der 1. Hälfte des 12. Jahrhunderts mit der Anlage des Marktplatzes heraus (1142 civitas). Zugleich wurden Klöster in der unmittelbaren Umgebung gegründet. Naumburg war, begünstigt durch die Lage an verschiedenen Fernstraßen, eine Handelsstadt, berühmt durch die Peter-Pauls-Messen. Auch als sächsische bzw. (seit 1815) preußische Amtsstadt hat sich Naumburg eine gewisse Bedeutung und Leistungsfähigkeit erhalten, sichtbar an den zahlreichen qualitätvollen Bauten des 18. und 19. Jh. So gab es nach 1790 ein städtisches Theater (das Gebäude ist in der Jakobstraße erhalten), und 1815 wurde die Stadt Sitz des Oberlandesgerichts für die ganze Provinz Sachsen. Die nicht allzu umfangreiche Industrialisierung setzte mit dem Eisenbahnanschluß 1846 ein – als Handelsplatz war Naumburg zu dieser Zeit der Konkurrenz von Leipzig längst erlegen.

Dom St. Peter und Paul: Die wegen ihrer Skulpturen des 13. Jh. berühmte Domkirche ist auch als Bauwerk v. hohem Interesse. Sie nimmt den höchsten Punkt der Domfreiheit, eines Bergsporns nw der Altstadt, ein. Von der Burgstr. aus ergibt sich der schönste Blick auf den Dom – den geschlossenen Platzraum ö davon umgeben die z. T. noch ma Domherrenkurien.

Der Dom, ein basilikaler Bau mit ö Querhaus, Chören und Turmpaaren im O und W, entstand in seiner heutigen Gestalt seit ca. 1210 zunächst mit den ö Teilen bis zum Chorquadrum, den Turmuntergeschossen und dem Langhaus in spätroman. Formen. In der Mitte des 13. Jh., ca. 1250–60, wurde der frühgot. W-Chor, im frühen 14. Jh. der O-Chor angefügt. Danach folgte die Aufstockung des nw Turms. Nachdem dieser um 1880 eine Spitze in frühgot. Formen erhalten hatte, wurde sein Gegenüber, der SW-Turm, mit seinen Obergeschossen vollendet. Über spätgot. obersten Geschossen tragen die O-Türme barocke Hauben (v. 1711). Die Stiftsgebäude, ehem. im N und S an den Dom anschließend, sind nur auf der S-Seite erhalten (überwiegend 13. Jh. und jünger). Ins Auge fällt insbesondere die Dreikönigskapelle mit ihrem überaus steilen Satteldach, an der ö Giebelseite die vollplastische Gruppe der Anbetung der Hll. Drei Könige (um 1420).

Naumburg, Dom >

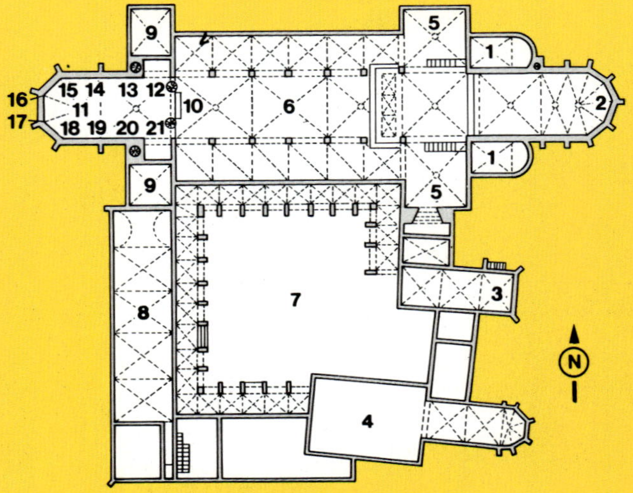

Naumburg, Dom St. Peter und Paul 1 O-Türme **2** O-Chor **3** Dreikönigskapelle **4** Marienkirche **5** Querhaus **6** Langhaus **7** Kreuzganghof **8** Klausur **9** W-Türme **10** W-Lettner **11** W-Chor **Stifterfiguren: 12** Dietrich **13** Gepa **14** Uta und Ekkehard **15** Timo **16** Wilhelm **17** Sizzo **18** Dietmar **19** Reglindis und Hermann **20** Konrad **21** Gerburg

Mit der Kryptenanlage unter dem O-Chor ist ein Teil des im 2. Viertel des 11. Jahrhunderts erbauten 1. Domes erhalten; der heutige mittlere Kryptenteil wurde – wie seine hochroman. Formen erkennen lassen – um 1170 in den O-Chor des 1. Baus eingefügt. Dessen Apsis schloß unmittelbar hier an. Sie wurde entfernt, als es zum spätroman. Neubau kam und damit die Kirche nach O verlängert wurde (ö Kryptenabschnitt mit Säulenbündeln in größeren Jochabständen, zugleich der Kryptenvorraum). Die im unteren Bereich erhaltene Außenfront dieser neuen Hauptapsis ist durch ein Sockelfenster des hochgotischen O-Chores noch zu sehen, so daß die ursprüngliche Wirkung des in 3 Apsiden ö schließenden spätromanischen Domes gut vorstellbar ist. Seine kraftvolle, schmuckreiche Gliederung zeigt sich vorzüglich im S-Querhaus-Portal oder im Blick durch die Seitenschiffe. Ein prächtiges Detail ist das Rhombenfenster im S-Querhaus-Giebel. Im Inneren verdient in diesem Zusammenhang der O-Lettner, Abschluß der Krypta zum Mittelschiff hin und Aufgang zum Chor, besonderes Interesse.

An die Stelle der 1021 belegten Marienstiftskirche trat der für die Einführung der got. Architektur in Mitteldeutschland hochbedeutende *W-Chor.* Sein klassisch-ausgewogenes Äußeres ist verhältnismäßig schlicht – bis auf die Aufsätze der Strebepfeiler mit Wasserspeiern in Tiergestalt, wie sie von der Kathedrale von Laons her bekannt sind. Überhaupt können eine ganze Reihe v. Bezügen zur got. Architektur Nordfrankreichs benannt werden, die sich vor allem in der Gliederung der Innenarchitektur äußern. Berühmt sind vor allem

Naumburg, Dom St. Peter und Paul, Gefangennahme Jesu, Westlettner

Naumburg, Dom, Westlettner, Christus vor Pilatus

S·PANC
RATIO

Vorhergehende Doppelseite:

Links: Naumburg, Dom St. Peter und Paul, Hl. Pankratius, Chorfenster des Westchors, 13. Jh.

Rechts: Naumburg, Dom St. Peter und Paul, Hl. Eleuterius, Chorfenster des Westchors, 13. Jh.

der *W-Lettner* und die Stifterfiguren, Werke des großen Naumburger Meisters bzw. der Werkstatt dieses unbekannten, in Frankreich geschulten Bildhauers.
Dieser Lettner ist als Trennwand zu dem in fast gleicher Höhe wie das Mittelschiff weitergeführten W-Chor von gänzlich anderem Aufbau als der Hallenlettner im O; seine Bühne ist durch offene Wendelstiegen an der Rückseite zu erreichen. In ersichtlich anderer Funktion – nämlich ohne einen Altar zum Mittelschiff hin – bildet er zugleich den Zugang zum Chor, indem sein Portal sich unter den großen Figuren einer Triumphkreuzgruppe öffnet. Das gemalte Bild der Majestät Gottes schließt diesen Eingang nach oben hin ab. Zu seiten des Portals sind der Brüstung über der feinen Frontarkatur die vielfigurigen Passionsszenen vorgelegt, Meisterwerke lebhaftszenischer Darstellung, deren detaillierter Ausarbeitung der feinkörnige Kalkstein entgegenkam. – Die Reihe der *Stifterfiguren* im Chor ist teils durch eine Urkunde aus dem Jahre 1249, teils durch Beschriftungen an den Schildrändern namentlich bekannt. Es handelt sich um 12 Gedächtnisfiguren für hochadlige Persönlichkeiten des mittleren 11. Jahrhunderts, Männer und Frauen, die in einer bemerkenswerten Weise als individuelle und teils auch gegensätzliche historische Persönlichkeiten charakterisiert sind. Die die Figuren bekrönenden Baldachine (ergänzt), vor allem aber die pflanzenhaft-organisch erscheinende Kapitellornamentik haben weiterhin diese großartige Skulptur des 13. Jh. bekannt gemacht. Auch die Figur des Diakons, eines Pulthalters, im Mittelschiff und das Bischofsgrabmal auf dem O-Chor sind Arbeiten dieser Werkstatt. Wie die Stifterfiguren entstand auch

Folgende Seite:
Dom, Gräfin Gepa, Westchor >

Dom St. Peter und Paul, Altarretabel, Pauli Bekehrung von Georg Lemberger

Dom, Westchor, Markgraf Eckehard I. und Uta (unten)

Naumburg, Dom, Wilhelm von Camburg

Naumburg, Dom, Pfau am Geländer der s Chortreppe, Heinrich Apel 1972

die *Glasmalerei* gleichzeitig mit dem Bau; in ihrer Stilhaltung gehört sie hingegen noch deutlich der spätroman. mitteldt. Malerei an. Auch die *Glasmalerei des O-Chors* ist zu einem erheblichen Umfang erhalten. Hier steht auch noch das ma *Chorgestühl* zusammen mit großen hölzernen Buchpulten. Über dem alten Altar erhebt sich ein großes Retabel v. 1567, also nach der Reformation des Domkapitels entstanden. Die Wappen der Stiftsherren an den Wänden sind wenig jünger. Ansonsten sind hier Einzelwerke hervorzuheben: ein Kruzifix aus dem späten 12. Jh. im S-Seitenschiff, ein Schnitzaltar des frühen 16. Jh. im S-Querhaus, die gemalte Tafel der Anbetung der Hll. Drei Könige in der Dreikönigskapelle (um 1415–20). Jüngste Kunstwerke im Dom sind Bronzegüsse v. Heinrich Apel (Aufgänge zum O-Lettner, Krypta). Aufmerksamkeit verdient auch eine Reihe interessanter *Grabdenkmäler* des 14.–18. Jh., die an Bischöfe, Domherren und Angehörige des benachbarten Adels erinnern.

Unter den *Domherrenkurien* in der Nachbarschaft fällt die Agidienkurie n vom W-Chor auf, ein spätroman. Bau mit prächtigem überkuppelten Kapellenraum im 1. Obergeschoß. Im Hof ist ein kleiner roman. Turm erhalten, ein weiterer in der Bebauung ö des Domes. Die Kurien wurden im 16. und 18. Jh. modernisiert, wie die Platzfronten in der Umgebung des Domes deutlich machen. Die beiden *Brunnen* w und ö der Domkirche stammen aus ma Zeit, mit der *Statue des Eckehard* wurde der Brunnen vor der Dreikönigskapelle 1858 geziert.

Stadtkirche St. Wenzel: Südlich vom Markt, von diesem durch eine Häuserzeile getrennt, erhebt sich die schon 1228 genannte Stadtkirche. Der spätgot. Neubau entstand nach einem Brand von 1411 seit 1426 in langer Bauzeit, so daß den reichen Formen des 2. Viertels des 15. Jahrhunderts im O die schmuckloseren Teile des Langhauses folgen. Ganz ungewöhnlich und offenbar im

Naumburg, Dom, Altarretabel, um 1350

innerstädtischen Platzmangel begründet ist das kurze, in 5 Polygonseiten fast halbrund schließende Schiff. Prächtig erhebt sich der N-Turm mit seiner barocken Haube über dem Bau. Auf der Gegenseite, im S, scheint ein Turm ebenfalls vorgesehen gewesen zu sein. Ein Brand v. 1517 hat jedenfalls die Kirche beschädigt; sie blieb in der Folge ungewölbt.

Der Raum wurde seit dem späten 17. Jh. nach und nach barockisiert: Zuerst entstand seit 1677 der riesige Altaraufbau, angefertigt v. Heinrich Schau aus Zeitz und 1680 mit einem Kreuzigungsgemälde v. Oswald Harms vollendet. Auf der Rückseite ließen sich die bürgerlichen Stifter durch Porträts verewigen. Als w Abschluß des Raumes bauen sich die Emporen dreigeschossig auf. Die riesige Orgel, 1695–1705 erbaut, blieb in ihrem Prospekt erhalten, als 1743–46 Zacharias Hildebrand ein neues Werk einbaute, das v. Johann Sebastian Bach und Gottfried Silbermann abgenommen wurde. Von diesem ist bis heute ein bedeutender Originalbestand erhalten. Schließlich wurden die Renaissancefelderdecken (ein Rest im S-Joch erhalten) durch die stuckierte Putzdecke verborgen, die Pfeiler erhielten ihre barocken Kapitelle (1724). Gleichzeitig entstanden die Kanzel und das schöne Chorgitter.

Ältere *Ausstattungsstücke* sind in beachtlicher Zahl erhalten. Zu nennen ist hier das bronzene Taufbecken v. 1441 und ein Triumphkruzifix aus der Zeit um 1500. Unter den Grabdenkmälern verdient die Grabplatte für den 1632 verstorbenen Pagen des schwedischen Königs Gustav Adolf, dem aus der Literatur bekannten August v. Leubelfing, Aufmerksamkeit. Ein Schatz sind die vorzüglichen Tafelbilder, Teile eines spätgotischen Altars, Gemälde Lucas Cranachs d. Ä. (»Anbetung der Könige«, »Christus als Kinderfreund«), Gemälde v. Bartholomäus Spranger und der Rubenswerkstatt.

Rathaus: Die W-Seite des Marktes wird v.

Naumburg, Dom, Diakon im Ostchor

Schönburg (Naumburg), Burg

diesem großen Bau eingenommen, der im Jahrzehnt nach 1517 entstand und als damals hochmoderne Bauzier die halbrunden Giebelabschlüsse zeigt. Das höchst repräsentative Portal entstand 1612, neben Bauteilen des 16. und 17. Jh. sind Teile der Ausstattung um 1920 entstanden.

Herzogliches Schloß: In der ö Nachbarschaft der Wenzelskirche tritt auch das Schloß, eigtl. 2 in der Mitte des 17. Jh. miteinander verbundene Bürgerhäuser, am Markt in Erscheinung (die Herzöge residierten in Zeitz). Davor steht der *Marktbrunnen* v. 1547. Der Wappenhalter wurde erst 1579 auf die Brunnensäule gesetzt.

Bürgerhäuser: Überaus stattliche Gebäude des 16.–18. Jahrhunderts umstehen die übrigen Marktseiten, turmähnlich und wohl noch ma das *Haus zur Hohen Lilie* in der NW-Ecke. Die Häuser des 18. Jh. zeigen prächtig gereihte Fensterausbauten bis zu 4 Dachgeschosse hoch. Diese Bauweise war auch in Leipzig üblich, ist dort aber nur noch stellenweise erhalten. Auch in der Marienstr., der Herrenstr. und Jakobstr. findet man Beispiele patrizischen Wohnhausbaues, mehrfach durch Portale und Erker bes. ausgezeichnet.

Maria-Magdalenen-Kirche (Marienstr.): Ihre frühe Nennung (vor 1144) ist stadtgeschichtlich aufschlußreich. Sie wurde 1712 bis 1730 neu gebaut und ist ein feinstuckierter Emporensaal mit schöner Kanzelaltarwand.

Stadtbefestigung: Die Innenstadt wird zu einem Gutteil noch vom *Mauerring* und dem vorgelagerten Graben umgeben (die Befestigung erstmals 1246 genannt). Mit dem 1455–56 erbauten *Marientor* am Ausgang der Marienstr. ist das letzte der ma Tore erhalten. Es besteht aus einem Turm mit angegliedertem, überbautem Tor, einem geräumigen Zwinger und einem Innentor. Toranlagen dieser Art sind im mitteldt. Bereich außerordentlich selten (vgl. Laucha). Gelegentlich wird der Zwinger für

Naumburg, Dom, Ostchor, Schachspielende Affen, um 1330

Puppenspielaufführungen genutzt. Das *Salztor* am s Stadtausgang wird seit dem frühen 19. Jh. v. 2 gegenüberliegenden klassizistischen Wachthäuschen in Gestalt kleiner Antentempel gebildet.

St.-Moritz-Kirche: Westlich der Innenstadt liegt das Salzviertel. Seine schon im 11. Jh. gegr. St.-Moritz-Kirche ist im Langhaus ein spätgot. Neubau v. 1510. Von beiden Türmen wurde der n 1866 neu aufgebaut. In den Berliner Museen befinden sich seit der Zeit um 1900 die gewaltigen Figuren v. Maria und Christus, Teile einer großen spätroman. Triumphkreuzgruppe, wie sie die Augustinerchorherren, die die Kirche seit 1119 benutzten, liebten (hier seither Kopien). Besondere Beachtung verdient unter einer Reihe v. Grabdenkmälern der Ritzgrabstein des Bischofs Richwin (†1125), eine Arbeit erst des mittleren 13. Jh.

Außerdem sehenswert: Zwischen Domfreiheit, Altstadt und Salzviertel steht der protestantisch-nüchterne Barockbau der *Othmarskirche* (1691–99). Das Innere ist als Magazin unterteilt worden. – Als spätklassizistische Bauten außerhalb des Stadtkerns sind das ehem. *Stadtschützenhaus* (1805) und das *Gefängnisgebäude* vor dem Salztor zu nennen. – Eine bedeutende gründerzeitliche Anlage in den Formen niederdt. Spätrenaissance ist die frühere *Kadettenanstalt* an der Kösener Str. Auch die ehem. DDR-Volksarmee hat hier in den 60er Jahren noch Kadetten ausgebildet. – Den Beginn der Weißenfelser Str. bezeichnet ein qualitätvoller *Schulbau* des frühen 20. Jh. – Anstelle der markgräflichen Burg steht seit 1914 das neubarocke *Oberlandesgericht,* erbaut nach dem Entwurf des Stadtbaumeisters Fritz Hoßfeldt. – Im O, S und W der Stadt sind seit dem letzten Drittel des 19. Jh. anspruchsvolle Villenviertel entstanden. Dagegen ist das zur Saaleniederung hin n an die Altstadt anschließende Gelände v. spätgründerzeitlicher Mietshausbebauung geprägt.

Seit der Zeit um 1920 entstanden einige Wohnsiedlungen. Hervorzuheben die gelungene Wohnanlage auf dem *Georgenberg* (um 1925). – In der Villa Grochlitzer Straße 49–51 lohnt das stadtgeschichtliche *Heimatmuseum* einen Besuch. – Ein Blick über die Stadt bietet sich vom 67 m hohen Turm der Wenzelskirche aus. Bes. anziehend ist die Sicht auf die Stadt in ihrer landschaftlichen Lage v. der steil ansteigenden Höhe im S her (Straße nach Camburg).

Umgebung

In unmittelbarer Nähe der Stadt sind die *Weinberghäuser* (Ortsteil, 2 km w) am jenseitigen Saalehang hervorzuheben, die ähnlich wie auch die Weinberghäuschen bei →Freyburg a. d. Unstrut als kostbare kleine Pavillons v. spätbarocker Eleganz oder auch klassizistischer Feinheit den wertvollen Besitz zugleich als Sommersitz des reichen Städters auszeichnen – ein ziemlicher Gegensatz zu der gewerblich betriebenen Weingärtnerei Südwestdeutschlands, wo die Schutzhütten in den Weinbergen einfache Unterstände sind.

Meineweh (18 km sö): Der auf halbem Weg nach Zeitz gelegene Ort besitzt mit seiner *Dorfkirche* einen hübschen spätgot. Bau mit guter Ausstattung des 16.–18. Jh. Bedeutend ist das Grabmal des G. v. Bünau (†1606), wohl von dem Dresdner Bildhauer Paul Heermann.

Schönburg (5 km nö): Die unmittelbar über der Saale gelegene bischöflich-naumburgische *Burg,* 1137 genannt, ist eine in ihrer Bausubstanz aus der 2. Hälfte des 12. Jh. und des frühen 13. Jh. recht umfangreich erhaltene Ruine v. regelmäßiger Bauart. Eine weite Vorburg ist durch einen Querbau mit Torturm v. der Kernburg getrennt; in dieser steht der runde Bergfried frei.

Die im wesentlichen noch in ihrer mittelalterlichen Gestalt bestehende Anlage zählt zu den bedeutendsten Burgen des Saaletals.

06642 Nebra

Burgenlandkreis

Einw.: 3170 | Höhe: 156 m | S. 290 □ E 8

Schon im 8. Jh. brachten die Franken Reben in dieses nördlichste deutsche Weinbaugebiet (Blüte im 15. Jh.), wo sie nahe einer Furt für den Heerweg über die Unstrut ein Königsgut anlegten. Im 13. Jh. sicherte eine Landgrafenburg die Brücke (1207 erwähnt). Neben der Burgruine (13.–16. Jh.), die die frühgot. Kapelle bewahrt, wurde im 18. Jh. ein 1874 neuromanisch erneuertes Schloß errichtet. Die Stadt wurde wiederholt in kriegerischen Auseinandersetzungen zerstört, so 1641 von der französisch-weimarischen Armee.

Durch die später wieder stillgelegten Sandsteinbrüche und die Schiffahrt auf der Unstrut gelangte der Ort um 1800 zu einem gewissen Wohlstand. 1867 wurde hier die Romanautorin Hedwig Courths-Mahler geboren.

Stadtkirche St. Georg: Der spätgot. Bau wurde 1416 begonnen und nach einem Brand 1666 wieder aufgebaut. Das w Portal weist reichlichen Schmuck auf. Einen einfachen Eindruck hinterläßt das Kircheninnere. Viele Grabdenkmäler erinnern an die Familie v. Nißmitz.

Burg und Schloß: Neben der bemerkenswerten Burgruine (13.–16. Jahrhundert), die einen massiven Wohnturm und eine frühgotische Kapelle bewahrt, wurde im 18. Jh. ein 1874 neuroman. erneuertes Schloß errichtet.

Außerdem sehenswert: Zahlreiche *Wohnhäuser* aus dem 17. und 18. Jh. sind erhalten geblieben.

Besondere Erwähnung verdienen die schmucken Hausportale, z. B. in der Karl-Marx-Straße.

Umgebung

Billroda-Tauhardt (20 km sw): Hier steht eine der wenigen erhaltenen *Bockwindmühlen.* Die Mühle wurde 1703 errichtet und 1983–85 v. der Landwirtschaftlichen Produktionsgenossenschaft (LPG) Kahlwinkel restauriert.

Grockstädt (7 km n): Die *Dorfkirche* verfügt über einen im Kern roman. Chorturm und einen ö spätgot. Chor. Das Kirchenschiff wurde 1721 v. H. W. Zahn geschaffen.

Im Inneren ein Kanzelaltar aus Stein (1. Hälfte 18. Jh.).
Reinsdorf (4 km nö): Um 1122 wurde das ehem. Benediktinerkloster v. Vitzenburg nach Reinsdorf verlegt. Die spätroman. Klosterkirche wurde 1206 geweiht. Nach dem Abbruch des Langhauses im 17. Jh. wurden Ende 17. Jh. Chorpartie und Querschiff zu einer ev. *Pfarrkirche* umgebaut. Sie verfügt über ein spätroman. Tympanon (um 1200), das in der Mitte Maria zwischen Engel und Stiftern zeigt. Anfang des 18. Jh. erhielt die Kirche eine prächtige Barockausstattung:
Besonders bemerkenswert sind Stuck und Malerei an der Decke, die ehem. Herrschaftsloge und der streng geordnete Altaraufsatz.
Steigra (7 km nö): Der barocke Bau der *Dorfkirche* v. 1699 beeindruckt durch seinen großen Emporensaal und die bemalten Emporen. Die Ausstattung stammt aus der Zeit der Erbauung.
Vitzenburg (3 km nw): Das anstelle einer ma Burg (10.–14. Jh.) der Herren v. Querfurt im 16. Jh. mit einem Treppenturm errichtete, bes. malerisch im Unstruttal gelegene *Renaissanceschloß* (heute Krankenhaus) wurde 1694 um den N-Flügel erweitert und im 18./19. Jh. umgebaut. Prägend war der Umbau 1840 durch den Hamburger Architekten Wallenstein. Der Gartenpavillon im Schloßpark erhielt um 1750/60 seine Deckenfresken. – An der Stelle der ehemaligen Vorburg wurde die heutige *Dorfkirche* errichtet.
Wangen (4 km sw): 1716 entstand nach Plänen des Pfarrers G. H. Zincke die barocke *Dorfkirche*. Zincke schuf auch Kirchenbauten in Altenroda und Wippach.

06429 Nienburg/Saale
Bernburg

Einw.: 5220 S. 290 □ E 7

961 wurde der Ort erstmals genannt. 975 kam die Benediktinerabtei von Thankmarsfelde nach Nienburg. Die weitere Entwicklung der Stadt wurde maßgeblich von dem Kloster und der Konkurrenz zu dem nahen Bernburg beeinflußt. Die Industrialisierung ab Mitte des 19. Jh. brachte einen gewissen Aufschwung.

Nienburg, Klosterkirche

Klosterkirche (Schloßkirche): In der Sakristei der als frühgot. Basilika begonnenen und als hochgot. Hallenkirche vollendeten *Schloßkirche* (ehem. Benediktinerklosterkirche) steht eine interessante frühgotische Säule, die mit den Personifikationen der 12 Monate geschmückt ist (vermutlich ehem. Osterleuchter). Daneben lohnt das Kreuzigungsgemälde v. Lucas Cranach d. J. einen Besuch (1570). Die Kirche enthält auch eine Reihe v. Grabsteinen. – Die ehem. *Klostergebäude* wurden um 1680/90 zum Schloß umgebaut und nach 1871 als Fabrik genutzt; es sind nur Reste erhalten. – Die ehemalige *Doppelkapelle* an der Klostermauer, die im späten 17. Jahrhundert in ein Wohngebäude umgewandelt wurde, stammt aus dem 13. Jh. und besaß urspr. 2 übereinanderliegende Räume mit Kreuzrippengewölben.
Zum Schloßkomplex gehört auch das ehemalige *Gericht,* ein Renaissancebau vom Ende des 16. Jh. – Sehenswert ist auch das n liegende ehem. *Kavaliershaus* vom Ende des 18. Jh.

Vorhergehende Seite:

Links: Nienburg, Klosterkirche, Romanischer Osterleuchter

Rechts: Nienburg, Schloßkirche

Stadtkirche St. Johannis: Anstelle einer Kirche aus dem 14. Jh. wurde 1687–93 der flachgedeckte, einschiffige Barockbau errichtet. Die s Vorhalle wurde 1735 angeschlossen.
Im Kern ma ist der w Turm (1776 erneuert). Die Innenausstattung ist in schlichtem Barockstil gehalten.

Hospital St. Veit: Die ursprüngliche Kirche ist seit 1615 Hospital. In der 1. Hälfte des 19. Jh. wurden in den w Teil des Langhauses Wohnungen eingezogen.

Außerdem sehenswert: Hübsche *Häuser* aus der Zeit des Barock und des Klassizismus stehen am Markt.

Umgebung

Altenburg (4 km sw): In der urspr. roman. *Dorfkirche* (12. Jh.) befindet sich eine spätgot. Sakramentsnische. Die einfache Ausstattung ist barocker Herkunft.

Grimschleben (4 km ö): Der 1827 v. G. Bandhauer errichtete *Schafstall* ist ein wichtiges Beispiel eines Quadrathohlbaus. Das Hängesprengwerk ist verstellbar. – Die *Großsteingräber* auf dem Bierberg bei Grimschleben stammen aus der Trichterbecherkultur (3. Jtd. v. Chr.). Es sind die südlichsten Gräber dieser Art in Mitteleuropa.

Neugattersleben (5 km nw): Die urspr. ma Wasserburg (Mitte 12. Jh.) wurde nach ihrer Zerstörung im Dreißigjährigen Krieg durch einen Zweiflügelbau der Spätrenaissance ersetzt (1658–65).
Zu dem im 19. Jahrhundert umgestalteten *Schloß*, das auf einer Insel der Bode liegt, gehört ein gut erhaltener Schloßpark. In der früheren DDR wurde in dem ehemaligen Schloß eine Fachschule für Landwirtschaft eingerichtet.

O

39387 Oschersleben

Bördekreis

Einw.: 16050 Höhe: 86 m S. 288 □ D 6

Die erste Siedlung bei Oschersleben geht auf das 4. Jahrhunderts zurück. Eine Burganlage bei der Einmündung des Großen Bruchs in die Bode und zur Sicherung des Flußübergangs ist vermutlich schon im 12. Jh. gegründet worden. Nordöstlich der Burg entwickelte sich die heutige Stadt mit planmäßigem Straßengitter. 1235 wird sie urkundlich als Stadt erwähnt. Die Verlegung der Verkehrswege und mehrere große Brände führten dazu, daß Oschersleben eine unbedeutende Siedlung wurde. Dies änderte sich erst wieder mit der Industrialisierung.

Stadtkirche St. Nikolai: Der heutige Kirchenbau setzt sich aus einem spätgot. w Teil mit 2 Türmen (2. Hälfte 14. Jh.) nach dem Vorbild der Doppelturmfassaden der Magdeburger Pfarrkirchen und dem 1881 errichteten neugot. Langhaus zusammen. 1219 wird bereits ein Vorgängerbau erwähnt. Das Kircheninnere enthält u. a. eine Taufe aus Sandstein (1661), 2 Pfarrerbildnisse und mehrere Epitaphe. – Das *Pfarrhaus* ist ein Fachwerkbau v. 1661.

Schloß: Die an der Bode gelegene urspr. Burganlage, die lediglich als Adelssitz Erwähnung fand, wurde mehrfach umgebaut. 1545 ließ sich der Magdeburger Erzbischof auf dem Schloßgelände ein viergeschossiges Wohnhaus im Stil der Renaissance errichten. Die ehem. Schloßanlage wurde in der damaligen DDR v. einem volkseigenen Gut genutzt.

Außerdem sehenswert: Neben dem *Rathaus,* einem einfachen barocken Bau v. 1671, mehrfach verändert, verdient das *Kreisheimatmuseum* Beachtung: Es zeigt u.a. Exponate zur Ur- und Frühgeschichte und zur Entwicklung des örtlichen Handwerks.

Umgebung

Beckendorf-Neindorf (10 km nw): Im Ortsteil *Neindorf* steht die 1582 v. August von Asseburg neben dem früheren Schloß Neindorf erbaute *Schloßkapelle.* Der Renaissancebau mit spätgot. Anteilen besitzt einen Altaraufsatz aus der Zeit um 1679, eine steinerne w Empore und reichhaltige Grabplastik, darunter ein Wandgrab v. 1604, das vermutlich aus der Bildhauerschule des Magdeburger Domes stammt. – Das *Schloß* in seiner heutigen Gestalt wurde 1824–27 angeblich nach Plänen Schinkels erbaut und gilt als bedeutendes Beispiel klassizistischer Architektur. – Zu dem Schloß gehört ein großzügig angelegter *Park.*

Harbke (26 km nw): Der älteste Teil des zweiflügeligen *Schlosses* aus der Zeit der Renaissance geht auf das Jahr 1572 und auf Achatz v. Veltheim zurück, der auch die *Kirche* mit hübscher Stuckdecke und einem Orgelwerk v. Christoph Gröger (um 1720) in Harbke errichten ließ. Die schlichte Schloßanlage besticht durch ihren geschlossenen Charakter. Der um die Mitte des 18. Jh. angelegte Park ist vor allem wegen seiner seltenen Bäume bedeutend.

Hötensleben (22 km nw): Um 1500 wurde die spätgot. *Dorfkirche* errichtet. Das große Langhaus besitzt einen dreiseitigen ö Schluß. Bei einer Restaurierung 1675–80 kamen u.a. der Turmaufsatz, die Rundbogenfenster sowie das w und ö Portal hinzu. Von eigenartigem Reiz ist die spitzstumpfe Tonnenwölbung aus Holz. Die prächtige Barockausstattung datiert vom Ende des 17. Jh., darunter eine bemalte Altarwand v. G.M. Herman. – In Hötensleben stehen auch 5 auffallend große *Bauernhöfe,* v. denen einige vermutlich Sattelhöfe sind. – Südwestlich des Ortes befindet sich eine ehem. *Burg,* eine frühere Wasserburg (13. Jh.), v. der Reste der Wassergräben und Wälle erhalten sind. Im 17. und 18. Jh. wurde die ganze Anlage im Stil des Barock umgestaltet.

Marienborn (29 km nw): Ausgehend v. einem sog. »Quellwunder« bzw. einer Marienerscheinung wurden hier erst eine Kapelle, dann ein Hospital und im 13. Jh. ein Augustinerinnenkloster errichtet. Die heutige *Dorfkirche* geht auf die frühere Klosterkirche zurück. Im Inneren sind zwei Schnitzaltäre (15. und 16. Jh.) und eine Pieta vom Ende des 14. Jh. bemerkenswert. Von den spätgot. Klostergebäuden sind lediglich Reste des Kreuzgangs erhalten.

Ottleben (24 km nw): Das Innere der im Kern spätroman. *Dorfkirche* wurde in der 2. Hälfte des 17. Jh. durch den Einbau einer hölzernen Tonne und von Emporen verändert. Der Kanzelaltar stammt ebenfalls aus dieser Zeit. Die reichen Epitaphe sind der Familie v. Trautenburg gewidmet. – Wiederholt umgebaut wurde das *Schloß* aus dem 16. Jh., das vorn und s mit Reliefs ausgestattet ist.

Schermcke (5 km nö): Die *Dorfkirche* wurde gleichzeitig mit der in Ampfurth um 1560 errichtet. Altar und Kanzel (um 1560) des spätgot. Baus sind auffällig geschnitzt. Im Inneren auch Grabdenkmäler der Familie v. d. Asseburg.

39606 Osterburg

Stendal

Einw.: 8790 Höhe: 25 m S. 288 □ E 5

Zur Sicherung der Grenze gegen das Slawenland spielten zwei Burgen des 10. bis 12. Jahrhunderts, nordöstlich und westlich der Altstadt gelegen, eine Rolle. Keimzelle der Stadt war eine Siedlung bei der St.-Martins-Kirche (Friedhofskirche; von ihr ist der Chor erhalten). Die befestigte Stadt bei der Nikolaikirche wird 1208 genannt, in ihrer kreisförmigen Anlage ist sie ein bedeutendes Stadtdenkmal. Von den Stadtbränden und Kriegszerstörungen des 16. bis 18. Jahrhunderts hat sich die kleine Stadt (seit 1815 Kreisstadt) lange Zeit nicht erholt, Bauten von Rang sind daher spärlich vorhanden.

Nikolaikirche: Die ältesten, roman. Teile der Pfarrkirche sind wichtiges Zeugnis für die Entstehung der Stadt noch im 12. Jh. Neben Pfeilerresten gehören wohl die unteren, mit Feldsteinen gebauten Geschosse des querrechteckigen W-Turmes zum ältesten Bestand. Auch ein Umbau dieser 1., wohl kreuzförmigen Feldsteinbasilika zur Hallenkirche in der Mitte des 13. Jh. – davon sind die Langhausarkaden erhalten – ist später, im 15. Jh., verändert worden (S-Wand, Wölbung). Der dreiapsidial schließende, im Grundriß recht unregelmäßige Chor ist v. der gleichzeitig gebauten ehem. Allerheiligenkapelle her (gestiftet 1484) datiert. Den barocken Turmhelm hat der Sturm v. 1972 schwer beschädigt; sein Neubau blieb 1978 unvollendet. Bedeutendstes Ausstattungsstück ist die als Pokal geformte *Bronzetaufe,* inschriftlich 1442 v. dem Meister Volker aus Münster gegossen. Ihr Schmuck sind Weinreben und Lilien, Symbole Christi und Mariens. Seit der Instandsetzung v. 1957 befindet sich hier ein Kruzifix aus Stendaler Museumsbesitz; die Kanzel stammt aus Salzwedel. Qualitätvolle Grabdenkmäler und Epitaphe des 15. und 16. Jh.

Schloß Krumke (Ortsteil): Aus der schon im 12. Jh. überlieferten Burg ging ein Adelssitz hervor, der nach einem Besitzwechsel im Jahre 1769 unter Beibehaltung der barocken Orangerie v. 1649 prächtig erneuert werden sollte. Davon ist der Park, entworfen v. Charles la Ronde, in seinen Grundzügen erhalten geblieben. Erneut wurde die Anlage 1854–60 umgestaltet; damals entstand der gotisierende Schloßbau. Hervorzuheben sind einige qualitätvolle Gartenfiguren in leider höchst beschädigtem Zustand.

Heimatmuseum (im ehem. Stadtschulhaus, Str. des Friedens 21): Frühgeschichtliche Fundstücke.

Umgebung

Klein Rossau (8 km w): Der spätgot. Feldsteinbau der *Kirche,* ein dreiseitig schließender Saal mit hohem W-Turm, weist als Besonderheit in dieser Gegend eine dem gesamten Raum in zwei Registern umfassende qualitätvolle Ausmalung auf: Szenen der Genesis, des Marienlebens, der Kindheit, Passion und Himmelfahrt Christi, dazu Standfiguren verschiedener Heiliger. Die Ausmalung entstand in der Mitte des 15. Jh. (1961 freigelegt).

Klein Schwechten (12 km sö): Die roman. *Feldsteinkirche* fällt durch zwei Spitzen aus dem 15. Jh. auf ihrem W-Turm auf, für Dorfkirchen eine seltene Erscheinung. In der Apsis befindet sich eine spätroman. Ausmalung mit Christus als Weltenrichter und dem Martyrium des hl. Laurentius. Aus der Zeit um 1200 dürfte die aus einem Granitfindling gehauene Taufe stammen.

Königsmark (6 km ö): Die *Dorfkirche,* eine große Backsteinbasilika aus dem letzten Drittel des 12. Jh., hat seit dem 17. Jh. ihre Seitenschiffe eingebüßt – die Ansätze sind noch erkennbar. Die Verwandtschaft zum Formenschatz der Klosterkirche in Jerichow äußert sich hier wie auch in der schönen Kirche des nahen Dorfes *Giesenslage* in den roman. Backstein-Zierformen oder Bauteilen wie der rechteckigen Portaleinfassung. Die (abgemauerten) Arkaden werden aber nicht – wie in Jerichow – v. Säulen, sondern v. quadratischen Pfeilern mit Halbsäulen getragen.

Krevese (4 km nw): *Ehem. Kloster.* Von den seit der Mitte des 12. Jh. überlieferten Grafen v. Osterburg wurde hier Ende des 12. Jh. ein Benediktinerinnenstift als Hauskloster gegr. Es bestand v. 1541 bis zum Beginn des 17. Jh. noch als ev. adliges Damenstift fort. Mit der dreischiffigen, querschifflosen Feldsteinbasilika ist der Gründungsbau erhalten, datierbar dank der in Backstein ausgeführten kargen Zierformen. Veränderungen wie die Vergrößerung der Seitenschiffe (1527), der Bau eines Fachwerkturmes über dem W-Giebel (1598, Turmhaube 1707) oder, innen, die Einwölbung (14. Jh.) fügen sich dem roman. Bau in malerischer Weise an. Verloren gingen ihm die urspr. Seitenschiffapsiden und eine w Vorhalle, die nach einer vermauerten Öffnung in der W-Wand vorauszusetzen ist. Das Innere beeindruckt durch die kräftigen, fast derben Formen des roman. Baus; der Stützenwechsel läßt niedersächs. Einfluß erkennen.

Von besonderem Reiz ist die gut erhaltene *Ausstattung* des 17. und 18. Jh.: die Kanzel

Osterwieck, Stephanskirche

in Spätrenaissanceformen, die Orgel (1721 v. A. H. Gansen aus Salzwedel) und, zuletzt entstanden, der prächtige Kanzelaltar mit seinen Umgangstüren (1743) sowie die repräsentative Loge der Patronatsherren v. Bismarck, das Ältesten- und Gemeindegestühl des 18. Jh. sowie Grabdenkmäler und Epitaphe des 16. und 17. Jh. – 1957 wurde die barocke Raumfassung freigelegt. Die Klostergebäude sind seit der Mitte des 19. Jh. abgebrochen.
Das zweigeschossige *Herrenhaus* des Rittergutes entstand 1725.
Möllendorf (8 km sö): Im gedrungenen Feldsteinbau der *Dorfkirche* vom Ende des 12. Jh. ist eine Folge spätgot. Wandmalereien im Chorbereich erhalten (Passion Christi, Jüngstes Gericht, Apostel und Heilige). Ungewöhnlich erscheint der gemalte Kruzifixus über dem Triumphbogen.
Orpensdorf (10 km w): Die 1747 erbaute ehem. *Gutskirche* gilt als das schönste nachreformatorische Gotteshaus in der Altmark. Sein Architekt war der Besitzer des Ritterguts, der Berliner Kriegs- und Domänenrat Friedrich Wilhelm Diterichs. Indem dem kleinen Achteckbau Turm und Gruft/Patronatsloge als quadratische Anbauten hinzugefügt sind und diese zugleich als Ansichtsseiten der Eingangsfront ebenbürtig sind, erweist sich die Kirche als idealtypische Architektur.
Das Innere entspricht mit der dem Eingang gegenüberliegenden Kanzel und dem frei stehenden Altar davor den protestantischen Quersälen des 17. und 18. Jh.; die Raumfassung und Ausstattung der Bauzeit sind erhalten.

38835 Osterwieck
Halberstadt

Einw.: 4390 Höhe: 118 m S. 290 □ C 7

Der Ort, der an der alten Handelsstraße von Halberstadt nach Braunschweig und Hildesheim liegt, wurde im 8. Jh. von den ersten christlichen Missionaren noch Seligenstadt genannt. Angeblich gründete Karl der Große um 780 diesen Missionsstützpunkt. Ab 1073 ist der Name Osterwieck urkundlich bezeugt. Wiederholt hatte die Stadt unter den Folgen von Hochwasser (zuletzt 1905) zu leiden. Nach einem verheerenden Brand 1511 wurde sie großzügig wieder aufgebaut. Neben Goslar und Quedlinburg ist Osterwieck ein bedeutendes und gut erhaltenes Beispiel für die niedersächsische Fachwerkarchitektur.

Stephanskirche: Die Pfarrkirche, eine dreischiffige spätgot. Hallenkirche, wurde nach 1511 begonnen und 1562 geweiht. An der S-Seite befindet sich ein Stabwerkportal von 1552. Das Westwerk mit zwei 54 m hohen Türmen (sächsische Doppelturmfassade) ist romanisch und wurde Mitte des 12. Jh. erbaut. 1575 wurde die bemalte n Empore eingebaut, 1589 die Zunftempore; der Einbau der Orgelempore datiert vom Ende des 17. Jh. Ungewöhnlich sind die ornamentierten und wappengeschmückten Arkadenbogen des Langhauses (2. Hälfte 16. Jh.).
Die Ausstattung besteht aus einem spätgot. Altar mit doppelten Flügeln (im Schrein ist die Marienkrönung zu sehen), einer Kanzel aus der Zeit um 1570, Chorgestühl von ca. 1620 sowie einem bronzenen Taufkessel aus

dem späten 13. Jh. v. dem roman. Vorgängerbau.

Nikolaikirche: In der einschiffigen got. Pfarrkirche v. 1583 mit bemalter Balkendecke befindet sich ein gemalter spätgot. Flügelaltar aus der 1. Hälfte des 15. Jh. Dargestellt sind Szenen aus der Passion Christi. Die Malerei wird einer Halberstädter Werkstatt aus dem Umkreis Konrad v. Soests zugeschrieben.

Rathaus: Im ehem. Alten Rathaus, einem zweigeschossigen Bau v. 1554 mit hübscher Wendeltreppe und ornamentierten Türen (1. Hälfte 17. Jh.), ist das *Heimatmuseum* untergebracht (Markt 11). Es zeigt u. a. eine prähistorische Ausstellung und Materialien zur Geschichte der Stadt und des örtlichen Handwerks.

Fachwerkhäuser: Allein die vielen Häuser aus dem 16. und 17. Jh. lohnen einen Besuch der Stadt. Sie sind überwiegend im Stil der Spätgotik und der Renaissance gehalten. Bes. interessante Beispiele findet man in der Kapellen-, der Mittel- und der Schulzenstr.
Das *Eulenspiegelhaus* (1534) in der Schulzenstr. 8 ziert in dieser Art seltener reicher figürlicher Schmuck.

Osterwieck, Eulenspiegelhaus

Umgebung

Berßel (4 km sö): Der w Turm der *Dorfkirche* stammt noch v. dem roman. Vorgängerbau. 1688 wurde das nachgot. Langhaus mit spitzbogigen Fenstern geschaffen. Im Inneren befinden sich u. a. ein Altaraufsatz mit hölzernen Säulen (Ende 17. Jh.) und eine vielfältig geschnitzte Kanzel. Die große Orgel wurde um 1700 aufgestellt.
Deersheim (5 km nö): Die im Kern romanische *Dorfkirche* besitzt ein barock verändertes Langhaus und einen w Querturm mit zwei ungleichen quadratischen Turmaufbauten.
Die ehem. *Gutskirche* im Ortsteil *Bexheim* ist eine unverfälschte spätroman. Anlage mit Langhaus, w Querturm, eingezogenem Chor und Apsis. Innen ein bemerkenswerter spätgot. Flügelaltar (15. Jh.) mit Mondsichelmadonna und Heiligen. – Beachtung verdienen auch das ehem. *Gutshaus* (16. Jh.) und das ehem. Wohnhaus des *Steinackerhofes* (1. Hälfte 16. Jh.).
Hoppenstedt (4 km nw): Bes. hervorzuheben an der z. T. ma *Dorfkirche* ist der geschnitzte spätgot. Flügelaltar (um 1500): in der Mitte Krönung Mariens mit weiblichen Heiligen.
Rhoden (6 km nw): Im 18. Jh. wurde die urspr. spätromanische und gotische *Dorfkirche* umgebaut. Von den Vorgängerbauten sind der W-Turm und ein s rundes Stufenportal erhalten. Südlich an das Langhaus schließt sich eine spätgot. Vorhalle an. Bemerkenswert ist der prächtige Kanzelaltar von 1734. – Der alte *Dorfkrug,* ein langes zweigeschossiges Fachwerkhaus, wurde 1548 errichtet.
Stötterlingenburg (3 km nw): 992 erhielt der Bischof v. Halberstadt v. Otto III. die Stötterlingenburg zum Geschenk, in die er ein Kloster der Benediktinerinnen legte. Von den Gründungsbauten sind keine Reste erhalten. Der heutige Bau der ehem. *Klosterkirche* entstand im 11.–13. Jh. Zu sehen sind

v. der früheren dreischiffigen Pfeilerbasilika mit Querschiff und Chor noch das Mittelschiff, der Hauptchor mit Apsis und der w Turm.
Von der Einrichtung sind drei spätgot. Schnitzfiguren (Kruzifix, Madonna und Laurentius) und ein barocker Kronleuchter hervorzuheben.
Veltheim (13 km nö): In der 1569 veränderten, im Kern roman. *Dorfkirche* mit 2 Schiffen und Kreuzgratgewölbe trifft man auf eine beachtliche Ausstattung vom Ende des 17. Jh., darunter ein reicher Altaraufsatz v. 1698 und ein Pfarrstuhl (2. Hälfte 17. Jh.). – Das Fachwerk-*Pfarrhaus* wurde 1580 erbaut, das *Pfarrwitwenhaus* 1683.
Wasserleben (7 km sö): Die heutige *Dorfkirche* gehörte urspr. zum Nonnenkloster der Zisterzienser »Zum heiligen Blut«. Die ehem. im Kern got. Klosterkirche besitzt eine hübsche geschlossene Barockausstattung (2. Hälfte 17. Jh.).
Zilly (8 km sö): 1179 wurde die ehem. *Wasserburg,* eine große urspr. kreisrunde Anlage, erstmals genannt. Im 13. Jh. entstand der Anbau einer kastellartigen Wohnburg. Die Burg ist gut erhalten und besitzt den größten Palas im Harzgebiet. Sehenswert sind auch der Bergfried am Zugang zur Vorburg und der quadratische Bergfried an der Hauptburg.

Q

06484 Quedlinburg

Quedlinburg

Einw.: 26 850 Höhe: 122 m S. 290 □ D 7

In dem seit der Altsteinzeit besiedelten fruchtbaren *Bodetal* am Fuß des Quedlinburger Höhenrückens konnten sich im Schutz des sächsischen Königsgutes *Quitilingaburg* (922 erwähnt) Siedlungen entwikkeln. Diese Siedlungen Quitlingen und Nördlingen wurden zur Stadt vereint, nachdem Kaiser Otto III. dem von Otto I. (und dessen Mutter Mathilde der Heiligen) 936

Zilly (Osterwieck), Wasserburg

Quedlinburg, Blick vom Münzenberg auf Schloß und Stiftskirche

Quedlinburg, Gewitter über Quedlinburg

Quedlinburg, Stiftskirche St. Servatius

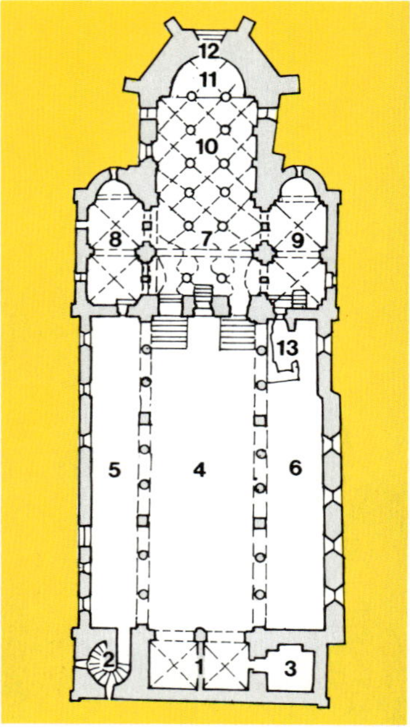

gegründeten und im 10./11. Jahrhundert als Hort des Geisteslebens bedeutenden *Adelsfrauenstift* Zollfreiheit und Münzrecht (994) gewährte. Bereits 1179 ist eine Befestigung der Altstadt bezeugt. In der 2. Hälfte des 12. Jahrhunderts wurde die Neustadt mit gleichmäßigen Straßenzügen angelegt und ebenfalls befestigt. Um 1337 Zusammenschluß von Alt- und Neustadt, Beitritt zur Hanse und wirtschaftliche Blüte, 1803 kam die Stadt zu Preußen. Mit der Entwicklung der Quedlinburger Samenzucht und der Industrialisierung im 19. Jahrhundert setzte ein neues Wachstum ein. Der *Schloßberg* mit Renaissanceschloß und Stiftsgebäuden ist heute das Wahrzeichen der mauerumgürteten, mittelalterlich anmutenden *Fachwerkstadt.*

Schloßberg: Anstelle der als Kaiserpfalz Heinrichs I. erbauten ma Quedlinburg entstand im 16./17. Jh. das *Renaissanceschloß* mit drei ungleich großen Trakten, deren Stirnseiten wellenförmig abgetreppte *Volutengiebel* zieren. Neben dem *Treppenturm*

Quedlinburg, Stiftskirche St. Servatius 1 Westwerk mit Nonnenempore **2** Nordturm (mit romanischem Unterbau) von 1862 bis 1882 **3** Südturm (1862–1882) **4** Langhaus mit sächsischem Stützenwechsel und romanischen Würfelkapitellen **5** nördliches Seitenschiff mit romanischem Portal **6** südliches Seitenschiff (mit Äbtissinnen-Grabmälern in den Grabgewölben) **7** ausgeschiedene Vierung (darunter romanische Krypta mit bedeutenden hochmittelalterlichen Freskenresten) **8** nördlicher Querhausarm mit romanischer Halbrundapsis und Schatzgewölbe (Quedlinburger Zither, um 1190) **9** südlicher Querhausarm mit romanischer Halbrundapsis und Teppichkammer (Quedlinburger Knüpfteppich, um 1200) **10** Chor (darunter romanische Krypta mit Confessio und Gräbern für König Heinrich I. und Königin Mathilde) **11** romanische nachempfundene Halbrundapsis (1937–1939) **12** gotisches Chorhaupt (1321) **13** Kapelle St. Nikolai in vinculis mit Halbrundapsis

Quedlinburg, Stiftskirche St. Servatius

verdient außen auch das *Portal* (1568) Beachtung. Zum ma *Burggarten* gehören ein Kräuter- und Rosengarten. Barock ausgestattete Prunkräume des Schlosses sind der *Thronsaal* (1736), der *Fürstensaal* und das flämische *Äbtissinnenzimmer* (1756) im Inneren, das heute als *Schloßmuseum* mit ma Fachwerkdekorationen, Renaissance- und Barockmobiliar sowie italienischen und flämischen Graphiken und Gemälden dient. Die 1017–1129 über dem lat. Kreuz auf Resten v. drei Vorgängerkirchen (9.–11. Jh.) errichtete romanische *Stiftskirche St. Servatius* ist eine flachgedeckte Basilika mit ausgeschiedenen Querhausarmen, sächs. Stützenwechsel ehem netzgewölbtem got. Chor (1321) und halbrunden roman. Nebenapsiden. Lombard Steinmetze aus Como schufen die Ornamentik der Würfelkapitelle und der Friese an der Hochschiffswand und der Apsis. Die *Hallenkrypta* (um 1000) unter Vierung und Chor wird v. Säulen und Achteckpfeilern mit roman. Kelchkapitellen in drei Schiffe unterteilt. Hier überraschen roman. *Gewölbefresken* (alt- und neutestamentliche Szenen, um 1110) und Äbtissinnen-Epitaphe, in der ö *Confessio* (9./10. Jh.) die Gräber König Heinrichs I. und seiner Gemahlin Mathilde der Hl. Unter dem s Seitenschiff an der Treppe zu den Grabgewölben befindet sich die kleine *Kapelle St. Nikolai in vinculis* mit Tonnengewölbe. – In den Querhausarmen wird der reiche *Kirchenschatz* gezeigt, der seit 1993 wieder vollständig ist: kostbare Evangeliare aus dem 9.–13. Jh., vor allem das *Samuhel-Evangeliar* v. 840, eine mit Halbedelsteinen gezierte Prunkhandschrift, sowie fünf Fragmente des berühmten *Quedlinburger Knüpfteppichs* (Hochzeit Merkurs mit der Philologie, den sieben freien Künsten, um 1200). – Unterhalb des Schloßbergs liegen das *Klopstockhaus* (16. Jh.) mit einer Dokumentation zum Leben und Wirken des Quedlinburger Theologen und Dichters F. G. Klopstock (1724–1803) sowie das malerische Fachwerkhaus *Finkenherd* (17. Jh.).

Pfarrkirche St. Ägidien: Die dreischiffige spätgot. Hallenkirche (ab 1484 umgebaut)

Quedlinburg, Stiftskirche St. Servatius, Krypta

ist architektonisch einfach angelegt mit hölzernen Tonnengewölben und frühgot. Turm. Sie besitzt einen aus der St.-Benedikti-Kirche stammenden spätgot. *Flügelaltar* mit qualitätvollen Schreinfiguren (Marienkrönung, um 1420), der ein wichtiges Beispiel der Kunst des Weichen Stiles darstellt. Bemerkenswert sind auch ein Temperagemälde (Hl. Sippe) vom Anfang des 16. Jh. und die Kanzel v. 1724.

Marktkirche St. Benedikti: In der dreischiffigen spätgot. Kirche (15. Jh.) mit einem Westbau aus der 2. Hälfte des 13. Jh. und dreijochigem Chor mit $^{5}/_{8}$-Schluß faszinieren der v. L. Ch. Sturm entworfene barocke Hochaltar (1700) mit Gemälden v. J. Luhn aus Hamburg und ein spätgot. Flügelaltar (Pieta zwischen den hll. Servatius und Benedikt, um 1490). Qualitätvolle Arbeiten sind auch Kanzel (1595), Ratsgestühl (1687) und die Taufe v. 1648.

Pfarrkirche St. Blasii: Die oktogonale barocke Saalkirche (1713–15) besitzt einen frühroman. w Turm mit Zwillingshelm. Im Inneren eine Stuckdecke und eine nach vorn geschlossene Empore, die sich um den gesamten Raum herumzieht. Die einheitliche Barockausstattung wird v. dem opulenten Kanzelaltar, den J. W. Kunze 1723 schuf, dominiert.

Pfarrkirche St. Nikolai: Die in der Neustadt gelegene dreischiffige got. Hallenkirche (13.–15. Jh.) mit Kreuzrippengewölben und querrechteckigem Westbau mit 2 Türmen besitzt eine spätroman. Turmhalle. Ein origineller doppelstöckiger barocker Dachreiter fällt am n der beiden spitzhelmbekrönten W-Türme auf.

Wipertikirche (im S der Stadt): Die mehrfach veränderte ehem. Prämonstratenserklosterkirche (10–17. Jh.) bewahrt eine interessante ottonische *Krypta* mit sächs. Stützenwechsel sowie kleinem Halbrundchor mit Apsiskalottenfresko und Umgang. Von der ottonischen Münzenbergkirche stammt das romanische *Rundbogenportal*

Quedlinburg, Finkenherd

Quedlinburg, Wipertikirche, Krypta

(12./13. Jh.) mit eingestellten Gewändesäulen und Tympanonrelief (Anbetung der Muttergottes).

Marktplatz: Die Rolandsfigur (1427) am zweigeschossigen *Renaissancerathaus* mit phantasievollem Frühbarockportal (1615) und zierlichem got. SW-Turm (Archiv) erinnert an den Beitritt v. Qu. (1426) zur Hanse. Von den Patrizierhäusern am Markt verdient v.a. das spätbarocke *Haus Grünhagen* (18. Jh.) eine Erwähnung.

Außerdem sehenswert: Zum malerischen Ensemble der *Altstadt* trägt neben barocken Patrizierhäusern und vielen *Fachwerkbauten* (15.–18. Jh., v.a. Hohe Str.) mit dem angeblich ältesten dt. Fachwerkwohnhaus, das noch in Ständerbauweise errichtet wurde (um 1400; heute *Fachwerkmuseum*, Wordstr. 3), die über weite Strecken erhaltene turmbewehrte ma *Stadtmauer* aus dem 14. Jh. bei.
Geschlossene Häuserensembles sind auch in der Langen Str., am Stieg und am Steinweg zu sehen. – Die *Hospitalkirche St. Johannis* (Süderstadt) stammt ursprünglich aus der 2. Hälfte des 12. Jh. und wurde 1704 nach O erweitert. Der einschiffige roman. Bau besitzt eine bemalte hölzerne Tonne, w und s Emporen sowie eine s Sakristei mit Kreuzgratgewölbe (13. Jh.) und einem Fachwerkobergeschoß (1483). Innen ein Kanzelaltar v. 1725. – Im schönen *Brühlpark,* 1831 nach Plänen K.F. Schinkels angelegt, befindet sich ein *Klopstockdenkmal* (Büste v. F. Tieck). – Von den ehem. zwölf *Feldwarten,* einem Schutzsystem v. Türmen außerhalb der ma Stadt, sind noch 7 erhalten. – Südöstlich der Stadt am Seweckenberg liegt die *Gersdorfer Burg,* eine Gründung aus dem 10. Jh. und 1369 erneuert.

Umgebung

Ditfurt (6 km nö): Im Ort steht ein beachtliches *Fachwerk-Rathaus* v. 1534.

Quedlinburg, Am Marktplatz

Querfurt, Burg

Gatersleben (12 km nö): Die ehem. *Burg* entstand im 10. Jh. an der Heerstraße Nordhausen–Magdeburg und an einem Selkeübergang. 1179–83 ergänzte der Bischof v. Halberstadt die frühere Rundburg um ein regelmäßig konstruiertes Kastell. Die Kastellanlage gilt als die älteste am Harz. Ähnliche Bauten wurden u. a. in Schlanstedt und Zilly errichtet.
Westerhausen (6 km nw): Die *Dorfkirche* besitzt einen spätroman. querrechteckigen W-Turm mit 2 barocken Hauben; das Langhaus ist im späten 17. Jahrhundert mit achteckigem Zentralraum errichtet worden. V. Kühne schuf 1697 den barocken Altaraufsatz.

06268 Querfurt

Querfurt

Einw.: 8940 Höhe: 178 m S. 290 □ E 8

Unterhalb der wohl schon im 8. Jh. gegründeten *Burg*, die später zu einer der mächtigsten und größten Burganlagen im Halleschen Raum heranwuchs, entstand ab dem 9. Jh. an einem Übergang über die Querne (Querne-Furt) eine Marktsiedlung mit unregelmäßigem Grundriß, die 1262 Stadtrecht erhielt. Um 1350/60 bekamen die Vorstädte, die rings um den ursprünglichen Ort lagen, eine Stadtmauer (äußerer Ring), die um 1450 noch einmal erweitert wurde. Zerstörungen erlitt Querfurt im Dreißigjährigen Krieg und durch Stadtbrände (1655 und 1678). In Querfurt wurde der naturalistische Dichter Johannes Schlaf geboren (1862–1937).

Burg Qu.: Die weitläufige, mehrfach erweiterte ma Anlage zeichnet sich durch ihr gut erhaltenes Befestigungswerk mit *Burggraben,* doppeltem *Mauerbering* (12. und 14. Jh.), *Torbauten* und 3 *Kanonenbastionen* (1461–79) aus, deren s durch einen unterirdischen Gang mit dem *Burghof* verbunden ist. In der Mitte des letzteren steht die einschiffige roman. *Burgkirche* (frühes 12.Jh.) mit Dreiapsidenschluß und achteckigem

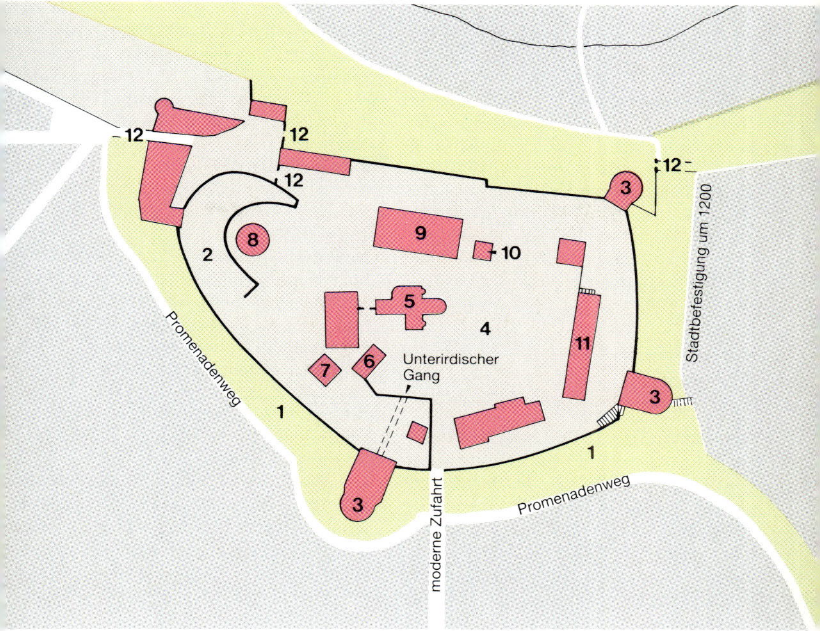

Burg Querfurt 1 Burggraben **2** Mauerring **3** Kanonenbastionen **4** Burghof **5** Burgkapelle **6** Brauerei **7** Marterturm **8** Bergfried **9** Norn- und Rüsthaus **10** Hausmannsturm **11** Wirtschaftsgebäude **12** Tore

Vierungsturm, an die n eine Grabkapelle für die mit einer vollplastischen Liegefigur des Verstorbenen geschmückte *Tumba* Gebhardts v. Qu. († 1383) angebaut wurde. Im S des w benachbarten barocken *Fürstenhauses* (12. und 17. Jh.; heute Krankenhaus) mit Fassadenturm (1699; Archiv) und Mansardwalmdach befinden sich die ehemalige *Brauerei* und der roman. *Marterturm.* Der zinnenbekrönte Bergfried (w), 1070 über den Grundmauern eines karolingischen Wohnturmes errichtet, trägt den Beinamen *Dicker Heinrich.* Im *Korn- und Rüsthaus* (n; 1535) ist heute das *Kreisheimatmuseum* mit ma Holzplastiken, ma Waffen, Gemälden (17./18. Jh.) sowie Dokumentationen zur Burg- und Stadtgeschichte (mit Stadtmodell) eingerichtet. Um den Burghof folgen der *Hausmannsturm* und ehem. *Wirtschaftsgebäude* (Stall, Scheune und Pächterhaus).

Lambertikirche: Die um 1475–1523 erbaute dreischiffige Kirche brannte 1655 und 1678 aus. 1684–87 wurde sie barock erneuert, 1709 kam die Turmhaube hinzu. In den Seitenschiffen befinden sich Emporen aus dem 17. Jh. Von der harmonischen Barockausstattung verdienen der große Altaraufbau (um 1720) und die Sandsteinkanzel (Ende 16. Jh.) besondere Erwähnung.

Friedhofskapelle: Die auf dem 1572 angelegten *Stadtfriedhof* befindliche Kapelle datiert aus dem späten 17. Jahrhundert. Der einschiffige barocke Bau mit Walmdach und Dachreiter besitzt u.a. eine Hufeisenempore, einen Kanzelaltar (Anfang 18. Jh.) und verschiedene Epitaphe aus dem 18. Jahrhundert.

Rathaus: Der zweigeschossige Renaissancebau (Anfang 16. Jh.) mit einem vorderen barocken Turm (1698) erhielt um 1900 einen Anbau. Im Obergeschoß der ehem. Bürgersaal.

Außerdem sehenswert: Der Ort besitzt eine Reihe schöner *Häuser,* darunter den Gasthof Goldener Stern (1702, am Rathaus), die Apotheke am oberen Markt (1760) und die ehem. Stadtschule am Kirchplan 1.
Von den früheren zwei Ringen der *Stadtbefestigung* ist der innere fast vollständig erhalten (12./13. Jahrhundert), während vom äußeren westlichen und nordöstlichen Reste zu sehen sind.

Umgebung

Barnstädt (5 km sö): Die barocke *Dorfkirche* von 1748 mit spitzhelmbewehrtem spätgot. w Turm enthält eine Stuckdecke und zweigeschossige Emporen.
Langeneichstädt (18 km sö): Zusammen mit einer mehr als 5000 Jahre alten *Grabkammer* wurde hier 1989 ein mannshoher jungsteinzeitlicher Sandsteinmenhir (Deckplatte) mit der eingravierten sog. Dolmengöttin entdeckt, der als äußerst wichtiges Zeugnis der Bernburger Kultur angesehen wird.
Lodersleben (5 km w): Die *Dorfkirche* besitzt ein barockes Langhaus v. 1718 mit Holztonne und einen spätgot., dreiseitig geschlossenen Chor v. 1518. Der n Turm ebenfalls spätgot. Die beachtliche barocke Ausstattung umfaßt u.a. einen prächtigen Kanzelaltar, eine Herrschaftsempore und mehrere Pfarrerbildnisse. – Das ehem. *Schloß,* eine barocke Zweiflügelanlage mit hübscher Gartenfront, stammt aus der 1. Hälfte des 18. Jh.
Nemsdorf-Göhrendorf (7 km sö): Im Ortsteil Nemsdorf steht die barocke *Dorfkirche* v. 1730 mit einheitlicher barocker Ausstattung, darunter ein großer Kanzelaltar.
Schraplau (10 km nö): Von der ehem. ausgedehnten *Burganlage* aus dem 8. Jh., in die um 1200 eine zweite Burg (das spätere Schloß der Grafen v. Mansfeld) eingebaut wurde, sind nur noch Reste der Ring- und Zwingmauer erhalten.
Die *Stadtkirche St. Johann Baptist* befindet sich östlich des Burgbereichs. Sie wurde im späten 12. Jahrhundert erstellt und besitzt einen querrechteckigen Westturm, ein Schiff in gleicher Breite und einen eingezogenen Chor mit Apsis. In die ö Wand des Turmes ist ein geschmücktes Rundbogenportal eingelassen. Innen u.a. ein spätgot. Schnitzaltar und eine Kanzel aus Holz (17. Jh.).

Querfurt, Burgkirche, Tumba Gebhardts von Querfurt

29410 Salzwedel

Altmarkkreis Salzwedel

Einw.: 21 870 Höhe: 22 m S. 288 □ D 5

Geschichte: An der Gabelung alter Fernstraßen, die hier die Niederung der Jeetze überqueren, entstand die Stadt (»Salzfurt«) unter dem Schutz einer Burg der Markgrafen der Nordmark (1112 bereits als antiqua urbs, alte Stätte, genannt). Die Marktsiedlung, die im Bereich des Holzmarktes gesucht wird, erweiterte sich im 12. Jahrhundert zur Altstadt mit der Pfarrkirche St. Marien. Für die nordöstlich gelegene, durch großzügigere Straßenführung bereits als Erweiterung ausgewiesene Neustadt ist das Jahr 1247 als Gründungsjahr belegt. Gut befestigt, blühte die Handels- und Handwerkstadt im Spätmittelalter; sie erwarb 1314 das Münzrecht und wurde Mitglied der Hanse. Beide großen Pfarrkirchen konnten im 14. und 15. Jh. beträchtlich erweitert werden. Eine in jüngerer Zeit vergleichsweise geringe Bedeutung, kaum Kriegsschäden und die Grenzlage nach Niedersachsen hin haben dazu geführt, daß ein beträchtlicher Bestand älterer Denkmale bewahrt blieb.
Mittelalterliche Bauten sind in der Regel in Backstein, Gebäude des 17. und 18. Jh. in Fachwerk mit Backsteinausmauerungen errichtet.

Burgruine: Dem aufmerksamen Beobachter erschließt sich die landesgeschichtlich wichtige ehem. Burg – urspr. ringförmig mit einem Durchmesser v. ca. 220 m umgrenzt – im Stadtgrundriß (Burggarten). Erhalten ist vor allem der runde *Bergfried,* ein Bau des späten 12. Jh.

Pfarrkirche St. Marien (Altstadt): Die große fünfschiffige Backsteinbasilika prägt mit ihrer fast 87 m hohen Spitze das Stadtbild.

Salzwedel, Pfarrkirche St. Marien, Setzpult

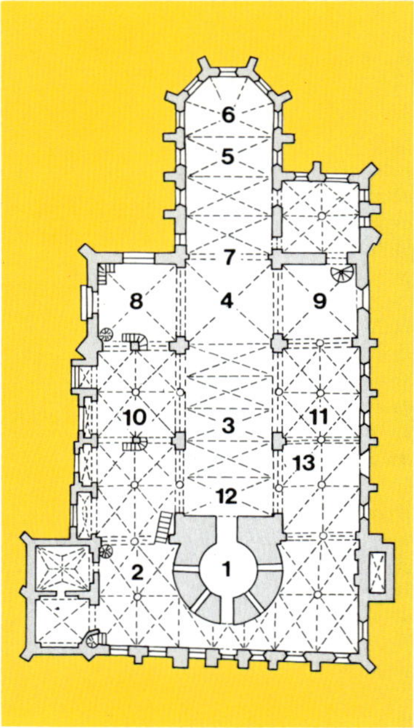

Salzwedel, Pfarrkirche St. Marien

Deutlich erkennbar ist die Kirche Ergebnis mehrerer Umbauten und Erweiterungen. Als 1. Bau, sicher des 12. Jh., wurde ein Feldstein-Saalbau ergraben. Zu diesem gehörte der im Untergeschoß erhaltene, runde W-Turm. Besser blieb eine große Backsteinbasilika erhalten, erkennbar an ihren spätroman. Einzelformen im O (u. a. Kreuzbogenfriese) und des Inneren (Stützenwechsel). Zu diesem Bau gehören auch die achteckigen Turmgeschosse (um 1220). In der 1. Hälfte des 14. Jh. wurde der Chor dieses Baus verlängert, die Seitenschiffe verdoppelt und erhöht (Strebepfeiler und Giebel am Außenbau). Spätgot. Bauteile sind die Turmspitze, die w Vorhalle (vgl. Katharinenkirche), einige weitere Anbauten. Im Inneren verbinden sich höchst malerisch die kräftigen älteren Formen des spätroman. Baus mit den zarten Baugliedern der Hochgotik, bewirkt nicht zuletzt durch die überaus reiche Ausstattung.

Den Chor eröffnet, über einem prächtigen hölzernen Gestell, eine *Triumphkreuzgruppe* des mittleren 15. Jh. Das feingliedrige

Salzwedel, Pfarrkirche St. Marien 1 achteckiger W-Turm mit rundem Untergeschoß (12. Jh.) und Bleihelm (85 m hoch) **2** W-Querbau (1485) mit Empore **3** Langhaus (1450–68) **4** Vierung (13. Jh.) **5** Chor mit spätroman. Lesepult und Chorgestühl (14./15. Jh.) **6** spätgot. Flügelaltar (um 1510) mit Schnitzreliefs und -plastiken **7** Chorbogen mit Triumphkreuzgruppe (um 1440–60) **8** n Querhausarm (13. Jh.) **9** s Querhausarm (13. Jh.) **10** n Seitenschiff mit Empore **11** s Seitenschiff **12** Orgel (1748 bis 1752) mit bar. Prospekt **13** Bronzetaufbecken (1520–22) mit Bronzegitter (1522) des Nürnbergers Hans v. Köln

Gestühl, ausgezeichnet durch ein reiches, v. figürlichen Schnitzereien getragenes Bildprogramm, entstand in der 2. Hälfte des 14. Jh., der streng hochgot. Dreisitz und ein altertümlich wirkendes Setzpult noch in der Chorbauzeit. Der großartige Aufsatz des *Hochaltars,* geschnitzt um 1510, zeigt in vielfigurigen Szenen das Marienleben und die Passion Christi zu seiten der Muttergottes. Kupferstichvorlagen Schongauers wurden hier in einer niederrheinischen Werkstatt verwendet. Ein früherer Altaraufsatz muß kleiner gewesen sein, wie die *Glas- und Wandmalerei* im Chorschluß beweist: Im O-Fenster befindet sich noch die Originalverglasung des mittleren 14. Jh.; in den kleinen Medaillons u.a. der Stammbaum und das Leben Christi, etwas jünger sind die gemalten Heiligenfiguren und Szenen des Marienlebens zwischen den Chorfenstern. Wie die schönen Steinfiguren an den Chorwänden und den Langhauspfeilern (Maria, Christus und Heilige) urspr. angeordnet waren, ist unbekannt. Das Stifterpaar dieser Bildwerke, im eleganten Zeitkostüm dargestellt, hat seinen Platz im S-Querhaus (um 1400?). Im N-Querhaus sind Fragmente roman. Wandmalerei erhalten; ein spätgot. Figurenfries (2. Viertel 15. Jh.) bedeckt den Turmsockel. Aus spätmittelalterlicher Zeit stammt die rekonstruierte Raumfarbigkeit.

Ein Kunstwerk ersten Ranges ist die bronzene *Taufe,* ein Frührenaissanceguß mit hohem Baldachin und umgebendem Gitter des in Nürnberg tätigen Meisters Hans v. Köln (1520–22). Die *Kanzel* (1581), Emporen und das vielteilige *Gemeindegestühl* des 16.–19. Jh. Grabsteine und Epitaphe vervollständigen den Raum im Sinn einer jahrhundertelang gewachsenen Einheit. Die große Orgel (1748–52) erscheint in den herben Formen des norddt. Barock.

St.-Lorenz-Kirche: Der kleinen Backsteinbasilika mit Rechteckchor fehlen die alten Seitenschiffe und die Obergeschosse ihres W-Turms. Gleichwohl beeindruckt die Kirche dank ihres kräftigen spätroman. Gliederungssystems mit schwarz glasierten Formsteinen, zudem fallen Kreisblenden und Rundfenster ins Auge. Die urspr. Wölbung ist nur im Turmjoch vorhanden, die um 1400 ausgeführte übrige Wölbung folgt einem veränderten System. Das N-Seitenschiff ist seit 1964 zum Vorteil des Raumeindrucks rekonstruiert. Aus der 1797 abgebrochenen Nikolaikirche stammt die spätgot. Triumphkreuzgruppe.

Mönchskirche: Die am Nordrand der Altstadt gelegene ehemalige Franziskanerkirche (profaniert), ist ein Backsteinbau des

Salzwedel, St. Marien, Adler-Pult

15. Jahrhunderts, der noch erhebliche Teile des Gründungsbaus aus der Mitte des 13. Jh. umfaßt. Eindrucksvoll sind seine Ausmaße wie auch die karge Formensprache des Äußeren. Das Langhaus, eine asymmetrisch-zweischiffige Halle, ist vom Langchor durch einen Lettner geschieden. Mit einer spätroman. thronenden Muttergottes und dem v. Lucas Cranach d.J. gemalten Altarbild »Der Weinberg des Herrn« sind die wichtigsten erhaltenen Ausstattungsstücke (jetzt im Johann-Friedrich-Danneil-Museum) genannt.

Der Altar entstand 1582 als Wiederholung eines Epitaphgemäldes der Wittenberger Stadtkirche (→Wittenberg) zum Abschluß der 1. nachreformatorischen Instandsetzung. Kanzel, Gestühl und Emporen entstammen noch dem 16. und 17. Jh. Im N schließen die ehem. Klostergebäude mit Bauteilen des 13. und 14. Jh., noch in 2 Flügeln erhalten, an.

Pfarrkirche St. Katharinen (Neustadt): Wie die Marienkirche erhielt auch die Pfarrkirche der Neustadt ihre Gestalt durch eine Abfolge v. Erweiterungen des Gründungsbaus, einer spätroman. Basilika des mittleren 13. Jh. Von dieser ist vor allem der in die Seitenschiffe eingezogene w Einturm erhalten. In einer 1. Umbauphase, der Veränderung zur Hallenkirche, wurden um 1300 die Seitenschiffe erhöht, die ausdrucksvollen Staffelgiebel entstanden damals. Im Anschluß daran wurden die O-Teile erweitert, die jedoch im letzten Drittel des 14. Jh. durch einen schönen Langchor ersetzt wurden und um 1400 dann dem querhausähnlichen Bauteil wichen. Die Planungen für einen Neubau wurden danach nicht länger verfolgt; es blieb bei einer basilikalen Einwölbung des Langhauses im letzten Viertel des 15. Jh.

Für die malerische Erscheinung des Baus wurde ein w Erweiterungsbau, die *Fronleichnamskapelle* (vgl. Marienkirche), wichtig. Dieser legt sich wie ein zweigeschossiges Haus vor die ehem. W-Front und den Turm; er ist wohl um 1467 entstanden. Neben den Resten spätgot. Wandmalerei (u. a. Musikengel an der alten Orgelempore im W) ist vor allem die spätgot. *Verglasung* der Zeit um 1420 hervorzuheben: In den 3 Chorschlußfenstern ein christologischer Zyklus, den große Medaillons einfassen.

Die bronzene *Taufe* v. 1421 umschließt ein Gitter aus dem Jahre 1567. Der urspr. Hochaltar dient seit 1882 als Choraltar im Dom v. Frankfurt a.M.; seit 1981 steht an seiner Stelle der prachtvolle geschnitzte *Altaraufsatz* aus Kloster Dambeck (→Umgebung), datiert 1464: Die Stiftung eines Salzwedeler Propstes zeigt im Mittelschrein als Allegorie auf die Verkündigung der Christgeburt das Motiv der Einhornjagd, umgeben v. Szenen des Marienlebens. Die Kanzel stammt aus dem Jahre 1592. Epitaphe des 16. Jh. und Grufteinbauten des 18. Jh. sind zu erwähnen.

Ehem. Hospitalkirche zum Hl. Geist (Vorort Perver): Ein hier angesiedeltes Augustinerchorherrenstift errichtete Mitte des 15. Jh. mit einem großen Zentralbau eine der eigenwilligsten spätgot. Backsteinkirchen (1792 größtenteils abgebrochen); erhalten ist der langgestreckte Chor.

Ehem. altstädtisches Rathaus: Ungeachtet einiger Veränderungen ist der 1509 und später errichtete Bau einer der schönsten erhaltenen spätgot. Profanbauten in der Altmark. Figürliche Bauplastik, Staffelgiebel, Zwerchhäuser und ein kleiner Turm zeichnen die Dachzone aus. Sehenswert ist der *Ratssaal* mit seinen Rippensterngewölben.

Salzwedel, Pfarrkirche St. Katharinen

Stadtbefestigung: Die ehem. Umwehrung ist in größeren Partien noch erhalten, an Türmen der runde *Karlsturm* (um 1400) neben dem ehem. *Altperver Tor,* der quadratische *Neuperver Torturm* (um 1460) und, mit zierlichen Maßwerkfüllungen im Giebel, der *Steintorturm* (um 1520).

Wohnbauten: Der Wohnhausbau ist dank eines geschlossenen, spätmittelalterlichen Bestandes v. großer Bedeutung; bis auf wenige ältere Häuser und eine Reihe v. Wohn- und Geschäftsbauten des 19. und 20. Jh. sind es *Fachwerkgebäude,* die ganze Straßenzeilen mehr oder minder geschlossen prägen. Vorzügliche Einzelbeispiele befinden sich u. a. in der *Schmiedestr.:* Nr. 30, ein Ständerbau, gilt als Werk des 15. Jh. Im Haus Nr. 27 ist das Portal des früheren Gebäudes, des Gildehauses der Gewandschneider, mit den Skulpturen des Sündenfalles erhalten. Weitere geschnitzte Figuren dieser Fassade v. 1534 sind in die Dorfkirche v. Tylsen gelangt. Weiter ist der spätgot. Backsteinbau der früheren *Münze* (Altperver Str. 22) zu nennen. Spätbarockelegant gibt sich das *Geburtshaus v. Jenny Marx,* Jenny-Marx-Str. 20 *(Museum).*

Johann-Friedrich-Danneil-Museum: Das städt. Museum befindet sich in der ehem. Propstei bei der Marienkirche. Das Gebäude entstand als dreigeschossiges Herrenhaus mit Fachwerkfront zum Hof im Jahre 1578; auf den Vorgängerbau v. 1474 verweist die Inschriftplatte im Treppenturm (Portal v. 1754). Unter den reichen kulturgeschichtlichen Beständen des Museums ist eine kleine thronende Madonna hervorzuheben (2. Viertel 13. Jh.). Sie steht mit der Ausstattung der Mönchskirche in Verbindung. Auch das v. Lucas Cranach d. J. gemalte Bild »Der Weinberg des Herrn« aus derselben Kirche ist hier zu sehen.

Außerdem sehenswert: *Spitalkapellen St. Georg* im Vorort Perver und *St. Georg* w vor der Stadt (13. und 15. Jh.).

Umgebung

Dambeck (8 km s): Das um 1220 gegr. Benediktinerinnenkloster, Hauskloster der Grafen v. Dambeck (Amt Dambeck), wurde nach 1541 ev. Stift und 1644 brandenburgisches Schulamt. Als spätroman. Backsteinbauten sind Teile der *Klostergebäude* des 13. Jh. erhalten, insbesondere die einschiffige, barockisierte *Klosterkirche.* Ihr berühmter Einhornaltar und andere Teile

Salzwedel, An der Katharinenkirche 6, Ehemalige Lateinschule der Neustadt

der Ausstattung stehen seit einigen Jahren in der Salzwedeler Katharinenkirche. – Der Feldsteinbau der *Dorfkirche* im Dorf Dambeck zeigt mit breitem W-Turm, dem Saal des Langhauses, Chor und halbrunder Apsis den um 1200 in größeren Gemeinden der Altmark geläufigen Typus der Dorfkirchen. Der gute Schnitzaltar entstand um 1500.

Osterwohle (10 km w): Von der hier ansässigen Ortsherrschaft wurde 1621 die urspr. roman. *Dorfkirche* umgestaltet: Während das Äußere mit Schweifgiebel, Treppenturm und großen Fenstern diesen Umbau anzeigt, jedoch ein ungewöhnliches Inneres nicht vermuten läßt, ist der Innenraum damals geradezu als Schatzkästlein ausgebildet worden: Die Kunstschreinerarbeit in den Formen der Spätrenaissance gehört zu den bedeutendsten Leistungen ihrer Gattung in Deutschland. Die mit üppig-figürlichem Schnitzwerk und Intarsien versehene Ausstattung ist zugleich ein glänzendes Zeugnis der ständischen Ordnung und Frömmigkeit dieser Zeit. Die den Raum teilende hölzerne Schranke zeigt deutlich das Weiterleben vorreformatorischer Vorstellungen (→Pfarrkirche St. Marien in S.). Der ehem. Altar ist durch ein Epitaph ersetzt.

Osterwohle (Salzwedel), Dorfkirche, Blick nach Osten

Riebau (4 km ö): In der romanischen *Saalkirche* des 12. Jh. befindet sich umfangreiche spätgot. Wandmalerei; besondere Aufmerksamkeit verdient ein Sakramentshaus, das aus einem Baumstamm geschnitzt wurde.

Winterfeld (14 km s): Die spätroman. *Dorfkirche* zeichnet sich durch ihre Wandmalerei aus dem 15. Jh. in Chor und Apsis aus (Jüngstes Gericht, Gregorsmesse, Evangelisten). Die Ausstattung stammt überwiegend aus dem 18. Jh.

06456 Sandersleben
Mansfelder Land

Einw.: 2550 S. 290 □ E 7

1046 wird der an der Wipper und an der Kreuzung der Straßen Halle–Braunschweig und Mansfeld–Magdeburg gelegene Ort erstmals urkundlich erwähnt. Bereits Anfang des 14. Jh. erhielt Sandersleben Stadtrechte. Es wurde zweimal durch Feuer zerstört (15. Jh. und 1659) und erlebte um 1800 eine neue Blüte. In der Stadt befand sich eine bedeutende jüdische Gemeinde.

Stadtkirche St. Marien: Der spätgot. Bau mit fast quadratischem Schiff wurde vermutlich im 15. Jh. errichtet und nach dem Brand 1519 restauriert. Trotz vorhandener Strebepfeiler ist die Kirche flach gedeckt. Den w Turm krönt ein spitzer Helm. Außer einem spätgot. Taufstein stammt die Einrichtung überwiegend aus dem 19. Jh.

Rathaus: Wiederholt verändert und restauriert wurde der zweigeschossige Renaissancebau aus den Jahren 1556–59 mit Zwerchgiebeln, Eckerker und Freitreppe. Auf den ursprünglichen Bau verweisen einige erhaltene Portale.

Schloß: Das ehem. Schloß, eine im Kern got. Zweiflügelanlage, erinnert nur noch partiell an seine frühere Bestimmung. In der ehem. DDR wurde es für Wohnungen und einen Schulhort benützt.

Außerdem sehenswert: Unter den einfachen *Renaissancehäusern,* die in S. noch oft anzutreffen sind, ist das sog. *Haus am Kiethof* (1604) bes. interessant.

Osterwohle (Salzwedel), Dorfkirche, Inneres nach Westen

Sandersleben, Rathaus

Burg Freckleben (Sandersleben)

Sangerhausen, Ulrichskirche

Umgebung

Freckleben (4 km nw): Die sich am linken Ufer der Wipper erhebende *Burg* Freckleben wird 973 erstmals urkundlich genannt. Durch die erhaltenen Reste der ehem. Kastellanlage aus dem 12. Jh. erhält man ein einprägsames, unverfälschtes Bild einer roman. Burg. Erhalten sind u.a. ein runder Wohnturm, Teile der Ringmauer und der Wohn- und Wirtschaftsgebäude sowie ein quadratischer Bergfried (um 1200). – Vermutlich auf das 13. Jh. geht die *Dorfkirche* zurück. Das Langhaus ist barocken Ursprungs. Die Kirche enthält u.a. eine Kanzel aus Stein (1594), einen Taufstein v. 1595 und einen Kindergrabstein v. 1641.

06526 Sangerhausen

Sangerhausen

Einw.: 31 045 | Höhe: 154 m | S. 290 □ D 8

Obwohl bereits im Hersfelder Zehntverzeichnis (Ende 9. Jh.) genannt, geht die eigentliche Ortsgründung wohl auf das 10. Jahrhundert zurück. Nach einer urkundlichen Nennung 991 wurde Sangerhausen in der 2. Hälfte des 11. Jh. eine Machtbasis der Ludowinger in Thüringen. 1247 fiel es an die Wettiner Markgrafen, die den Ort im Thüringischen Erbfolgekrieg (1247–66) zu einer Grenzburg ausbauten. Wirtschaftliche Bedeutung hatte Sangerhausen durch den Silber- und Kupferbergbau. Mit der Industrialisierung wuchs die Stadt weiter an.

Jakobikirche: Am langgestreckten *Marktplatz* mit dem spätgot. *Rathaus* (15./16. Jh.) steht die an ihrem in der Renaissance achteckig erhöhten und 1714 barock behelmten W-Turm erkennbare, mehrfach veränderte spätgot. *Hallenkirche St. Jakob* (1271 erstmals genannt). Im 14. und 15. Jh. entstand die dreischiffige Halle, 1472 die s Vorhalle, 1495 der Chor und 1516–42 der w Turm. Anders als der netzgewölbte einschiffige Chor mit geschnitztem *Gestühl* (um 1500/10) und geschnitztem spätgot. *Kreuzigungsaltar* (um 1500) ist das dreischiffige Langhaus statt im 17. Jh. geplanter Wölbung flach eingedeckt. Außer der ebenfalls spätgot. bronzenen *Fünte* (Taufstein;

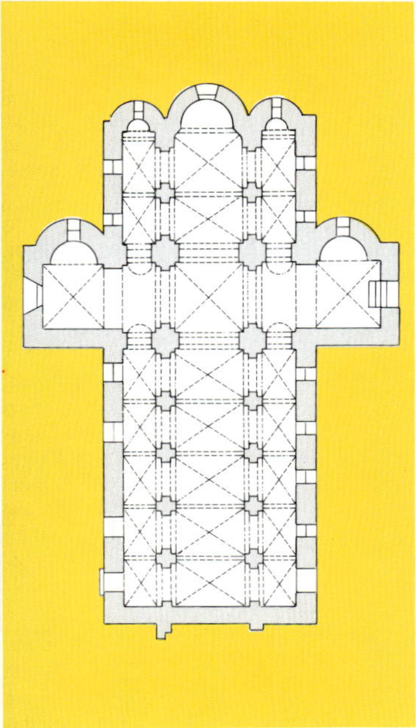

Sangerhausen, Ulrichskirche

Ulrichskirche, Südlicher Querhausarm

15. Jh.) mit hängendem *Barockdeckel* (um 1700) verdienen ein spätgot. *Retabel* mit Altargemälde (Kreuzigung, 15. Jh.), die *Kanzel* (16. Jh.) sowie das v. G.M. Nosseni für das Ehepaar Tryller gestaltete *Renaissance-Epitaph* (um 1620) mit einer Anbetungsgruppe aus der Werkstatt Giovanni Maria Nossenis aus Dresden und die v. Zacharias Hildebrand eingebaute *Emporenorgel* (1728, restauriert) Beachtung. Zahlreiche weitere Epitaphe schmücken das Kircheninnere. Das Chorgestühl (Anfang 16. Jh.) und der Altar standen urspr. in der 1552 abgebrochenen Augustiner-Klosterkirche.
Bei der Restaurierung 1971–75 wurde die Ausmalung des Langhauses v. 1859 beseitigt und die urspr. Wand- und Deckenbemalung sowie die Emporendekoration wiederhergestellt.

Ulrichskirche: Die älteste Kirche am Ort ist die um 1100 v. Landgraf Ludwig dem Springer gestiftete Ulrichskirche, die seit etwa 1270 bis zur Einführung der Reformation 1540 zu einem Zisterziensernonnenkloster gehörte. Die roman. Pfeilerbasilika besitzt einen im Hirsauer Bauschema errichteten dreischiffigen *Chor* und einen barock behelmten got. *Vierungsturm*. Die steilen Proportionen der Schiffe und der Nebenchöre deuten auf einen Einfluß der zeitgenössischen burgundischen Bauschule. Im dreischiffigen Inneren verdienen das urspr. über dem N-Portal angebrachte roman. *Tympanon* (hl. Ulrich und Stifter), die hochgotische bronzene *Fünte* (Taufe; 1369) und der spätgot. *Kruzifixus* (15. Jh.) Interesse. Die Grabdenkmäler stammen aus dem 16. und 17. Jh.

Marienkirche: Die Kirche in der ma n Vorstadt Neuendorf ist ein Bau mit niedrigem einschiffigem Langhaus, spitzbogigen Fenstern und höherem Chor aus dem 15. Jh. Vor dem Chor steht ein Mahnmal für die Opfer des Faschismus (1956). Im Inneren ein Doppelgrabstein (Ende 16. Jh.).

Schlösser: Weniger schlicht als das spätgot. *Alte Schloß* (um 1446) ist das *Neue Schloß*,

< *Ulrichskirche, Blick zum Chor*

das 1616–22 aus einem spätgot. Vorgängerbau in den Formen der Renaissance und Supraporte (kursächsisches Wappen) geschaffen wurde. Vom Alten Schloß sind auch Reste v. Türmen und Mauern erhalten.

Rathaus: Der einfache, im Kern spätgot. Bau wurde 1431–37 errichtet, nachdem 1431 ein Brand die Stadt verwüstet hatte. 1556 wurde der niedrigere w Teil angefügt.

Häuser: Die vielen erhaltenen Wohnhäuser, vor allem aus dem 16.–18. Jh., vermitteln einen guten Eindruck von dem ehem. Stadtbild. Besondere Beachtung verdient die geschlossene Bebauung am Markt. Bemerkenswert sind auch Patrizier- und Ackerbürgerhäuser in der Ulrichstr. 18–20 (1592), An der Trillerei 2 (16. Jh.) und an der Voigtstedter Str. 2–10.

Außerdem sehenswert: Das ehem. *Spital St. Gangolf* liegt n der Stadt an der Gonna und ist ein massiver nachmittelalterlicher Bau. – Vom ehem. *Heiliggeistspital* ist das frühere Stiftsgutsgebäude (1728) erhalten. – Reste der ma *Stadtmauer* befinden sich beim Alten Schloß sowie s und w der Stadt. Im nahen *Spengler-Museum* befinden sich vor-, früh- und naturgeschichtliche Sammlungen (u. a. Mammutskelett) sowie Dokumentationen der ma Siedlungsgeschichte, der Stadtgeschichte und des Sangerhauser Bergbaus. – Im ö der Stadt im Jahre 1903 angelegten *Rosarium* blühen im Sommer über 6500 Rosenarten. – 1 km nö der Stadt befindet sich die ehem. *Kupferhütte*, v. der Gebäude vom Anfang des 19. Jh. erhalten sind, darunter ein Hüttenhaus im Stil der Neugotik, eine Bergmannskapelle und Wohnbauten. – S. besitzt mit dem noch in Betrieb befindlichen *Thomas-Müntzer-Schacht* eine bedeutende Anlage des heutigen Kupferschieferbergbaus.

Umgebung

Beyernaumburg (7 km ö): Unter der auf einer Bergzunge gelegenen Burg wurde in der 1. Hälfte des 13. Jh. die spätroman. *Dorfkir-*

Sangerhausen, Ulrichskirche, Pfeilerkämpfer

che erbaut. Der einschiffige kreuzförmige Bau besitzt über der Vierung einen auffälligen Turm mit Zeltdach. Im 1965 restaurierten Innenraum mit Flachdecke trifft man u.a. auf einen spätgot. Flügelaltar (um 1500), im Schrein Madonna im Strahlenkranz, und auf eine Sandsteintaufe (Anfang 13. Jh.). – Die ehem. spätkarolingische *Burganlage* taucht bereits im Hersfelder Zehntverzeichnis auf. Erhalten sind der quadratische Bergfried und Reste der Ringmauer in der der Kernburg w vorgelagerten Vorburg (12. Jh.). 1861–64 baute der Hamburger Architekt Wallenstein das Oberschloß neugot. historisierend um (jetzt Altersheim).

Blankenheim (11 km nö): Von dem urspr. Bau der *Dorfkirche* ist der w Turm erhalten, während das flachgedeckte Langhaus 1830–32 in klassizistischer Manier errichtet wurde. Der wuchtige Kanzelaltar ist ebenfalls klassizistisch; ein Grabstein stammt vom Ende des 16. Jh.

Blankenheim-Klosterode (13 km nö): Das ehem. *Prämonstratenserkloster* wurde Mitte des 12. Jh. gegr. und um 1540 aufgelöst. Vom früheren roman. Bau sind ein zweischiffiger Raum mit Kreuzgratgewölben und kleinere Nebenräume erhalten. 1569 errichtete man auf den Bauresten ein ehem. *Gutshaus;* n ein Treppenturm mit Renaissanceportal.

Edersleben (8 km sw): Hier steht eine klassizistische *Dorfkirche* v. 1831 mit hohem Turm und halbkreisförmiger Apsis. Im Inneren ein hölzernes Kreuz aus dem 15. Jh. und eine Taufe aus Sandstein v. 1709; die übrige Kirchenausstattung aus der Bauzeit.

Emseloh (6 km nö): Im 17. und 18. Jh. erhielt die *Dorfkirche* unter Verwendung ma Reste ein kurzes Langhaus mit doppelten Emporen und Holztonne. Von einem Vorgängerbau ist der Chorturm erhalten (Anfang 13. Jh.). Bemerkenswert an der Innenausstattung ist der spätgot. Altaraufsatz mit figürlichem Schmuck. – Das ehem. *Herrenhaus* ist ein Barockbau (Mitte 18. Jh.), der mehrere Räume mit schönen Stuckdecken aus der Bauzeit besitzt.

Grillenberg (7 km n): Die *Burgruine Gril-*

Schönebeck, St. Jakobi

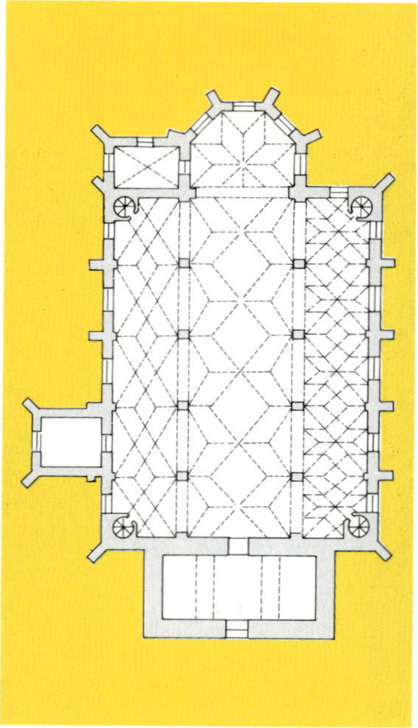

Bad Salzelmen, Pfarrkirche St. Johannes

lenburg, 1217 als Adelssitz genannt, weist Reste einer Mauer mit 5 Rundtürmen auf. Urspr. war die Burg eine reine Wohnturm-Kastell-Anlage. Um das Kastell waren ein Zwinger und 2 Vorburgen gelagert.

Morungen (8 km nw): Bei Morungen liegen die Reste zweier *Burgen, Alt-* und *Neumorungen.* Die w Burg Altmorungen wurde um 1030 gegr. und Ende des 12. Jh. aufgegeben. Die n Burg Neumorungen legte man wahrscheinlich im 13. Jh. als Nachfolgebau an. Burg Altmorungen ist der Geburtsort des Minnesängers *Heinrich v. Morungen* (um 1150). – An frühere Traditionen knüpft das *Schloß* mit seinem neugot. Burgcharakter an (Ende 19. Jh.). – Die *Dorfkirche* ist ein einfacher Bau aus dem 18. Jh. mit harmonischer Innenausstattung, darunter ein reichgeschnitzter Kanzelaltar (Ende 17. Jh.).

Questenberg (17 km nw): In dem Ort mit vielen einfachen Fachwerkhäusern findet man eine interessante *Dorfkirche* mit frühgot. Chor, der durch ein Fachwerkgeschoß erhöht wurde. Das Langhaus entstand 1781. – Auf einer n Erhebung liegt eine *Burgruine* mit Gebäuderesten, die auf eine Gründung im 13. Jh. zurückgehen.

Wallhausen (7 km w): Aus der ehem. ottonischen Wasserburg wurde im späten 16. und frühen 17. Jh. ein stattliches *Renaissanceschloß* mit H-förmigem Grundriß. Von der Burg sind roman. Reste im Untergeschoß des Schlosses erhalten, darunter ein gewölbter Raum auf Säulen. Der Schloßbau wird außen durch roten Sandstein gegliedert. – Bes. bemerkenswert unter den erhaltenen Wohnhäusern ist der *Schieferhof,* ein zweigeschossiger, geschmückter Fachwerkbau (um 1560).

39218 Schönebeck-Bad Salzelmen
Schönebeck

Einw.: 40137 Höhe: 51 m S. 288 □ E 6

Seit 1932 sind die benachbarten Orte Schönebeck und Bad Salzelmen (ursprünglich Frohse und Groß Salze) vereinigt. Vereinigungspläne gehen schon auf die Zeit unter Friedrich dem Großen zurück. Der älteste Ort ist Frohse, das bereits 936 und 961 erwähnt wird. Groß Salze verdankt seine Entstehung den 1170 das erstemal bezeugten Solquellen. Schönebeck entstand durch die günstige Lage an einem Elbübergang und entsprechende Marktaktivitäten. Der jüngste Teilort Schönebeck, der 1223 erstmals als Stadt genannt wird, wirkte im 19. Jh. am belebendsten auf die nahe beieinander liegenden Städte. Um 1800 bereits entwickelte sich die Schönebecker Saline zur größten in Deutschland, um 1900 nahm sie die führende Position in Europa ein. Mehrere chemische Fabriken ließen sich hier nieder.

Pfarrkirche St. Jakobi: Der frühgot. dreischiffige Basilikabau aus der 2. Hälfte des 13. Jh. wurde mehrfach erneuert, zuletzt im 19. Jh. Das Westwerk besteht aus 2 Türmen mit barocken Hauben v. 1753. 1840 kam das w Portal hinzu. Bemerkenswert sind im Inneren hohe Arkaden mit runden Bogen und ein geschmückter Taufstein (Anfang 17. Jh.).

Pfarrkirche St. Johannes: Die künstlerisch bedeutendste, den Magdeburger Pfarrkirchen eng verwandte Kirche der Stadt steht in dem Ortsteil Bad Salzelmen; sie wurde ab etwa 1430 errichtet und 1519 fertiggestellt. An die dreischiffige Halle schließt sich in der Verlängerung des Mittelschiffes ein Chorpolygon aus 5 Seiten des Achtecks an. Die Netz- und Sterngewölbe wurden 1536–37 unter Leitung v. L. Binder eingezogen. Im Winkel zwischen dem Chor und dem n Seitenschiff liegt die Sakristei. Ihr Obergeschoß ist zum Kirchenraum gezogen. Die reichverzierte n Backsteinvorhalle entstand 1487. Die Turmaufsätze wurden 1550 mit Rundbogengiebeln bekrönt. Zu den Schönheiten der Kirche gehört auch eine fast vollständig erhaltene Ausstattung aus dem 17. Jh. Bes. prächtige Barockdekorationen besitzen die zweigeschossigen, z. T. verglasten Emporen der Salzpfännerschaft und die Langhausemporen. Den massiven Altaraufsatz (1665) und die hölzerne Chorschranke (1682) schuf T. Wilhelmi aus Mag-

Bad Salzelmen,
Pfarrkirche St. Johannes >

deburg. Die Kanzel datiert v. 1678, der Taufstein v. 1682.

Burg Schadeleben: Die ehem. Burg, jetzt Pflegeheim und Stadtarchiv, wurde zwischen 1310 und 1319 vom Magdeburger Erzbischof Burchard III. erbaut und 1533 sowie 1804 erweitert. 1874 riß man sie bis auf ein Wohnhaus v. 1533 mit spätgot. Giebeln und ein einfaches klassizistisches Gebäude v. 1804 ab.

Rathaus und Museum: Das ehem. Rathaus v. Bad Salzelmen ist im Kern spätgot. Ursprungs. In dem Gebäude befindet sich das *Kreismuseum* (Pfännerstr. 41). Es werden die Vor- und Frühgeschichte des Kreisgebiets, die Geschichte der Salzgewinnung in Schönebeck und die der Elbschiffahrt dokumentiert. Bes. bemerkenswert ist die Originalkajüte eines Elbkahns aus dem 19. Jh.

Außerdem sehenswert: In beiden Ortsteilen stehen hübsche *Wohnhäuser,* z. B. in der Str. der Thälmann-Pioniere 11/12 (1756) und in der Rosmarinstr. 9. – Von der *Stadtmauer* um Bad Salzelmen (um 1450) sind Reste erhalten (am Solgraben und an der Mauerstr.). – Das *Gradierwerk* der Saline Schönebeck am Kurpark, eine Anlage, in der die Salzsole durch Verdunsten konzentriert wurde, ist 1756–65 erbaut worden. Es hatte urspr. eine Länge v. 1837 m, erhalten sind noch etwa 350 m. Der nahe gelegene *Solturm* datiert v. 1776.

Umgebung

Gnadau (5 km sö): Am ö Rand des Marktplatzes des 1766 durch die Herrnhuter Sozietät gegr. Ortes liegt die *Kirche* (1780), deren Schmucklosigkeit auf das Herrnhuter Vorbild zurückgeht.
Groß Mühlingen (5 km s): Das ehem. *Schloß* war die frühere Residenz der Grafen v. Barby. Die hufeisenförmige Renaissance-Anlage entstand im 16. und 17. Jh. Der O-Flügel ist durch Volutengiebel und Erker geschmückt. Im W-Flügel befindet sich ein großer Raum mit Stuckdekorationen v. 1602. In den Erdgeschoßräumen beider Flügel Kreuzrippengewölbe.
Welsleben (6 km w): Das barocke Langhaus der *Dorfkirche* wurde 1671 errichtet, der spätroman. ö Turm bereits um 1225. Innen befinden sich u. a. eine hübsche Hufeisenempore v. 1725, ein Kanzelaltar (1400) und ein Taufstein aus der Bauzeit.

39615 Seehausen/Altmark
Stendal

Einw.: 4960 S. 288 □ E 5

Die Stadt am Aland ging aus der im letzten Viertel des 12. Jh. schon bestehenden Neustadt hervor, die zu dieser Zeit gegenüber der Altstadt bei einer den Flußübergang schützenden Burg an Bedeutung zunahm (heute Bereich der Bahnhofsvorstadt). Bevorzugt war die neustädtische Ansiedlung durch ihre Befestigung: Ein Wassergraben im Westen der Alandschleife schuf eine künstliche Insellage; eine Ummauerung mit 4 Toren zu den sich hier kreuzenden Fernstraßen hat wohl nicht lange auf sich warten lassen. Die über den schiffbaren Aland mit der Elbe in Verbindung stehende kleine Handelsstadt blühte im Spätmittelalter; wirtschaftlichem Niedergang folgte eine Industrialisierung in der 2. Hälfte des 19. Jh., nachdem die Stadt 1847 an die Eisenbahn angeschlossen worden war.

Petrikirche: Die urspr. neustädtische Pfarrkirche hat mit Bauteilen zwischen Langhaus und Chor einen Teil ihres roman. Vorgängerbaus vom 4. Viertel des 12. Jh. bewahrt. Jünger sind die spätroman. unteren Geschosse der w Doppelturmfront (bis zur Höhe der Ecklisenen). Einen Begriff vom Anspruch dieser Vergrößerung des 1. Baus gibt vor allem das rundbogige *W-Portal,* ein großes Stufenportal der Zeit um 1240. Die Verwendung v. Sandstein für die schmückenden Teile seiner Laibung und auch das damals sehr moderne Architekturmotiv eines Wimpergs bedeuten den triumphalen Eingang in die alte Kirche. Nachdem die Türme aufgestockt waren (die Turmhauben erst v. 1676), wurde dem Portal 1486 die Marienkapelle vorgebaut. An der Stelle der roman. Basilika steht eine Hallenkirche, die entsprechend ihrer Fensteranordnung erst nach dem Hallenbau des Stendaler Domes (seit 1423) begonnen worden sein kann. Auch die Rundpfeiler scheinen den großen

Stendaler Kirchen zu folgen. Von der Ausstattung ist der *Schnitzaltar* hervorzuheben, ein Passionsaltar des frühen 16. Jh., dessen vielfigurige und theatralische Szenen ihn der Gruppe niederländischer Exportstücke zuzählen lassen.

Wohnbauten: Der ältere Wohnhausbestand, schlichte traufständige Fachwerkbauten, datiert nicht vor Mitte des 17. Jh. Die ehem. *Propstei* (1677) und das frühere *Gewandschneiderhaus* (1686) sind die ansehnlichsten Gebäude.

Stadtbefestigung: Von ihr ist auf größeren Strecken die Stadtmauer erhalten. Mit dem *Beuster Tor* ist noch einer der Tortürme vorhanden. Seine allseitige Gliederung mit Lanzettblenden weist ihn in das 15. Jh. – urspr. schloß er mit Giebeln zur Stadt- und Feldseite hin ab. Zusätzlich umschloß eine Landwehr die Feldmark; erhalten sind die *Salzwedeler Warte* und der *Fangelsturm.*

Umgebung

Beuster (6 km n): Die ehem. *Stiftskirche* entstammt dem 4. Viertel des 12. Jh.; urkundlich ist die Existenz eines Augustinerchorherrenstiftes erst für das Jahr 1269 gesichert. Der roman. Gründungsbau ist als dreischiffige Pfeilerbasilika erhalten; Veränderungen des 14. Jh. sind die Wölbung des Langhauses wie des Chores und der im W angebaute Turm. Aus der Zeit um 1200 stammt noch die steinerne Taufe.

Werben (17 km sö): Als alter Elbübergang v. der Wischeniederung in die Prignitz kam der kleinen Stadt im MA eine besondere Bedeutung zu; 1005 wird der Ort als dt. Burg im Grenzland zu den Slawen genannt. Im Zuge der nach der Mitte des 12. Jh. neu einsetzenden Ostkolonisation war Werben ein wichtiger Stützpunkt – die kreisförmig verlaufenden Straßen lassen die ehem. Burg in der Ortsmitte vermuten. Markgraf Albrecht der Bär übergab die Burg 1160 dem Johanniterorden, der hier seine 1. Niederlassung in Norddeutschland begründete. Die seit 1542 ev. Ordenskommende bestand noch bis 1810.

Johanneskirche: Der gegenüber dem mächtigen Hallenbau schmale O-Turm (spätgot. aufgestockt) bezeugt den Vorgängerbau der Pfarrkirche. Von dieser – sicher einer Basilika – sind sonst keine Bauteile erhalten. Die spätgot. Backsteinhalle gehört zu den großartigsten Kirchenbauten der Altmark, zusammen mit ihrer wohlerhaltenen Ausstattung ist sie zugleich zu den bedeutend-

Werben (Seehausen/Altmark), Johanneskirche (l), Glasmalerei (r)

< *Werben (Seehausen/Altmark), Elbtor*

sten Baudenkmälern des norddt. Raumes überhaupt zu zählen. Ausmaße und Qualität dieses Bauwerks sind nur v. der Johanniterkomturei her, der die Kirche inkorporiert war, zu erklären. Schon im 14. Jh. war ein Umbau zur Halle begonnen worden, wie sich an 2 schmucklosen Seitenschiffsjochen ersehen läßt. Endgültig begann der Neubau ca. 1414. Bis 1440 war mehr als die w Hälfte des Langhauses als dreischiffige Halle errichtet – die Zierfriese am Außenbau wie der vielgliedrige Grundriß der Achteckpfeiler im Inneren lassen den Einfluß des etwas älteren Langhauses der Stephanskirche in →Tangermünde erkennen. Der in der Mitte des 15. Jh. bis 1466 (Datierung im Gewölbe) errichtete dreiapsidial schließende Chor verzichtet auf die Zierfriese. Die bedeutende Wirkung der O-Teile entsteht, indem die Dreiteiligkeit des Grundrisses zu einer Chorfassade verschmolzen wird. Daran hat die Ausbildung des die Chöre übergreifenden Daches wesentlichen Anteil. Die Vorherrschaft des Hauptchors bei dieser Lösung entspricht der Staffelung des inneren Querschnittes – ähnlich wie bei der Johanniskirche in Lüneburg. Die direkten Straßenverbindungen nach Lüneburg, Stendal und Tangermünde scheinen die Ausbildung dieser Architektur unmittelbar gefördert zu haben.
Baueinheitlich mit dem Chor entstand die in Teilen erhaltene und 1891 ergänzte *Glasmalerei* (Heiligenleben, Altes und Neues Testament). Der große, breit gelagerte Altaraufsatz auf dem Hochaltar (um 1430) wurde noch für den älteren Chor angeschafft. Er zeigt im geschlossenen Zustand die Passion Christi (Gemälde). Geöffnet entfaltet er die ganze Pracht der zeitgenössischen Schnitzkunst: Als zentrale Gruppe des Werkes erscheint die Marienkrönung im Kranz der Engel, umgeben v. Szenen des Marienlebens, Standfiguren v. Aposteln und Heiligen. Seit dem 18. Jahrhundert ist ein kleinerer spätgotischer Altarschrein mit der Darstellung der Trinität (Anfang 16. Jh.) dem älteren Altar aufgesetzt. Weitere spätgot. Schnitzaltäre und -figuren befinden sich im Raum. 1488 und 1489 entstanden die Gelbgüsse eines großen fünfarmigen Standleuchters und der pokalförmigen Taufe, beide vom Hamburger Glockengießer Hermen Bonstede. Die reich skulptierte Kanzel auf einer Johannesfigur entstand 1602, ihr Meister war der Magdeburger Bildhauer Michael Spieß. Die Orgel v. 1747 sowie das im Langhaus aufgestellte Chorgestühl (15. Jh.) sind weitere Teile der Ausstattung. Grabsteine und Epitaphe des 16. bis 18. Jh., vor allem für Würdenträger der Kommende und der Stadt, sind in beachtlicher Zahl erhalten. Von den ma Gebäuden der ehem. Johanniterkomturei steht noch eine *Kapelle* aus dem frühen 13. Jh.
Bedeutend sind die Reste der *Stadtbefestigung:* Teile der Stadtmauer – angelehnt die Kapelle des Heiliggeistspitals aus der 2. Hälfte des 15. Jh. – und vor allem das Elbtor, ein breiter Rundturm neben der Durchfahrt (1907 ergänzt), um 1460/70 entstanden und dem Baumeister Steffen Boxthude zugeschrieben; verwandt ist das etwas ält. Neustädter Tor in Tangermünde.

39576 Stendal
Stendal

Einw.: 47250 Höhe: 33 m S. 288 □ E 5

Die größte Stadt der Altmark entstand aus mehreren Siedlungskernen, die sich in dem Straßennetz des in neuerer Zeit mehrfach überbauten, im Grundriß etwa ovalen Stadtkerns noch immer deutlich ablesen lassen: Zwischen einer Dorfstelle (»altes Dorf«) mit der ältesten Pfarrkirche St. Jakobi im Norden und einer markgräflichen Burg mit einer Burgmannensiedlung (Schadewachten) im Süden entstand zwischen 2 Armen der Uchte eine Marktsiedlung, um 1160 von Markgraf Albrecht dem Bären als Marktort privilegiert. Ihre Kirche war die Marienkirche, während mit der Petrikirche im Nordwesten die Pfarrei eines älteren Dorfes in die im 13. Jh. ummauerte Stadt einbezogen wurde. Die Siedlungskerne werden von einem langgezogenen, etwa nordsüdlich verlaufenden Straßenzug verknüpft (Breite Str.). Als Handels- und Hansestadt blühte Stendal im 14. und 15. Jh. Erst der Dreißigjährige Krieg setzte der wirtschaftlichen Kraft ein Ende. Die mit Sicherheit bedeutende Profanarchitektur der Stadt wurde damals zerstört – daß Kirchen und Stadttore erhalten blieben, ist nicht zuletzt

Stendal, Dom St. Nikolaus

den restauratorischen Bemühungen in der 1. Hälfte des 19. Jh. zu danken.

In Stendal geboren wurde Johann Joachim Winckelmann (1717–68), der Begründer der klassischen Altertumswissenschaft, doch verließ er den Heimatort schon in jüngeren Jahren. Nach der Stadt nannte sich der französische Romancier M.-H. Beyle (Stendhal). Zu ihrer überragenden Rolle in der Altmark fand die Stadt wieder, nachdem nach der Mitte des 19. Jh. ein industrieller Aufschwung und, damit verbunden, eine beachtliche Vorstadtbebauung einsetzte. Verwaltungs-, Schul- und Geschäftsbauten entstanden in zum Teil beachtlicher Qualität bis in das 1. Drittel des 20. Jh. Schäden des 2. Weltkriegs betrafen vor allem den Dom.

In den 70er Jahren des 20. Jh. erlitten die bescheidenen, insbesondere im Gebiet zwischen Markt und Jakobikirche erhaltenen Fachwerkwohnhäuser der 1. Hälfte des 18. Jh. starke Einbußen. Ein historisches Stadtbild ist nach dieser Entwicklung nicht in einer räumlichen Kontinuität, sondern nur in der unmittelbaren Umgebung der Tortürme und Sakralbauten zu erwarten. Ein großartiger Blick ergibt sich vor allem vom Markt nach Osten über das Rathaus auf die Turmfront der Marienkirche.

Dom St. Nikolaus: Markgraf Otto II. hatte in der ehemaligen Burg im Jahre 1188 ein Augustinerchorherrenstift gegründet. Von dessen Kollegiatsstiftskirche ist das w Turmpaar aus der Zeit um 1200 in den unteren Geschossen erhalten. Nach der Mitte des 13. Jh. und in der Mitte des 15. Jh. entstanden die Obergeschosse. Ein Neubau der Kirche seit 1423 ließ in rund 3 Jahrzehnten eine dreischiffige, weiträumige Halle v. 4 Langhausjochen mit einem nahezu gleich langen Chor v. 3 Jochen mit $^{7}/_{10}$-Schluß entstehen. Die Ausdehnung des Querhauses ist noch vom roman. Vorgängerbau her bestimmt. Den spätgotischen Backsteinbau zeichnen Werksteinportale auf der N-Seite aus, wo in der Giebelfront des Querhauses ein Höchstmaß an Ausgewogenheit monumentaler Bauzier erreicht ist. Der Aufbau des Inneren ist klar: Mächtige Rundpfeiler teilen die Schiffe, wobei 2 Fenster jedes Joch der Seitenschiffe beleuchten. Ist dieses Motiv eher altertümlich, so erscheint die unmittelbare Verbindung v. Langhaus und Chor als ausgesprochen spätgotische Lösung, hingegen wird das Querhaus wie die Seitenschiffe durch die kräftigen Arkadenbogen vom mittleren Schiff getrennt. (Gewölbe und Giebel des S-Querhauses wurden nach Kriegsschäden 1946–47 neu gebaut.) Langhaus und Chor scheidet ein *Backsteinlettner;* auch er mit seinem vor die Front gerückten Ziborium ein eher altertümliches Werk. An seiner Rückwand befinden sich spätromanische Reliefs, wohl Teile der Chorschranke oder des Lettners vom Vorgängerbau. Von einzigartiger Bedeutung ist die *Glasmalerei* im Chor, im Querhaus und s Seitenschiff, eine der geschlossensten ma Verglasungen überhaupt, die in Deutschland erhalten ist: In 22 Fenstern sind über 1000 mittelalterliche Scheiben zu zählen. Ihre Wirkung dürfte in der (noch in der 1. Hälfte des 20. Jahrhunderts erhaltenen) Backsteinfassung des Raumes noch eindrucksvoller gewesen sein. Die zwischen ca. 1425 und 1470 entstandene Verglasung zeigt die Kindheit und Passion Christi, Apostel und Heilige (u.a. zur Le-

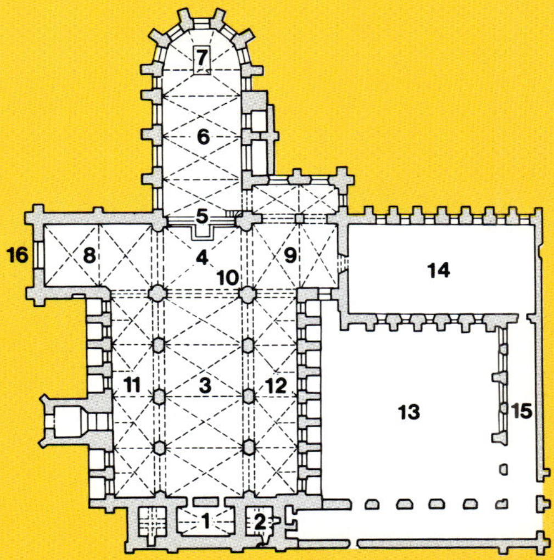

Dom St. Nikolaus 1 Westwerk (13. Jh.) mit Turmuntergeschossen (um 1340) **2** obere Turmgeschosse (15. Jh.) mit Spitzhelmen (Anfang 16. Jh.) **3** Langhaus mit Kreuzrippengewölben und Rundpfeilern **4** Vierung **5** spätgot. Lettner mit (ö) spätroman. Reliefs (um 1260–80) **6** gestreckter Chor mit hochgot. Chorgestühl (1429), Apostelfiguren (um 1240) und spätgot. Glasmalereien **7** 7/10-Chorschluß mit hochgot. Flügelaltar (1945 aus 3 Fragmenten kombiniert) **8** n Querhausarm mit Glasmalereien (15. Jh.) **9** s Querhausarm mit Glasmalereien (15. Jh.) **10** barocke Korbkanzel (18. Jh.) **11** n Seitenschiff mit angebauter Kapelle **12** s Seitenschiff mit Glasmalereien (15. Jh.) **13** Innenhof **14** Kapitelsaal (1463) mit Kreuzrippengewölben und Rundpfeilern **15** Rest des ehem. Kreuzgangs mit frühgot. Arkaden **16** N-Portal (Hauptportal mit Heiligenfiguren (um 1390)

bensgeschichte des hl. Nikolaus), zum Teil in breit angelegten legendarischen Szenen v. vorzüglich feiner Zeichnung. Sehr bedeutend ist auch das eichene *Chorgestühl* der Kanoniker, 2 Reihen mit insgesamt 66 Sitzen, das zur Chorweihe im Jahre 1429 fertiggestellt gewesen sein dürfte: Neben den Reliefs der hinteren Gestühlsreihen – Darstellungen des Alten Testamentes als Vorzeichen der Passion Christi – sind es an den vorderen Bankreihen die Sitzfiguren der Propheten, die als nahezu freiplastische Bildwerke besondere Aufmerksamkeit verdienen. Zu Recht beliebt sind die moralisierend gemeinten Reliefs der Miserikordien unter den Sitzbrettern.

Die Reformationszeit, die dem Stift im Jahre 1551 ein Ende bereitete – die Einkünfte wurden der jungen brandenburgischen Landesuniversität Frankfurt/Oder zugeschlagen –, räumte mit der übrigen ma Ausstattung gründlich auf: Über 20 Altäre gingen z.B. verloren. Der Mittelschrein des heutigen Hochaltars stammt aus Seehausen und wurde erst 1956 hier aufgestellt; zeitgleich mit dem Chorgestühl vervollständigt er glücklich die angestammte Ausstattung. Unter einer großen Zahl von *Grabdenk-*

< Stendal, Rathaus und Marienkirche

mälern sind hervorzuheben: Ein um 1500 entstandener Grabstein für einen Markgrafen v. Brandenburg († 1308), das Epitaph für Katharina Staude († 1548) mit der Grablegung Christi und der Doppelgrabstein für Johann Ochsenkopf und dessen Frau († 1564). Beide Arbeiten, Werke auswärtiger Bildhauer, stehen im S-Querhaus. Das Epitaph für Paulus Wagner († 1591) im N-Querhaus zeigt im Hauptrelief die Bekehrung des Apostels Paulus. Eine bildreiche Allegorie auf die Erlösung in der Ewigkeit zeigen die Bildtafeln des Schönbeckschen Familienbegräbnisses v. 1653.
Die seit dem 13. Jh. entstandenen Stiftsgebäude an der S-Seite der Kirche sind nach den Schäden des 2. Weltkrieges nicht mehr vollständig erhalten. Frühgot. ist noch der s *Kreuzgangflügel.* Der *Kapitelsaal* im Erdgeschoß des O-Flügels wurde 1463 als zweischiffiger Raum über kräftigen Rundpfeilern gebaut.

Marienkirche: Wie beim Dom, so wurde auch bei der großen Stadtkirche St. Marien, der Hauptpfarrkirche der Stadt, das spätroman. Doppelturmpaar des Vorgängerbaues in den unteren Geschossen beibehalten. Die Abwinklung des spätgot. Neubaus gegenüber diesem Turmblock ist beträchtlich. Die Türme enden in 2 hohen, kupfergedeckten Spitzen, die wohl in der Mitte des 15. Jh. in dieser Form fertiggestellt waren. Der Neubau entstand im 2. Viertel des 15. Jh. in einigermaßen einheitlicher Ausführung bis 1447 (Weiheinschrift am Langhausgewölbe). Die letzte Wiederherstellung der Kirche fand in den Jahren 1964–71 statt. Die dreischiffige Halle v. 5 Jochen schließt in einem monumentalen Umgangschor, das außen durch einen bautechnisch heiklen Zinnenkranz, im Inneren u. a. durch die enge Pfeilerstellung und gestelzte Scheidbogen ausgezeichnet ist. Wie im Dom bekunden die Rundpfeiler die Absicht zu einem klaren und weiten Raumaufbau. Die Schmucklosigkeit dieser Architektur wird v. der Vielteiligkeit der Ausstattung unterstrichen. Chor- und Langhausstrebepfeiler sind in ihrem unteren Bereich mit Kapelleneinbauten verbunden, Gehäuse für private Altar-

Stendal, Marienkirche >

Stendal, Marienkirche, Marienkrönung

stiftungen patrizischer Familien, die in nachmittelalterlicher Zeit diese Räume als Begräbniskapellen nutzen konnten. Neben dem in Werkstein ausgeführten, ehem. v. einer Vorhalle verschlossenen Hauptportal im S tritt die spätgot. Marientidenkapelle v. 1473 an der SW-Ecke des Schiffes hervor. Ihr Ziergewölbe zeichnet sie vor den übrigen Kapellen aus.

Den Chor umschließt seit ca. 1470 ein Chorgitter in schöner Eichenholzrahmung mit 2 Zugangspforten in der Chorschranke zu seiten des Kreuzaltars. Über dem Abschlußgesims der Schranke befinden sich in einem Fries die Relieffiguren einer *Marienkrönung* und der *12 Apostel,* Werke aus der Zeit um 1240 und sicher ebenfalls v. einer Chorschranke stammend. 3 große frei stehende Bogen schließen das Ganze ab und tragen zugleich die Triumphkreuzgruppe, ebenfalls ältere Werke des 14. Jh. Der kostbare, einer niederdt. Werkstatt entstammende *Hochaltar* entstand inschriftlich im Jahre 1471. Zweiflügelig gebaut, ist sein zentrales Thema die Marienkrönung über dem Marientod, begleitet v. Szenen der Jugend Jesu. Die Darstellungen werden jeweils v. 3 Baldachinen überfangen, Erinnerung an die früher auf Seitenflügeln üblichen Einzelfiguren. Kreuzigung und Jüngstes Gericht (1. Wandlung), Passion und Auferstehung (Gemälde der Außenflügel) sind weitere Themen, ergänzt v. Szenen des Lebens der hl. Katharina (Predella). Maria mit den hll. Katharina und Barbara schließt im klar gegliederten Gesprenge das Altarwerk ab. Eine seltene Ergänzung fand das Gesprenge durch den Aufbau eines zusätzlichen Schreines, mit dem die kath. erscheinende Aussage im ev. Sinn ergänzt wurde und zugleich auch dem Blick entzogen werden konnte. Den Chorraum schließt seitlich das nicht nur für Stifts- und Klosterkirchen, sondern auch für größere Stadtkirchen kennzeichnende Chorgestühl ab (1508 datiert). Reste eines ebenfalls bedeutenden, doch schon im 2. Viertel des 15. Jh. entstandenen Gestühls sind an der W-Wand aufgestellt.

Selten nur ist in einer Stadtkirche eine große *Orgel* aus der Zeit des frühen 17. Jh. erhalten. Der urspr. Zustand der Orgel über der W-Empore wird deutlich, wenn die späteren Erweiterungen – große W-Empore, Pedaltürme v. 1940, Rückpositiv (ehem. im S-Schiff) v. 1580 als Zutaten erkannt werden: Das immer noch große Werk wird v. einer rahmenden Malerei mit der Darstellung musizierender Engel umgeben. Vielleicht stammt es v. Hans Scherer d. J.

Aus spätmittelalterlicher Zeit stammt die *Bronzegußtaufe,* zusammengesetzt aus dem Kelch der Fünte über den tragend erscheinenden Evangelistenfiguren sowie aufgenieteten Heiligen- und Apostelbildern in architektonischer Rahmung. Die schöne hölzerne *Kanzel* datiert v. 1566; ihr Schalldeckel entstand erst um 1600. Ein wichtiges Zeugnis dieser nachreformatorischen Zeit ist auch die *astronomische Uhr* (spätes 16. Jahrhundet) an der W-Wand des Schiffes. Grabdenkmäler, gemalte und skulptierte Epitaphe, des 16. bis 18. Jahrhundert vervollständigen die Ausstattung. Hervorzuheben ist das Epitaph des Bartholomäus Schoenebeck v. 1602, der Aufbau ähnlich einer im Magdeburger Dom gebräuchlichen Grundform.

Stendal, Marienkirche, Chorschranke >

Stendal, Rathaus

Jakobikirche: Die dreischiffige Hallenkirche mit W-Turm und eingezogenem Chor erweist sich durch den Wechsel ihrer Bauformen und Materialien als ein über lange Zeit, vor allem im 14. und 15. Jh. gewachsener Baukörper. Der W-Turm entstand als Ersatz eines eingestürzten roman. Turmes erst um 1900, wobei im Sinn eines langsamen Bauverlaufs der Unterbau romanisierend mit Granitquadern, die Obergeschosse hingegen backsteingot. errichtet wurden. Wie in der Marienkirche sind auch hier wesentliche Teile der älteren Ausstattung erhalten. In 6 Fenstern befinden sich *Glasgemälde* des 14. und 15. Jh. Aus dem 15. Jh. könnte noch die *Wandmalerei* an den O-Wänden des Langhauses stammen. Von besonderem Rang ist die *Chorschranke* des frühen 16. Jh., die wie eine Reaktion auf die ältere in der Marienkirche erscheint. Das bes. schöne *Chorgestühl* aus der Zeit um 1420/30 ist zu beachten, daneben weitere Teile der spätgot. Ausstattung im Chor. Eine nachmittelalterliche Umgestaltungsphase der Kirche äußert sich noch in mehreren Werken: Zuerst, um 1560, entstand die kelchförmige Taufe. Mehr Aufmerksamkeit verdient der in 3 Geschossen aufgebaute *Altar,* ein in Sandstein skulptiertes Werk v. Hans Hacke aus den Jahren 1600 bis 1603. Mit Abendmahl und Passahmahl (Predella, Hauptbild), Höllenfahrt Christi (2. Geschoß) und Trinität (oberstes Geschoß) ist hier ein betont lutherisches Programm entwickelt. Dem Kirchenpatron Jakobus mit dem Kirchenvater Hieronymus – als Übersetzer der Hl. Schrift – sind kleine Bildnisfiguren v. Reformatoren zugesellt. Auch die über der Stütze einer Jakobusfigur aufgebaute *Kanzel* v. 1612 ist noch ein Werk des Hans Hacke, mit einer ausgesucht protestantischen Thematik in den Feldern des Aufganges wie des Korbes (Altes und Neues Testament, Christus und die Apostel). Der Schalldeckel wurde 1902 ergänzt. Eine Reihe guter Grabsteine und Epitaphe des 15.–18. Jh. vervollständigt die Ausstattung, die im Detail v. der Instandsetzung der Zeit um 1900 geprägt ist. Damals wurde die wie der Altar reich skulptierte Spätrenaissance-

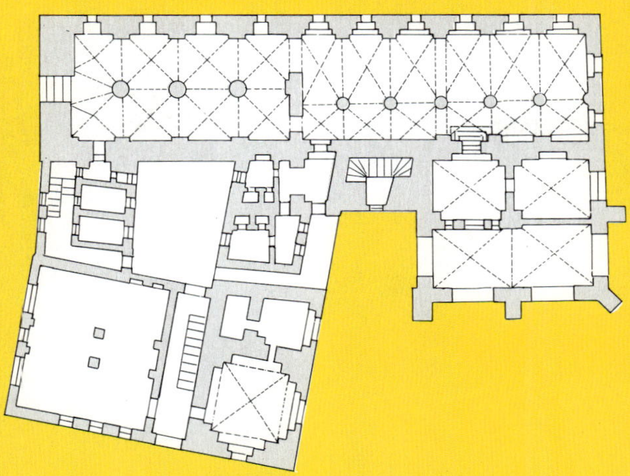

Stendal, Rathaus

orgel gegen das heute vorhandene Instrument ausgetauscht.

Petrikirche: Die kleinste der altstädtischen Pfarrkirchen, eine dreischiffige Halle mit zweijochigem Chor, wurde 1285 erstmals genannt. Der zunächst niedriger gebaute Chor wurde im 15. Jh. erhöht (Verkündigungsrelief am Außenbau, um 1430) und erneut eingewölbt; auch die bis dahin ungewölbte Halle wurde fertiggestellt. Der spitze Turmhelm mit seinen Nebenspitzen stammt aus dem Jahre 1583. In der Umbauzeit des 2. Viertels des 15. Jh. entstand wohl auch der schöne dreiachsige *Lettner* in Backsteinmauerwerk. Seine reich wirkende Flächendekoration mit Vierpässen aus Formsteinen findet man nicht selten in dieser Zeit (vgl. Tangermünde, Rathaus). Auch hier sind mit dem segnenden Christus und den Aposteln in der abschließenden Brüstung ältere Bildwerke des 14. Jh. bewahrt worden. Schnitzaltäre des 15. Jh. und die Kanzel aus der Zeit um 1600 sind zu erwähnen.

Katharinenkloster: Es wurde 1456 für einen Benediktinerinnenkonvent gegr. und ist unter den mit der Reformation aufgelösten innerstädtischen Klöstern noch am besten erhalten, da der Konvent v. 1539 an als Damenstift fortleben konnte (heute *Altmärkisches Museum* mit Beständen zur Vor- und Frühgeschichte und bedeutender kunst- und kulturgeschichtlicher Sammlung). Ursprünglich stand hier das 1255 erwähnte Heiliggeistspital mit einer Kapelle zu St. Katharinen. Der Neubau des Klosters war 1490 fertiggestellt. Der einschiffige, fünfseitig schließende Kirchenbau und beachtliche Teile des Klosters, so der Kreuzgang, sind erhalten.
Von den übrigen ehem. Klöstern bestehen noch die kleine *Kirche* des früheren Franziskanerinnenklosters, St. Annen (1484 Garnisonkirche; kath. Kirche), und das weiträumige *Refektorium* des ehem. Franziskanerklosters (Stadtbibliothek), sämtlich spätgot. Bauten.

Gertraudenhospital: Es wurde 1370 gegr.

Stendal, Roland, 1525

Stendal, Tangermünder Torturm

und steht mit seiner kleinen Kapelle vor dem Uenglinger Tor. Ihm gegenüber als erhaltener Rest des Georgenhospitals dessen Einfahrtstor.

Rathaus: Die Baugruppe an der O-Seite des Marktes setzt sich, wie so oft bei den Rathäusern ma Städte, aus mehreren nacheinander gebauten Teilen zusammen. Wie das schon 1188 genannte Kaufhaus beschaffen war, ist unbekannt. Ältester Teil des bis heute bestehenden Baus ist die traufseitig mit 2 offenen Bogen im Erdgeschoß zum Markt hin gewendete Laube mit Staffelgiebeln nach N und S, den Formen nach im frühen 15. Jh. entstanden. Die rundbogigen Fenster wie die Quaderung des Obergeschosses zum Markt hin sind Veränderungen des 19. Jh. Östlich schließt sich vor dem Turmblock der Marienkirche ein in N-S-Richtung langgestreckter, etwas längerer Bau an. Sein n Teil, das Gewandhaus, entstand zuerst, doch ist v. ihm nur das Erdgeschoß, eine zweischiffige Halle auf starken Rundpfeilern, unverändert erhalten (Ratskeller; Renaissanceumbau der Obergeschosse). Der s anschließende Ratsflügel bildet mit seiner Giebelfront mitsamt dem Laubenflügel eine schöne gedoppelte Giebelfassade nach S hin aus. Seine Erdgeschoßhalle ist asymmetrisch über Achteckpfeilern geteilt. In der *Ratsstube* (Große Stube) im 2. Obergeschoß, die sich nach außen durch große, flachbogig schließende Fenster zeigt, ist z.T. die Raumvertäfelung v. 1462 erhalten. Wie in anderen spätmittelalterlichen Ratsstuben sind Kaiser und Kurfürsten als Personifikationen der reichsstädtischen Ordnung dargestellt gewesen. Der erhaltene Bestand ist unvollständig, v. den Kurfürsten ist nur noch die Sitzfigur des Erzbischofs v. Köln erhalten, ferner Propheten und Vorboten des Reiches Christi in Gestalt von Jona und Simson. Auch das Stadt- und Magistratswappen über dem reichgeschmückten Portal gehört zum Typus dieser Ratssäle.

Als Neubau eines 1488 vielleicht abgebrannten Vorgängers könnte der in den Marktplatz hineinragende Corpsflügel ent-

standen sein. Im späten 16. Jh. wurde er verändert, sein die NW-Ecke der Rathausgruppe bildendes Nachbargebäude ist ein Erweiterungsbau des 19. Jh., der den Corpsflügel nahezu wiederholt. Dessen Inneres birgt noch spätgot. Räume.
Die steinerne geharnischte *Rolandsfigur* vor dem Rathaus ist mit 7,80 m Höhe – die Länge des erhobenen Schwertes eingeschlossen – eine der größten ihrer Art. Sie ist eine 1974 gefertigte Kopie des 1525 aufgestellten Rechtsdenkmales. Ein (hölzerner?) Vorläufer dieser Statue wird vermutet. Während der Roland ein Schild mit dem brandenburgischen Wappen trägt, hat hinter ihm auf der stützenden Säule ein Narr, der das städtische Wappenschild mehr schleppt als hält, Platz genommen.

Winckelmann-Denkmal (ö der Marienkirche): 1843 nach einem Modell von Ludwig Wichmann geschaffen, aufgestellt erst 1859.

Winckelmann-Geburtshaus (Winckelmannstraße 36, nahe der Petrikirche): Es ist seit 1955 als *Memorialmuseum* eingerichtet. Der schlichte zweigeschossige Fachwerkbau, 1980 instand gesetzt, nimmt seit dem 18. Jh. die doppelte Grundstücksbreite ein. Seit 1717, dem Geburtsjahr des Gelehrten, ist das Haus mehrfach verändert worden.

Stadtbefestigung: Der ehem. Bering markiert sich noch deutlich im Stadtplan und Stadtbild, Mauerabschnitte sind jedoch nur partienweise erhalten. Von hohem Rang sind die beiden noch stehenden Tortürme: Unter Verwendung eines älteren, in Feldstein errichteten Turmes ist das *Tangermünder Tor* durch seinen um 1440 errichteten Backsteinaufbau bes. gekennzeichnet: Das Obergeschoß schließt mit 4 Eckerkern, die durch einen Zinnenfries verbunden sind. Auf dieser Plattform sitzt ein kurzer Rundturm auf, der ebenfalls mit Zinnen abschließt. – Der *Uenglinger Torturm,* einer der großartigsten Stadttürme in Deutschland überhaupt, wird Steffen Boxthude zugeschrieben. Das Bauwerk, um 1450/60 datiert, folgt der Grundstruktur des Tangermünder Turms. Weitgehend ein Neubau, verdreifacht es das Geschoß unter der Durchfahrt und damit die Eckerker in ihrer Geschoßzahl; die Gliederung der Details ist

Stendal, Uenglinger Torturm

zugleich kleinteiliger. Beide Türme wurden 1834 restauriert und zählen damit zu den frühen Zeugnissen der Denkmalpflege in Preußen.

Altmärkisches Museum → Katharinenkloster S. 233.

06547 Stolberg
Sangerhausen

Einw.: 1610 Höhe: 300 m S. 290 □ C 7

Die Stadt liegt an der Vereinigung dreier enger Täler, die die noch heute erhaltene Struktur der Straßen und die Anordnung der öffentlichen Bauten bestimmen, und ist neben einer Burg im 12. Jh. entstanden. 1210 wird Stolberg erstmals urkundlich genannt, um 1300 erhält es Stadtrecht. Wegen seiner günstigen natürlichen Lage besaß Stolberg keine Stadtmauern, lediglich die Straßenausgänge und der Marktplatz waren mit Toren verschlossen. Durch den Silber-

Stolberg, Rittergasse

und Kupferbergbau erlebte der Ort im 15. Jh. eine Blüte. Gegen Ende des 19. Jh. wird Stolberg Ferienort. Thomas Müntzer ist vermutlich 1489 hier in der Niedergasse geboren worden.

Martinikirche: In schöner Lage am Berghang über dem Rathaus befindet sich die Pfarrkirche St. Martin. Von einer dreijochigen flach gedeckten Pfeilerbasilika aus der 2. Hälfte des 13. Jh. sind die Langhausarkaden und der Obergaden erhalten. Der Unterbau des W-Turmes geht auf einen Vorgängerbau vermutlich aus dem 12. Jh. zurück. Der größere Neubau des 13. Jh. weicht wegen der Hanglage v. der alten Achse nach NO ab. Seit 1485 erfolgte die Erweiterung zu einer spätgot. dreischiffigen Basilika. Der über einem Kryptenunterbau neu errichtete Chor mit dreiseitigem Schluß wurde 1490 geweiht. Südlich schließt sich eine Sakristei mit Netzgewölbe an. Der w Turm ist mit einem Spitzhelm bestückt. Von der Ausstattung sind bes. hervorzuheben: der Taufstein v. 1599 in Marmor und Alabaster, ein Holzrelief der Beweinung Christi (um 1500, vermutlich aus der Riemenschneider-Schule), ein später veränderter barocker Orgelprospekt v. J. G. Papenius (1703). Beachtenswerte Grabdenkmäler sind eine Bronzegrabplatte U. Rispachs aus der Nürnberger Werkstatt Peter Vischers d. Ä. und ein Marmorepitaph für G. F. v. Stolberg († 1737).
Sehenswert ist auch die nw auf einer Terrasse reizvoll gelegene *Marienkapelle,* ein einschiffiger spätgot. Bau (2. Hälfte 15. Jh.).

Schloß: Aus einer ma Burg entstand im 15. und 16. Jh. die die Stadt beherrschende Schloßanlage. Ende des 17. und Anfang des 18. Jh. wurde das Schloß barock ausgebaut und im 19. Jh. erneut verändert. Bes. hervorzuheben sind die ö Renaissancegebäude mit schönem wappengeziertem Portal, die Schloßkapelle mit spätgot. Stern- und Netzgewölben und reichverzierte barocke Innenräume. Einen Besuch lohnt der v. K. F. Schinkel im klassizistischen Stil gestaltete Rote Saal im SO-Flügel.

Rathaus: Der dreigeschossige Fachwerkbau v. 1482 wurde 1600 erneuert. Bemerkenswert die äußere rechte Treppe, die zur Stadtkirche emporführte und zugleich als Zugang zu den oberen Stockwerken diente.

Alte Münze (Heimatmuseum): Das Gebäude der 1535 errichteten Alten Münze zählt zu den schönsten erhaltenen Fachwerkbauten der Stadt und des ganzen Harzgebietes (Thomas-Müntzer-Gasse 19). Über einem gemauerten Untergeschoß ragen 3 Fachwerkgeschosse mit turmartigem Mittelerker und reicher Ornamentierung empor. Im Heimatmuseum, das in dem Haus untergebracht ist, sind u. a. eine erhaltene Münzwerkstatt (14.–18. Jh.) und Ausstellungen zur Geschichte v. Stadt, Bergbau und Handwerk zu sehen.

Fachwerkbauten: Die vielen erhaltenen Fachwerkhäuser bestimmen noch immer das Erscheinungsbild der Stadt. Bes. hervorzuheben sind Häuser in der Thomas-Müntzer-Gasse (Nr. 5, 6, 39), Am Markt (Nr. 10 und 23) und das *Alte Bürgerhaus* in der Rittergasse 14 (um 1450), das wohl älte-

Stolberg, Rittergasse 14, Museum >

14
Museum
Altes
Bürgerhaus

ste erhaltene Fachwerkhaus der Stadt. Es ist original mit Stücken aus dem 15. und 18. Jh. eingerichtet und zeigt u.a. auch eine Schuhmacherwerkstatt des 18. Jh. (Nebenstelle des Heimatmuseums).

Außerdem sehenswert: Von den ehem. Stadttoren sind erhalten der *Saigerturm,* der zu einem der Tore um den Marktplatz gehörte, und das *Rittertor* (1640). – Die *Liebfrauenkapelle* gehört seit 1519 zu dem Friedhof vor dem ehem. Neustädter Tor. – Auf dem Auerberg 5 km ö v. S. befindet sich ein 1896 errichteter *Aussichtsturm.* Die Eisenkonstruktion hat die Gestalt eines vierarmigen Kreuzes, in Anlehnung an einen 1832–34 nach Plänen v. K.F. Schinkel erbauten und 1880 zerstörten hölzernen Aussichtsturm.

Umgebung

Rottleberode (7 km s): Unter Einschluß ma Bauteile entstand 1758–61 die *Dorfkirche* mit dreiseitig geschlossenem Langhaus. Sie besitzt doppelte U-förmige Emporen und eine hölzerne Tonne. Von der Ausstattung stechen der barocke Kanzelaltar und ein Epitaph Hypeden (1752) mit 2 ovalen Porträts hervor. – Zwischen Rottleberode und Uftrungen im Thyratal liegt die sog. *Heimkehle,* eine große aktive Laughöhle mit unterirdischen Seen. Während der Zeit des Nationalsozialismus wurden Häftlinge aus dem Konzentrationslager Buchenwald hier in einem versteckten Rüstungsbetrieb eingesetzt, wobei viele den Tod fanden.
Schwenda (8 km sö): Der barocke Zentralbau mit w und ö Anbauten wurde 1736–37 v. J.F. Penther vermutlich nach dem Vorbild der Dresdner Frauenkirche erbaut. Die achteckige *Dorfkirche* mit doppelten umlaufenden Emporen wird durch eine achteckige Kuppel mit Turmaufsatz abgeschlossen. 1938 kam die Ausmalung v. K. Völker hinzu. Der vielgestaltige Kanzelaltar aus Holz datiert v. 1695. 1978 erfolgte eine Restaurierung.
Straßberg (12 km nö): Ebenfalls v. J.F. Penther aus Stolberg ist 1732–34 die rechteckige *Dorfkirche* aus Bruchsteinen errichtet worden. Der s Turm hat ein achteckiges Glockengeschoß und eine spitze Haube.

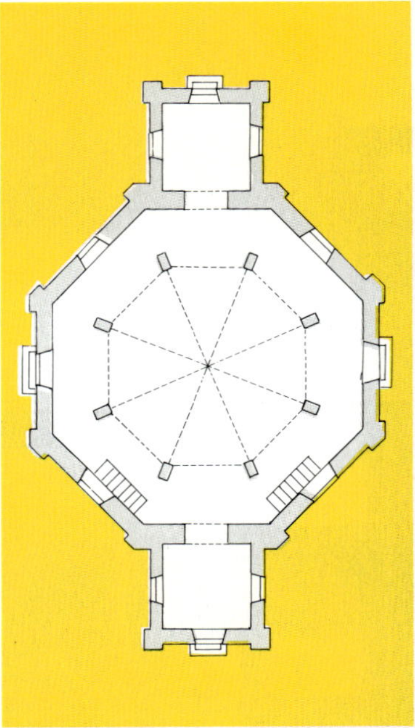

Schwenda (Stolberg), Dorfkirche

39590Tangermünde

Stendal

Einw.: 10930 Höhe: 46 m S. 288 □ E 5

Als alte, die Elblinie an der Einmündung des Tanger nach Osten hin sichernde Grenzburg wird der Ort im Jahre 1009 er-

Stolberg mit Schloß

wähnt; als Zollstelle tritt er in der 1. Hälfte des 12. Jh. in Erscheinung. Westlich vom Burgberg über der Elbe und einer landseitig vorgelagerten Burgmannensiedlung (Hühnerdorf) wurde die Stadt im frühen 13. Jh. gegründet. Kennzeichnend für den rechteckig gestreckten Stadtgrundriß sind 2 Parallelstraßen. Glanzzeit von Burg und Stadt war die 2. Hälfte des 14. Jh., in der Kaiser Karl IV. den Ort als Stützpunkt der Verbindung zwischen Böhmen und der Küste begünstigte. Dank der günstigen Verkehrslage konnte die Stadt sich gegenüber der mächtigen, 12 km entfernten Nachbarstadt Stendal behaupten. Wenngleich mehrere Brände im 17. Jh. den mittelalterlichen Baubestand beeinträchtigt haben, ist die Stadt mit ihren bedeutenden mittelalterlichen Bauwerken, dem Stadtbild (es lohnt vor allem der Blick von Süden her, über den Tanger) und dem geschlossenen Hausbestand des 17.–19. Jh. eines der wichtigsten Reiseziele in der Altmark.

Die Industrialisierung hat seit der Mitte des 19. Jh. die Altstadt nur wenig berührt. Als Industriestandort und Elbhafen hat die Stadt auch heute wirtschaftliche Bedeutung. Die Elbbrücke wurde erst 1932 gebaut.

Burg: Die ma Backsteingebäude über dem zur Elbe abfallenden Burgberg entstammen dem 14.–16. Jahrhundert. Wenn die Burgtürme trotz der schweren Kriegszerstörungen des Jahres 1640 sich vollauf in ma Gestalt zeigen, so ist das ein Ergebnis der Wiederherstellungsarbeiten des Jahres 1902, als versucht wurde, die geschichtliche Größe dieser alten brandenburgischen Burg wieder sichtbar zu machen. Ein *Denkmal für Kaiser Karl IV.*, der an der Burgkapelle ein Chorherrenstift gegr. hatte (1902 v. Ludwig Cauer), steht in einer damals am Berghang geschaffenen Grünanlage. Im wesentlichen erhalten ist aus dem späten 14. Jh. noch die sog. *Kanzlei.* Der reichverzierte *Rundturm* neben dem Torhaus ist ein Werk des späten 15. Jh. Jüngere Gebäude dienen dem Kreiskrankenhaus. Zu nennen ist noch das *Amtshaus* aus der Zeit um 1700.

Tangermünde, Stephanskirche

Tangermünde, Elbtor

Stephanskirche: Überliefert ist die Gründung eines Chorherrenstifts an dieser Kirche in der Zeit um 1185; Reste des großen roman. Baus sind erhalten (u. a. die ehem. n Querhausfront). Nachdem die Kirche im 14. Jh. auch Hauptpfarrkirche der Stadt geworden war, kam es um 1375 zu einem großartigen Neubau als dreischiffige Backsteinhallenkirche mit einer w, Teile der roman. Türme einbeziehenden Doppelturmfront. Beim Stadtbrand v. 1617 wurde der 1601 erbaute, überaus hohe N-Turmhelm zerstört; die kräftige Barockhaube entstand erst 1714. Von den 6 Langhausjochen ist das ö weiter, worin Vierung und Querhaus des Vorgängerbaus nachklingen. Der weite Hallenumgangschor wurde erst 1470 begonnen (Inschrift; vergleiche den Chor der Gotthardkirche in Brandenburg). Mit Brandenburg stehen auch die beidseitigen Prachtportale der querhausähnlichen Anbauten am Choransatz in Verbindung (1844 erneuert). Reizvoll ist der Gegensatz v. dicht gegliederten Langhausfronten mit ihren maßwerkgefüllten Strebepfeilern und großflächig gegliederten Chorpartien. Verbindendes Element ist an der S-Seite ein seit dem 17. Jahrhundert bestehender gemeinsamer Giebelabschluß über beiden Anbauten.
Das Innere ist v. der nach dem Stadtbrand v. 1617 entstandenen Ausstattung geprägt: großer *Altaraufbau* v. 1705, prachtvolle skulptierte *Kanzel* über einer Trägerfigur des Mose (1619, vielleicht v. Christoph Dehne aus Magdeburg), ein Hauptwerk der Spätrenaissance in Norddeutschland, die *Orgel* (1624 v. Hans Scherer aus Hamburg, z. T. rekonstruiert) – ihr Prospekt ist einer der schönsten dieser Zeit. Die Emporen entstanden um 1620 mit *Brüstungsgemälden* der Heilsgeschichte des Alten und des Neuen Bundes; seit der letzten Instandsetzung (1984) sind sie wieder an ihre alte Stelle inmitten der Seitenschiffe gerückt. Damals rekonstruierte man auch die spätmittelalterliche Raumfassung, die figürlichen Wandmalereien wurden z. T. freigelegt. Reste der ma Ausstattung sind mit der in klarer Kelchform gegossenen *Bronzetaufe* (bezeichnet 1508 v. Heinrich Mente), spätgotische Schnitzfiguren im Chor sowie Texti-

Tangermünde,
Neustädter Tor mit Nikolaikirche >

P
150 m

lien vorhanden. Eine Madonna auf der Mondsichel steht in einer Nische der s Kapelle, um 1490 in feinkörnigem Sandstein ausgeführt.
Zahlreiche Grabsteine des 15. bis 19. Jh.; hervorzuheben ist das kostümgeschichtlich bis in das Detail ablesbare Grabdenkmal für Peter Guntz († 1598).

Ehem. Nikolaikirche: Der kleine, unmittelbar neben dem w Stadttor gelegene roman. Saalbau war urspr. die Pfarrkirche des Marktortes. Er ist längst profaniert und entsprechend verändert.

Ehem. Dominikanerkloster: Von dem 1438 vor dem Neustädter Tor gegründet und während der Belagerung der Stadt 1640 zerstörten Kloster sind Teile der Kirche und der Klostergebäude erhalten, die eine qualitätvolle spätgotische Backsteinarchitektur belegen.

Rathaus: Der spätgot., frei auf dem Marktplatz stehende Backsteinbau zählt zu den bedeutendsten Rathäusern des späten MA in Norddeutschland. Der ältere, nach O hin gewendete Baukörper v. ca. 1430 ist dem Stettiner Meister Hinrich Brunsberg zugeschrieben. Diesem Bau ist ein ca. 50 Jahre jüngerer schmalerer Flügel nach S hin angeschlossen. Beide Gebäude waren dem eigtl. ma Rathaus, das 1617 abbrannte, angefügt. Erst mit der Restaurierung des Baus im Jahre 1846 wurde die N-Seite mit dem zierlichen Treppenhaus und dem Ecktürmchen gotisierend in die heutige Form gebracht. Zutat dieser Zeit sind auch der Zinnenabschluß der S-Front des Hauptbaus und zahlreiche Details des überaus reichgeschmückten Bauwerks: Berühmt ist die *Giebelfront* des Hauptbaus. Die dreiachsige Fassade gipfelt hier in 3 Ziergiebeln mit durchbrochener Maßwerkfüllung, die vor das Satteldach gestellt sind (vgl. Brandenburg, Katharinenkirche). Das Innere des Haupttraktes weist diesen als einen Festbau v. hoher räumlicher Qualität aus; im 1. Obergeschoß verbindet sich über einer Mittelstütze ein Gewölbefächer mit 4 Sternfiguren. Der urspr. höhere Erdgeschoßraum mit Dreistrahlgewölben ist seit dem 16. Jh. in zwei niedrige Geschosse unterteilt. Über der offenen Erdgeschoßlaube des S-Flügels liegt die einfacher gewölbte Ratsstube im Obergeschoß.
Das *Heimatmuseum* im Rathaus beherbergt eine sehenswerte kulturgeschichtliche Sammlung, u. a. ein Schwurkästchen v. 1461 in Gestalt eines kleinen Reliquienschreines auf Drachenfüßen.
Als Erweiterungsbau für die Stadtverwal-

Tangermünde, Rathaus

tung ist der gefällige *Rathausneubau* (1913 v. Otto Stiel) zu beachten.

Stadtbefestigung: Sie ist im erheblichen Umfang erhalten, sowohl die recht geradlinig verlaufende *Stadtmauer* mit den Ausbauten für frühere Weichhäuser und den Ecktürmen (unter diesen der 1825 zum Zwecke des Schrotgießens auf 47 m erhöhte *Schrotturm* bes. auffällig) als auch die Tortürme. Mit diesen verknüpfen sich zugleich die schönsten Stadtbilder: Im W das *Neustädter* Tor mit Vortor, Zwingermauern, Flankenturm und Rundturm neben der Durchfahrt – im Blick auch der W-Turm der benachbarten Nikolaikirche (s. o.). Die Teile des Tores entstanden abschnittsweise im 14. und 15. Jh., der Wehrgang und verlorengegangene Bauzier wurden 1895 ergänzt. Malerisch ist auch die Ansicht des *Elbtors* mit dem Hohlweg der »Roßfurt«, Ende des 15. Jh. entstanden. Von edler Gestalt erscheint schließlich das *Hühnerdorfer* Tor, eigtl. der das ehem. Tor flankierende Turm (um 1300; der Achteckaufsatz um 1460).

Wohnhäuser: Von ihnen sind einige wenige Fachwerkbauten hervorzuheben, die unmittelbar nach dem Stadtbrand v. 1619 mit reich skulptierten Fronten entstanden (Kirchstr. 23, 31). Ansehnlich sind auch eine Reihe v. Häusern des späten 17. Jh., vor allem in den beiden Hauptstraßen. Ältestes erhaltenes Haus ist das Gebäude *Schloßfreiheit* 5 v. 1543.

Außerdem sehenswert: *Elisabethkapelle* vor dem Hühnerdorfer Tor, ein kleiner spätgot. Saalbau, 3. Viertel des 15. Jh.

Umgebung

Arneburg (12 km n): Die Bedeutung des an der wichtigen Straßenverbindung Stendal–Havelberg über einer Elbfähre gelegenen Ortes läßt sich noch heute im Blick v. der hochgelegenen ehem. Burg über die flache Landschaft östlich der Elbe erahnen. Als Burg und Kloster war der Grenzort schon im 10. Jh. v. Bedeutung, er wurde nach der Zerstörung im Slawenaufstand zu Beginn des 11. Jh. wiederhergestellt und spielte noch in spätmittelalterlicher Zeit eine Rolle als markgräfliche Burg. Mit deren Zerstörung im Dreißigjährigen Krieg und dem Brand des Städtchens im Jahre 1767 (nachfolgend Wiederaufbau) verlor die Stadt ihren ma Charakter. – Frühgeschichtliche Sammlung im *Rathaus*. – Als einschiffiger roman. Bau mit Querhaus vertritt die *Stadtkirche St. Georg* eine altertümliche, in dieser Landschaft jedoch noch mehrfach nachweisbare Bauform.

Fischbeck (4 km ö): Die *Dorfkirche* aus Backstein wurde um die Mitte des 13. Jh. mit flachgedecktem Langhaus und w Turm errichtet. Der Chor, um 1500 entstanden, birgt einen spätgot. Schnitzaltar (um 1400). Bemerkenswert auch ein spätgot. Kruzifix über dem Schrein..

Hämerten (5 km n): Der kleine spätroman. Feldstein-Saalbau der *Kirche* ist mit seinem achtseitigen Chorturm und der halbrunden Apsis v. besonderem Reiz. Chortürme sind in der Altmark nicht eben häufig; die Lage des Baus über dem hochgelegenen w Elbufer konnte – ebenso im nördlich benachbarten Storkau – diese Anordnung nahelegen.

Schönhausen (8 km nö): Die Architektur der *Dorfkirche*, einer dreischiffigen spätroman. Backsteinbasilika (1212 geweiht), steht unter dem Einfluß der Klosterkirche

Schönhausen (Tangermünde), Kirche

Schönhausen (Tangermünde), Bismarcks Geburtsstätte

in Jerichow. Nach Schäden im Dreißigjährigen Krieg wurde das Innere 1665–1712 wieder instand gesetzt; aus dieser Epoche stammen der barocke Altar, die Kanzel und die Herrschaftsempore. Besondere Beachtung verdienen ein ma lebensgroßes Kruzifix (1212), das als eines der bedeutendsten Werke der spätroman. Plastik gilt, und zahlreiche Grabdenkmäler der Familie v. Bismarck.

Tangerhütte (19 km sw): Bis 1922 war der Ort das Dorf Väthen, das seit der Mitte des 19. Jh. auf der Grundlage der Verhüttung des hier anstehenden Raseneisensteins zum Industrieort angewachsen war (1935 Stadtrecht, 1952 Kreisstadt). Anschaulich wird die industrielle Bedeutung durch *Schloß* und *Park* der Eisengießereibesitzer; nicht ohne Reiz ist auch die 1724 gebaute *Fachwerkkirche.*

Im Tangerhütter Ortsteil *Briest* ist das ansehnliche ehem. *Bismarcksche Gutshaus,* ein mehrgeschossiger Fachwerkbau v. 1625, zu nennen; die kleine Gutskapelle ist ein wenig älter.

06502 Thale

Quedlinburg

Einw.: 15 850 Höhe: 156 m S. 290 □ D 7

Thale ist vor allem wegen des in seiner unmittelbaren Nähe liegenden Bodetales, der Roßtrappe und des Hexentanzplatzfelsens berühmt geworden. Goethe hat sich hier immer wieder aufgehalten, um seine Naturstudien zu betreiben, und Theodor Fontane bezog hier, vor allem bei dem Hotel Zehnpfund (heute Rathaus), Stoff für seine Erzählungen und zeitweise Schauplatz der Handlung des Romans Cécile. Der Ort geht zurück auf eine Klostergründung (9. Jahrhundert) des in den Bauernkriegen zerstörten Nonnenklosters Wendhausen. Mit der Gründung des Eisenhüttenwerkes 1771 und dem Aufschwung des Fremdenverkehrs ab Anfang des 19. Jh. setzte eine intensivere Bebauung ein. Erst 1922 wurde Thale zur Stadt ernannt.

Pfarrkirche St. Andreas: Im Bereich des

Thale, Blick vom Hexentanzplatz auf Thale

Thale, St. Andreas

Thale, Wohnturm Wendhausen

ehem. Klosters liegend, wurde die Kirche 1786–90 neu errichtet. Flachgedeckter Innenraum mit zweigeschossigen Emporen; sehenswert der reiche barocke Altaraufsatz v. 1718, ferner ein Grabdenkmal des 18. Jh. (C. W. v. Steuben, † 1716) aus schön gestaltetem Marmor.

Wohnturm Wendhausen: Im heutigen Ortsteil Wendhausen befindet sich der gut erhaltene vermeintliche Wohnturm des ehem. Rittergutes (im Bereich der urspr. Klosteranlage der Augustinerinnen).
In einem fränkischen Hof bestanden die frühere Burg und das Kloster bis zum 16. Jh. nebeneinander. Der Wohnturm ist innen dreiteilig und in 2 Geschossen gewölbt; insgesamt 5 Geschosse.

Außerdem sehenswert: Im romantischen Bodetal, in unmittelbarer sw Nähe v. T., befindet sich das beliebte Ausflugsziel des Roßtrappefelsens (Granitfelsen). Hier, wo Funde aus der Jungstein-, der Eisen- und der römischen Kaiserzeit gemacht wurden, bietet sich eine wunderbare Aussicht in das n Harzvorland. Nicht weit entfernt der sog. *Hexentanzplatz,* v. T. aus mit der Seilbahn zu erreichen. Der Name stammt v. den Hexenverfolgungen im MA. Ebenfalls sehr schöne Fernsicht. Das 1903 am Harz errichtete *Harzer Burgtheater* v. E. Wachter ist vor diesem natürlichen Hintergrund angeordnet.
Die *Walpurgishalle* v. 1901 stellt den Versuch einer germanischen Architektur dar. Im Inneren 5 Gemälde des Künstlers H. Hendrich nach Motiven der Walpurgissage aus Goethes »Faust«.

Umgebung

Neinstedt (3 km ö): Die *Dorfkirche* besitzt einen im Kern romanischen Turm; im Inneren eine flache Holztonne. Bemerkenswert die Sakramentsnische (1481) und der geschnitzte Renaissance-Altaraufsatz von A. Haustorf (1594). Die reichliche Ausstat-

Thale, Harzer Burgtheater

tung der Kirche umfaßt auch mehrere Epitaphe. – Das *Gut Lindenhof* ging nach häufigem Besitzwechsel 1850 an Ph. v. Nathusius über, der hier nach dem Vorbild des Rauhen Hauses in Hamburg ein sog. Rettungshaus für verwahrloste Knaben und eine Ausbildungsstätte für Diakonen gründete.
Diese *Neinstedter Anstalten* bestehen noch heute. Die Gebäude wurden mehrfach umgestaltet. – Die *Teufelsmauer* (2 km nw v. Neinstedt) bezeichnet ein interessantes Naturschutzgebiet im Harzvorland. Aus den Sandsteinbergen ragt die sog. Teufelsmauer hervor. Seltene Vegetation (z. B. Feldenzian und Behaarter Ginster).
Timmenrode (3 km nw): Die schlichte *Dorfkirche* (um 1746) enthält eine umlaufende Empore mit Kanzelaltar und eine Taufe aus Sandstein (17. Jh.). Verschiedene Grabsteine des 18. Jh. befinden sich auf dem Kirchhof, deren reich gestaltete Sarkophagform charakteristisch für die Umgegend ist. Daneben das *Pfarrhaus*, ein Fachwerkbau v. 1696.

W

39164 Wanzleben

Bördekreis

Einw.: 5950 S. 288 □ D 6

Der Ort gehört zu den urkundlich am frühesten verzeichneten im Magdeburger Land. Schon vor 877 erste Zeugnisse, ab Anfang des 10. Jh. Burganlage an der Verbindung Magdeburg–Hadmersleben. 1373 erhielt Wanzleben das Stadtrecht. Von der ehemaligen Stadtmauer sind nur Reste und zwei spätgotische Wehrtürme westlich und südwestlich der Stadt erhalten (beide 1438). 1550 wurde die Stadt im Magdeburger Krieg zerstört, Brände und die Pest hinterließen ihre Spuren im und nach dem Dreißigjährigen Krieg.

Pfarrkirche St. Jakobi: Die dreischiffige, urspr. roman. und später spätgot. umgebaute Hallenkirche wurde 1840 umfassend erneuert. Sie weist im Magdeburger Gebiet seltene Stern-, Kreuzrippen- und Netzgewölbe auf; an den Innenseiten der Mittelpfeiler sind die früheren Kämpfergesimse noch zu sehen. Beachtenswert der Taufstein (Mitte 16. Jh.) und der figurenreiche Orgelprospekt.

Rathaus: Nach der Stadtzerstörung 1550 entstandener einfacher Renaissancebau auf spätgot. Grundmauern. Bemerkenswert sind das gerahmte Portal, die Freitreppe (1705 erneuert) und Dachreiter.

Burg: Von der früheren Befestigungsanlage des 14. Jahrhunderts sind nur noch der große Bergfried und ein kleiner n Torturm erhalten. Das Torhaus und der O-Flügel, heute z.T. bewohnt, entstanden 1583. Bei der Anlage der früheren Wasserburg um 900 kam ihr die Funktion als Sperrburg an dem Fluß Sarre bzw. an den alten Straßen Helmstedt–Leipzig und Magdeburg–Halberstadt zu.

Außerdem sehenswert: *Bürgerhäuser* mit interessanten Eingängen und Toreinfahrten stehen in der Schul-, Ecke Schwanstr. und in der Rudolf-Breitscheid-Str. 7.

Umgebung

Bauernhöfe in der Umgebung v. W.: Noch verhältnismäßig viele Bauernhäuser auf oberdt. Grundriß mit gemauertem Sockelgeschoß und Fachwerkaufbauten erhalten. Im Gegensatz zum Niedersachsenhaus sind die Ställe in einem eigenen Gebäude untergebracht, oftmals im oberen Geschoß v. einer Galerie umzogen.

Bahrendorf (13 km sö): Barocker *Kirchenbau* v. 1749 unter Benützung frühgot. Teile. Der W-Turm mit Zwillingshelmen ist roman. Ursprungs. Barocke Grabkapelle an der s Seite.

Beyendorf (24 km ö): Der W-Turm der *Dorfkirche* mit steilem Satteldach stammt aus spätroman. Zeit, während das Kirchenschiff v. 1618 datiert. Die barocke Innenausstattung aus Holz wird geschlossen dem 17. Jh. zugeschrieben. Bes. beachtenswert ist eine reichgeschnitzte Kanzel.

Hohendodeleben (8 km nö): Das 1770 barock erneuerte Schiff der *Kirche* wird v. einem durchgehenden Holztonnengewölbe abgeschlossen. Ein Steinrelief im Chorraum (um 1440) zeigt Christus als Weltenrichter im mandelförmigen Heiligenschein. Am w Turm, der insgesamt noch Wehrcharakter zeigt, befindet sich ein spätgot. Kreuzigungsrelief (um 1510). An der O-Seite der Kirche das zweigeschossige *Pfarrhaus* mit Walmdach (1701). Hier wurde 1761 der Dichter Friedrich v. Matthisson geboren. Beethoven vertonte sein Gedicht »Adelaide«.

Klein Wanzleben (6 km nw): Hier steht eine *Zuckerfabrik* aus der Frühzeit der Industrialisierung (1838), später ausgebaut. Der Komplex enthält u.a. Diffusionsgebäude, Siedehaus, Füll- und Zuckerhaus (alle 1848), vier Speichergebäude (1895–1904), Verwaltungsgebäude (1911), Fabrikantenvilla und Werkswohnhäuser (1864, 1870). Die Fabrik besaß große Bedeutung für die Rübenzuckerproduktion in der Magdeburger Gegend.

Langenweddingen (7 km sö): Die *Dorfkirche* wurde 1703 als barocker Zentralbau vermutlich v. H. Schmutze aus Magdeburg errichtet. Der w Turm mit dreiteilig gekuppelten Schallöffnungen stammt aus spätromanischer Zeit. Die Kirche ist eine architektonisch beeindruckende einschiffige, kreuzförmige Anlage mit kreuzrippengewölbten Jochen (nur im w Kreuzarm mit 3 Jochen). Die Fensteröffnungen sind groß mit flachen Bogen. Aus der Entstehungszeit ist die harmonische Innenausstattung des Bildhauers M. Helwig aus Helmstedt überliefert. Bes. erwähnenswert sind die Emporenkonstruktion und der Altaraufsatz (1710).

Kloster Meyendorf (9 km nw): Die *Klosterkirche* des ehem. Zisterziensernonnenklosters, das 1267 gegr. worden war, ist ein einschiffiger Barockbau aus der Zeit um 1720. Die Einrichtung besteht u.a. aus einem spätgot. Flügelaltar aus dem späten 15. Jh., der im Schrein die Marienkrönung zeigt. Von den Klostergebäuden ist noch die Propstei, ein schlichter Barockbau v. 1720, erhalten, weiterhin sw der Kirche das barocke Torhaus v. 1787. Der englische Park wurde 1810 angelegt.

Niederndodeleben (12 km nö): Zu der ehem. *Wehrkirche St. Petri und Paul* gehört der stattlichste w Querturm aus der ganzen Umgegend. Sechs zweiteilige Arkadenöffnungen befinden sich unter einem achtseitigen Spitzhelm (1662). Nach der Zerstörung im Dreißigjährigen Krieg erfolgte 1710 der Neubau unter Benutzung roman. Teile. An der n unteren Empore Passionsszenen in manieristischer Art (1617). Der Altaraufsatz aus der Zeit um 1675 stammt v. dem Tischler Ph. Geilfusz und dem Maler J. G. Aberkunk; im Zentrum kontrastreiche Malerei. – Außerdem bemerkenswerte Höfe und eine ehem. *Wassermühle* (urkundlich 14. Jh., jetziges Gebäude 1698) im Ort; Fachwerkhaus und Scheune des Dreiseithofes mit Ausschmückungen, z. B. Andreaskreuze am Obergeschoß des Wohnhauses. – Im Ortsteil *Schnarsleben* ist die *Dorfkirche* sehenswert. 1693 wurde sie unter Verwendung älterer Teile neu gebaut. Der romanische W-Turm ist hauptsächlich aus Bruchstein zusammengefügt (Ende 12. Jahrhundert). Der barocke Bau enthält u.a. innen eine doppelte Empore auf Pilastern und Säulen, ein zweigeschossiges Altarwerk (M. Helwig) und eine reiche Kanzel aus der Bauzeit. Das Sakristeigestühl zeigt auf den Brüstungsfeldern sieben gemalte Apostel, ähnlich der Kanzel. Das Renaissanceportal v. 1612 an der S-Seite der Kirche blieb erhalten.

38828 Wegeleben

Halberstadt

Einw.: 3250 S. 290 □ D 7

An einer alten Straßenverbindung zwischen Nürnberg und Lüneburg–Hamburg wurde im 10. Jh. die dörfliche Siedlung Wegeleben gegründet, die sich schnell zur Stadt entwickelte. Um 1100 ist auch eine Burg *Wigenlove* bezeugt; von ihr sind nur noch geringe Reste spätgotischer Bauten erhalten. 1704 kam der lange Zeit eher unbedeutende Ort an Preußen. Mit der Industrialisierung und dem Eisenbahnanschluß Mitte des 19. Jh. stellte sich eine gewisse Prosperität ein.

Pfarrkirche St. Peter und Paul: Von der ursprünglichen Anlage, einer flachgedeckten Pfeilerbasilika des 13. Jahrhunderts, sind die Langhausarkaden und der Unterbau des querrechteckigen w Turms erhalten. Das Innere der dreischiffigen frühgotischen Basilika mit Querschiff wird durch die zahlreichen barocken Einbauten, darunter Emporen und Adelsprichen, bestimmt. Die Ausstattung umfaßt u.a. einen hübschen spätgotischen Schnitzaltar mit doppelten Flügeln (im Schrein Marienkrönung mit musizierenden Engeln) aus der 2. Hälfte des 15. h., eine Kanzel v. 1601, ein Brustbild Christi aus der Cranach-Schule (1565) und mehrere Grabsteine (15.–18. Jh.).

Rathaus: Der rechteckige Renaissancebau v. 1592 besitzt eine doppelläufige Freitreppe und einen Anbau mit Erkern. Das Portal wurde 1741 eingefügt.

Außerdem sehenswert: In W. sind zahlreiche *Wohnhäuser* aus dem 16. und 17. Jh., viele im Fachwerkstil, zu sehen, u.a. am Marktplatz.

Umgebung

Adersleben (2 km nö): In Adersleben befindet sich die barocke einschiffige *Klosterkirche* (18. Jh.) eines ehem. Zisterziensernonnenklosters. Die Ausstattung stammt ebenfalls aus dem 18. Jh. Von den Klostergebäuden sind die Äbtissinnenwohnung und die Propstei erhalten.

06667 Weißenfels

Weißenfels

Einw.: 34820 Höhe: 100 m S. 290 □ E 8

Die Altstadt der an einem Saaleübergang verkehrsgünstig gelegenen Kreisstadt ent-

Weißenfels, Ehem. Heinrich-Schütz-Haus

Goseck (Weißenfels), Klosterkirche von NW

stand, ihrem regelmäßigen Grundriß zufolge, um 1200 zwischen älteren, als Vorstädte weiterbestehenden Ansiedlungen. Unmittelbar über der Stadt lag auf der rechten Saalehöhe die Burg der Markgrafen von Meißen. Sie wurde zwischen 1680 und 1746 Sitz einer kursächsischen Nebenlinie Sachsen-Weißenfels. Die Stadt, von der aus auch das in Personalunion verbundene Fürstentum Sachsen-Querfurt regiert wurde, erlebte eine Glanzzeit als barocke Residenz, mit der bedeutende Leistungen des damaligen Musik- und Theaterlebens verknüpft sind. Sie ist auch als langjähriger Wohnort des Komponisten Johann Heinrich Schütz bekannt: Sein Wohnhaus Nikolaistraße 13, 1651 von ihm erworben, ist seit 1983 als Museum eingerichtet und in seiner Erscheinung des mittleren 16. Jh. wiederhergestellt. Auch Friedrich von Hardenberg (Novalis) hat in Weißenfels seine Heimat gefunden; nach kurzer Tätigkeit als Salinenassessor starb er hier im Jahre 1801 (Wohnhaus Klosterstraße 24; Grabstätte auf dem ehem. Alten Friedhof, Stadtpark).

Alte Tradition hat in Weißenfels die Schuhfabrikation. Im 2. Weltkrieg blieb die Stadt unzerstört, doch haben Vernachlässigung und verfehlte Baupolitik dem wertvollen Baubestand des 16.–18. Jh. sehr geschadet; einige der wertvollsten Gebäude wurden abgerissen bzw. sind heute schwer beschädigt.

Schloß Neu-Augustusburg: Die mächtige große frühbarocke Dreiflügelanlage mit wenigen älteren Resten entstand nach 1660–ca. 1690 vor allem nach dem Entwurf der Baumeister Johann Moritz Richter d. Ä. und d. J. Den Ehrenhof des großen Bauwerks schließt eine eingeschossige, schon hochbarock gegliederte Galerie ab. Die Lage auf der alten Burgstelle hat die für das 17. und 18. Jh. notwendige Gestaltung der Schloßumgebung erschwert – ohnedies sind davon nur noch wenige Punkte in der Nachbarschaft erhalten (Marstall an der Zeitzer Str., Freitreppe zum Geleitshaus u. a.). Der Schloßbau selbst wurde bald nach seiner Entstehung verändert – vor al-

Weißenfels, Markt mit Rathaus

lem entfiel der auf die Schloßkapelle noch im 17. Jahrundert gesetzte Turm. Bauschäden im S-Flügel machten im 18. Jahrhundert schon Sicherungsarbeiten nötig. Umbauten erforderte auch die Einrichtung als Kaserne in preußischer Zeit (seit 1815), so daß heute von den historischen Innenräumen des 17. Jh. wenig erhalten ist. Eine Ausnahme ist neben den Treppenhäusern vor allem die auch am Außenbau (wie ihr Pendant, der Theatersaal) ausgezeichnete *Schloßkapelle.* Mit ihr wird das alte Motiv des mehrgeschossigen Emporensaales der protestantischen Schloßkirchen noch einmal aufgenommen. Dem reichstuckierten Raum mit seiner feierlichen Tonnenwölbung (Stuck von Giovanni Caroveri und Bartolomeo Quadri) umziehen Emporen mit reicher emblematischer Bildfolge, gemalt v. Johann Oswald Harms. Die Altarwand, bis 1744 ein Kanzelaltar, stammt v. Johann Heinrich Böhme. Ihr zur Seite eine zweigeteilte Sängerempore. Zu beachten ist die im Prospekt erhaltene barocke Orgel (1983 ein neues Werk der Gebr. Voigt). In der Fürstengruft stehen eine Reihe barocker Prunksarkophage.

Im Schloß ist das *Schuhmuseum* mit Ausstellungsstücken aus den verschiedensten Ländern untergebracht. Ältestes Exponat: 2000 Jahre alte Papyrussandalen.

Stadtkirche St. Marien: Sie ist im wesentlichen ein spätgot. Neubau der Zeit nach 1429 (eine der reichen Chorfassaden). Das erst Jahrzehnte später entstandene Langhaus ist nur in den Seitenschiffen gewölbt. Nach dem Stadtbrand v. 1718 entstanden Obergeschoß und Haube des Turmes. Mit Altarwand (1684), Kanzel (1674) und Taufe (1677) sowie den barocken Brüstungsgemälden der Emporen sind erhebliche Teile der barocken Ausstattung erhalten.

Ehem. Franziskanerkloster: Von dem 1301 gegr. Kloster sind die Klostergebäude ziemlich verbaut und verändert erhalten. Der Chor der Kirche wurde 1885 als Friedhofskapelle außerhalb der Altstadt wiederaufgebaut.

Rathaus: Ansehnlichster Bau des rechteckigen Marktplatzes ist das barocke Rathaus, nach Brand des Vorgängerbaues 1718–22 v. Johann Christoph Schütze repräsentativ erbaut.

Wohngebäude der Altstadt: Von den im Bauzustand zumeist vernachlässigten Gebäuden sind als wertvollster Bestand das Geleitshaus (Große Burgstr. 22, 1522), die ehem. Stadtschule (Kirchgasse, datiert 1553), das Fürstenhaus (um 1680), das altherzogliche Haus (Ende 17. Jh.) und das ehem. Ballhaus (1702) in der Leipziger Str. (Nr. 9, 11, 13) zu nennen, ferner das stattliche Freihaus Georgenberg 25 (um 1710) und mit reicher Fassadendekoration die Häuser Marienstr. Nr. 2–8 (1720–40).

Umgebung

Goseck (8 km w): In der alten Burg der Pfalzgrafen v. Sachsen wurde 1041 ein Benediktinerkloster gegr. Von diesem ist die 1056 geweihte *Kirche* nur in ihren O-Teilen erhalten. Der über dem Saalehang gelegene hochroman. Bau, dessen große Fenster beeindrucken, ist dem Verfall ausgesetzt.

Großgörschen (15 km ö): Nach der Schlacht bei Großgörschen im Mai 1813 konnte die französische Armee Sachsen vorläufig besetzen, die Wende im Befreiungskrieg gegen Napoleon war dennoch eingeleitet. Daran erinnert der gußeiserne *Obelisk*, mit dem Großgörschen in der Reihe berühmter Schlachtenorte des Befreiungskrieges steht (Entwurf v. Karl Friedrich Schinkel, 1815). Gelegentlich der Instandsetzung wurde nach 1980 die urspr. Aufstellung auf einem Hügel außerhalb des Ortes (vgl. die Situation des Kreuzbergdenkmals, damals außerhalb v. Berlin) aufgegeben, um das Monument im Dorf besser beaufsichtigen zu können.

Hohenmölsen (13 km sö): Der kleine Ort, seit 1952 Kreisstadt, war im Dreißigjährigen Krieg, 1639, völlig ausgebrannt. Mit dem Wiederaufbau hatte die *Stadtkirche* 1664 ihren großen gemalten Flügelaltar (Verkündigung an Maria) erhalten, der bis dahin als Retabel auf dem Altar der Grabkapelle des Erzbischofs Ernst von Wettin gestanden hatte – die hohe Qualität des Werkes und die Folge der beigefügten Wappen sind hiermit erklärt (→Magdeburg, Dom). Zu beachten ist auch ein sehr schöner zwölfeckiger *Taufstein* der Zeit um 1400.

Poserna (12 km ö): In dem kleinen Dorf wurde 1763 der Schriftsteller Johann Gottfried Seume geboren.

Röcken (11 km nö): Im Pfarrhaus, einem stattlichen Gebäude aus dem 17. Jh., wurde 1844 der Philosoph Friedrich Nietzsche geboren. Er starb 1900 in Weimar, wurde aber hier auf dem Kirchhof begraben. – Die *Kirche* wird in das frühe 12. Jh. datiert.

Roßbach (11 km nw): Die siegreiche Schlacht Friedrichs II. v. Preußen im November 1757 gegen die mit den Franzosen verbündete Reichsarmee wurde v. mehreren Denkmälern verewigt. An der Stelle der Schlachtfelder dehnen sich heute ausgedehnte Braunkohlengruben aus.

Teuchern (14 km sö): In der seit dem 10. Jh. entstandenen kleinen Ackerbürgerstadt wurde 1674 der Opernkomponist Reinhard Keiser geboren.

38855 Wernigerode

Wernigerode

Einw.: 36 900 Höhe: 247 m S. 290 □ C 7

Unter Abt Warin, auf den der Ortsname zurückgeht, wurden im 9. Jh. eine Rodung und eine erste Dorfsiedlung angelegt. Eine Burg der Gaugrafen ist ab dem frühen 12. Jh. nachweisbar. 1229 erhielt Wernigerode Stadtrechte, 1267 wurde es Mitglied der Hanse. Um 1270 entstand nordöstlich der Altstadt die Neustadt, die bis 1528/29 eine eigene Befestigung besaß. 1429 übernahmen die Grafen von Stolberg die Herrschaft in Wernigerode, 1714 kam die Grafschaft zu Preußen. Die städtische Entwicklung war im 19. Jh. vom Fremdenverkehr und seit dem Eisenbahnanschluß 1871 von der Industrialisierung geprägt. In Wernigerode hielt sich wiederholt der Dichter Theodor Fontane auf; hier begann er seine Erzählung »Grete Minde«.

Oberpfarrkirche St. Sylvester: Die dreischiffige frühgot. Basilika aus dem 13. Jh. wurde um 1500 und 1880–85 erweitert. Sie

Wernigerode, Schloß >

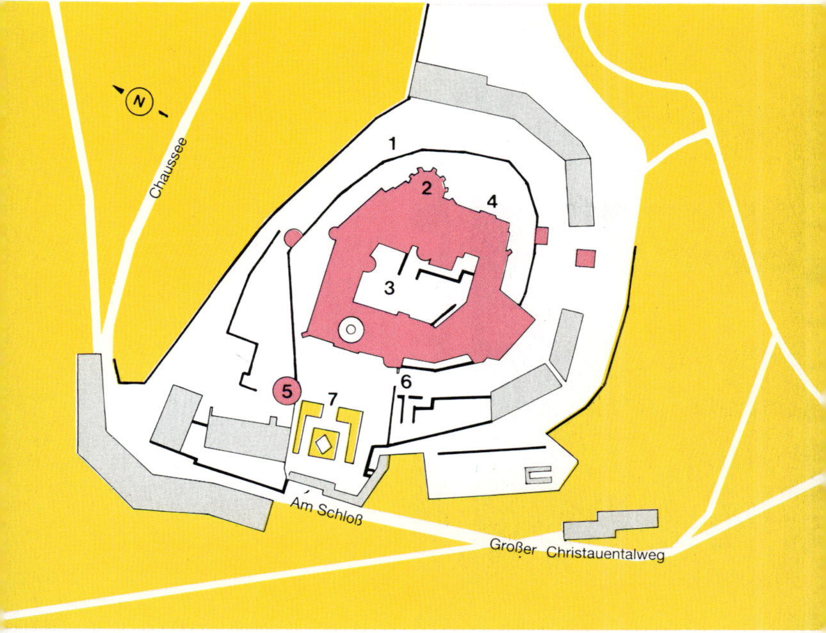

Schloß Wernigerode 1 Mauern **2** Schloßkirche **3** Hof **4** Portal **5** Turm **6** Tor **7** Terrasse

birgt einen spätgot. Flügelaltar (Vita Mariens, um 1490), der aus einer niederländischen Werkstatt stammt und sich urspr. in dem Kloster Himmelspforte w der Stadt (mit der Reformation aufgelöst) befand, einen interessanten Stollenschrank aus dem 14. Jh. und zahlreiche Grabsteine (14. bis 16. Jh.).

Frauenkirche: 1756–62 ist die einschiffige Barockkirche nach einem Brand des roman. Vorgängerbaus neu errichtet worden. Der spätbarocke Saalbau wirkt schon klassizistisch und verfügt über eine harmonische hölzerne Ausstattung v. dem Hoftischler W. Moser. Neben den Doppelemporen und der Herrschaftsloge ist bes. das Altarbild v. B. Rhode (um 1760) zu erwähnen.

Johanniskirche: Die dreischiffige got. Hallenkirche bewahrt vom roman. Vorgängerbau den *W-Turm.* Von der Ausstattung im Inneren sind die spätgot. *Taufe* (1569) und die *Kanzel* (um 1600), v.a. aber im Chor (1497) das vierflügelige *Altarretabel* mit spätgot. Schreinfiguren (Engelsmadonna und Vita Mariens, um 1425) v. Bedeutung.

< Wernigerode, Schloß

Theobaldikapelle: Ein ähnliches Altarretabel (Engelsmadonna mit Vita Mariens, um 1420) und eine beachtliche Barockausstattung besitzt die Theobaldikapelle (um 1430/40) im Ortsteil Nöschenrode, ein einschiffiger frühgot. Bau mit Querschiff. Die Emporen und die Holztonne (1685) sind volkstümlich bemalt. Beachtenswert ist auch die Triumphkreuzgruppe v. 1696.

Schloß: Das hoch über der malerischen *Altstadt* mit ihren Fachwerkhäusern auf dem *Agnesberg* thronende *Schloß* geht auf Vorgängerbauten aus dem MA und dem Barock zurück. Es erhielt seine heutige Gestalt erst 1861–83 und beherbergt heute in etlichen seiner 250 z. T. historischen Räume das *Feudalmuseum* mit reichen Sammlungen ma Sakralplastik (Schloßkapelle) und Textilkunst, so das bestickte leinene *Mag-*

Wernigerode, Krummelsches Haus

Wernigerode, Blick auf Schalenturm und Schloß

dalenentuch (um 1280) und den wollenen *Löwenteppich* (um 1480/90), ma Waffen, Richtschwerter und Foltergeräte, Möbel und Kleinkunst des 17./18. Jh. sowie Dokumentationen zur Burg- und Stadtgeschichte, insbesondere der Bauernkriege und Hexenprozesse. Von der ma Wehrburg (12.–16. Jh.) stammen noch der spätgot. *Wendelstein* (1495) im Innenhof und der *Schusterturm* (1507). Eine spätere Bereicherung der ehem. Barockanlage (17. Jh.) ist die 1712–15 erbaute *Orangerie* im *Schloßpark.* Einen Besuch lohnen auch das *Planetarium* im Küchengarten und das *Palmenhaus.*

Außerdem sehenswert: Unter den zahlreichen *Fachwerkhäusern* (16./17. Jh.) der Altstadt befinden sich auch das *Rathaus* (ehem. Spielhaus, 15./16. Jh.) mit zweiläufiger Außentreppe, 2 Erkertürmchen und barockem Dachreiter (1699) sowie das benachbarte *Waghaus* (15. Jh.) mit z. T. figürlichen Balkenschnitzereien. Eine Dokumentation zur Geschichte der Fachwerkbauweise und der Nordharzer Trachten sowie weitere heimatkundliche Sammlungen werden im *Harzmuseum* (Klint 10) gezeigt. – Von der *Stadtbefestigung* sind Mauerreste und zwei sog. Schalentürme erhalten.

Umgebung

Hasserode (2 km sw): Die *Christuskirche* ist ein großer Bau im romanisierenden Stil v. 1908–09. Innen zwei Altarbilder v. 1702. – Südwestlich von Hasserode befinden sich der sehenswerte *Wasserfall Steinerne Renne* und der *Ottofels,* v. dem aus man einen schönen Rundblick bis zum Brocken genießen kann.

Langeln (11 km n): Die urspr. Flachdecke der spätroman. *Dorfkirche* mit quadratischem W-Turm und eingezogenem Chor wurde in der Spätgotik durch ein Kreuzgratgewölbe ersetzt. Von 1219 bis 1809 gehörte die Kirche dem Dt. Ritterorden und war auch Sitz einer Ordenskommende. In der n Schiffswand ist ein rechteckiges roman. Portal mit Flechtwerkornamentik erhalten. Neben einem spätgot. Flügelaltar

Wittenberg, Schloßkirche >

Wittenberg, Schloß, Porträtfigur Kurfürst Friedrichs des Weisen

Wittenberg, Schloß, Epitaph Friedrichs des Weisen

(um 1480) verdienen zwei Kruzifixe aus dem 14. und 15. Jh. Aufmerksamkeit.

Wendefurth (22 km sö): Bei Wendefurth befindet sich die *Rappbodetalsperre.* Sie wurde 1952–59 errichtet und ist die Hauptanlage der Ostharztalsperren. Diese größte auf dem Gebiet der ehem. DDR liegende Talsperre ist ein beliebtes Ausflugsziel für Touristen.

06886 Wittenberg, Lutherstadt

Wittenberg

Einw.: 53 370 Höhe: 73 m S. 291 □ G 7

Am Nordufer der mittleren Elbe gelegen, entstand Wittenberg (1180 erstmals erwähnt) – wie das am Südufer befindliche Pratau – als Burg an der hier vorhandenen Elbfurt. Die Stadt entwickelte sich zum Hauptort des Herzogtums Sachsen-Wittenberg, das 1423 an die Wettiner – die Markgrafen von Meißen – fiel. Da mit diesem Gebiet die sächsische Kurwürde verknüpft war, spielte Wittenberg als Hauptort des »Kurkreises« eine Rolle in den politischen und (mit dem Auftreten Luthers in der Stadt) konfessionellen Auseinandersetzungen des 15. und 16. Jh. Das alte Schloß der askanischen Herzöge und Kurfürsten hatte Friedrich der Weise (regierte 1486–1525) zu einer prächtigen Residenz ausgebaut. Die Werkstatt Lucas Cranachs bediente fürstliche und bürgerliche Auftraggeber weiter Teile Mitteldeutschlands mit Gemälden und ebenso die seit 1519 in der Stadt tätigen Buchdrucker mit Holzschnitten.

Die Nachfolger Friedrichs des Weisen regierten von Torgau und Weimar aus; 1547 kam der Kurkreis schließlich an die Albertinische Linie mit der Residenz in Dresden.

Schwer zerstört wurde die Stadt 1760 bei der Belagerung während des Siebenjährigen Krieges.

Auch die neuerliche Befestigung im Jahre 1813 hatte für den Baubestand nachteilige Folgen. Nachdem Wittenberg mit den nord-

Wittenberg, Schloßkirche, Luther- und Melanchthon-Grab (hinten links)

östlichen Teilen Sachsens im Wiener Frieden an Preußen gefallen war, wurde 1816 die Hochschule der Universität von Halle einverleibt. Es war die günstige Verkehrslage als Eisenbahnknotenpunkt, Elbübergang und Elbhafen, die nach der 1874 vollzogenen Aufhebung des Festungscharakters zur Entstehung einer bedeutenden Industrie im letzten Viertel des 19. Jh. führte (Maschinenbau, Chemie).

Eindrucksvoll ist der Blick über die Elbwiesen auf die Stadt. Ihre Anlage ist durch 2 parallele Straßenzüge gekennzeichnet; noch immer sind Wohnhäuser des 16. und 17. Jh. vorhanden.

Schloß: Am w Ende der Stadt wurde die in ihrem Kern spätgot. Dreiflügelanlage 1489 bis 1525 wohl nach den Plänen Konrad Pflügers ausgeführt. Einzelheiten der bedeutenden spätgotischen Architektur dieses insgesamt stark verstümmelten Baus sind noch an den beiden zum Hof hin offenen Treppenhäusern zu erkennen (im Schloß u. a. das *Museum für Natur- und Völkerkunde*). Die *Schloßkirche* – urspr. Allerheiligen – erscheint seit dem Umbau v. 1883–92 (v. Friedrich Adler) als Denkmal der Wittenberger Reformation. Vom spätgotischem Bau sind nur die Umfassungsmauern erhalten. Friedrich Adler hat, indem er den nw Schloßturm (»Eine feste Burg«) überhöhte, einen Dachreiter aufsetzte und das Innere »spätgot.« wölbte und wieder eine massive Empore einzog, gewisse Züge des 1760 beschädigten und in der Folge veränderten Altbaus aufgenommen, entscheidende Momente der Raumgestalt aber auch verändert. Diese Umwertung des Raumes, ein erstrangiges Denkmal des wilhelminischen Historismus, ist nahezu unverändert erhalten.

Das *»Thesenportal«* auf der N-Seite, monumentale Erinnerung an die der Überlieferung nach 1517 hier angehefteten 95 Thesen Luthers, entstand nach dem Entwurf des Staatskonservators Ferdinand von Quast 1845–51.

Das Innere bewahrt noch immer zahlreiche Kunstwerke, insbesondere die kurfürstlichen *Grabdenkmäler:* Noch aus dem 14. Jh. stammen die Grabplatten (Sandsteinreliefs) der askanischen Herzöge v. Sachsen. Von hoher Bedeutung sind außerdem die zwischen 1525 und 1534 gegossenen, aus jeweils drei Teilen bestehenden Epithaphien der Kurfürsten Friedrichs des Weisen († 1532) und seines Bruders Johann des Beständigen († 1525), ausgeführt v. Hans und Peter Vischer d. J. in Nürnberg. Beide Fürsten traten schon zu Lebzeiten in Gestalt der seitlichen, ehem. zum früheren Hochaltar gewendeten Steinfiguren in Erscheinung. Von den zahlreichen weiteren Grabdenkmälern sind die kleinen, 1885 auf kleine Sockel montierten Grabplatten hervorzuheben, die die Gräber v. Martin Luther († 1546) und Philipp Melanchthon († 1560) bezeichnen.
Die übrige Ausstattung ist weitgehend im späten 19. Jh. entstanden; die Statuen der Reformatoren an den Pfeilern nehmen die Stelle ein, die im älteren Kirchenbau den Aposteln zukam.

Stadtkirche St. Marien: Die große Hallenkirche mit doppeltürmiger W-Fassade entstand in mehreren Bauabschnitten: Ältester Teil ist der um 1280 zweischiffig (!) angelegte Rechteckchor mit hohem Backsteingiebel; jüngere Anbauten auf der N-Seite erforderten im 16. Jh. das große Chordach. Das dazugehörige ältere Langhaus wich 1411–39 der geräumigen Halle von nur 4 Jochen. Sie zählt mit prächtigen Portalen, Strebepfeilern und Maßwerkfenstern zu den bedeutenden Leistungen der Spätgotik im mitteldt. Raum. Die identisch geschoßweise unterteilten W-Türme entstanden in der Mitte des 14. Jh.; jünger sind das zweizonige Bogenfeld im W-Portal und die stehende Marienfigur über dem großen Rosenfenster.
Von der bedeutenden *Ausstattung* ist hier zu nennen: gemaltes *Altarretabel,* die Mitteltafel 1539 v. Lucas Cranach d. Ä., ein Hauptwerk der großen Reformationsaltäre: Abendmahl, Taufe, Beichte und Predigt werden der Gemeinde vor Augen gestellt; die Anwesenheit der Reformatoren (Luther, Melanchthon) erhebt dieses Lehrbild zugleich zu einem Denkmal der v. hier ausgehenden Reformation. – Noch aus dem

Wittenberg, Marktplatz mit den Reformatorendenkmälern vor dem Rathaus

Wittenberg, Stadtkirche, Reformationsaltar, Predella

Wittenberg, Melanchthonhaus

Wittenberg, Stadtkirche

15. Jahrhundert stammt die *Gelbguß-Taufe* auf kielbogigem Fußgestell, 1457 von Hermann Vischer d. Ä. geschaffen. Die übrige Ausstattung ist maßgeblich durch die Erneuerungen 1810–11 (v. Carlo Ignazio Pozzi) und 1928–31 geprägt. Unter den überaus zahlreichen *Grabdenkmälern* seien hervorgehoben: ganzfiguriger Grabstein für Johannes Bugenhagen († 1558), ferner, mit Gemälden Lucas Cranachs d. J.: Epitaph für Paul Eber († 1569; Weinberg des Herrn), Caspar Niemegk († 1562; Anbetung Christi), Sarah Cracow († 1563; Kreuzigung), M. Drachstedt († 1573; Guter Hirte) u. a.
Prachtvoll skulptierte Epitaphe für Matthias v. der Schulenburg († 1569) v. Georg Schröter (mit Ölbergrelief) und Lucas Cranach d. J. († 1586), 1606 v. Sebastian Walter (Grablegung).

Fronleichnamskapelle (s der Stadtkirche auf dem ehem. Kirchhof): Der kleine Backstein-Saalbau stammt wohl aus der Zeit um 1470.

Rathaus: Der auf dem Marktplatz frei stehende im 2. und 3. Viertel des 16. Jh. errichtete Bau wurde repräsentativ in den Jahren 1926–28 im Inneren verändert. Als Glanzstück der Renaissance-Architektur erscheint der zweigeschossige *Portalvorbau,* dessen Obergeschoß die übliche Verkündlaube ist, geschmückt mit Statuen, die die städtischen Tugenden unter der beherrschenden Figur der Gerechtigkeit darstellen. Vor dem Rathaus stehen auf hohen Granitsockeln unter gotisierenden Eisengußbaldachinen die *Standbilder* für *Martin Luther,* 1821 v. Gottfried Schadow, und *Philipp Melanchthon,* 1865 von Friedrich Drake.

Lutherhalle und Augusteum: Am ö Ende der Collegienstr. stand das Kloster der Augustinereremiten, in das Luther 1508 eingetreten war.
Die Klosteranlage wurde dem Reformator 1532 vom Kurfürsten geschenkt; das Hauptgebäude diente ihm als Wohnhaus – das Eingangsportal ist 1540 datiert. Nach Lu-

Wörlitz, Wörlitzer Schloß

thers Tod wurde das Gebäude v. der Universität benutzt und zum Collegium umgebaut. An der Straße entstand mit dem »Collegium Augusteum« 1580 ein weiterer großer Universitätsbau. Das kurz nach der Mitte des 19. Jh. nach Plänen Friedrich August Stülers wiederhergestellte Gebäude beherbergt heute das *Reformationsgeschichtliche Museum »Lutherhalle«* (mit Beständen auch zur Universitätsgeschichte, u. a. Universitätskatheder, Fahnen, Bildnisse v. Professoren und Landesherren. Aus dem Rathaus stammt die Zehn-Gebote-Tafel). Höhepunkt des Besuchs ist die um 1535 in die größeren Räume des Klosters eingebaute *Lutherstube,* ein holzvertäfelter Wohnraum mit Vorzimmer. Der große Hörsaal wurde in der Ausstattung Stülers 1982 rekonstruiert; die damals vorgenommene museale Neugestaltung hat im übrigen wichtige Strukturen des historischen, wesentlich vom 16. und 19. Jh. geprägten Baus überspielt.

Melanchthonhaus: Das schmale Haus in der Collegienstr. wurde 1536 erbaut und zeichnet sich durch einen schönen *Staffelgiebel* aus *(Museum).*

Wohnhäuser: Eine größere Anzahl, vor allem in der Schloß- und Collegienstr., entstammt noch dem 16. Jh.
Die in der Regel traufständigen Häuser sind mehrfach mit ansehnlichen Portalen geschmückt. Hervorzuheben sind hier die Cranach-Häuser Schloßstr. 1 (Straßenfront im Dachbereich verändert), Markt 3 und 4 mit höchst bedeutenden Wohn- und Wirtschaftsbauten an den langgestreckten Höfen.

Außerdem sehenswert: *Alter Friedhof* (s der Dresdner Str.), seit 1502, mit Grabmälern des 16.–18. Jh. – *Neuer Friedhof* (Dresdner Str.), seit 1598, mit Grabmälern des 17. bis 18. Jh.
Lutherbrunnen (4 km ö der Stadt) mit jüngerem Wohnhaus darüber, als Ausflugsziel seit dem 18. Jh. beliebt; der Gedenkstein an Luther aus dem 18. Jh.

Umgebung

Piesteritz (3 km w). Die *Werksiedlung* der Stickstoffwerke, 1916 nach Entwurf v. O. R. Salvisberg begonnen, umfaßt über 350 Einfamilienhäuser. Im Mittelpunkt der im Sinne der Gartenstadtbewegung angelegten Siedlung stehen zentrale Bauten; allerdings ist das ehemalige Kaufhaus und Restaurant 1973 als »Kulturhaus« zum Nachteil der Gesamtanlage verändert worden.

06786 Wörlitz

Wittenberg

Einw.: 1850 Höhe: 63 m S. 291 □ F 7

Landschaftspark: Die *Wörlitzer Anlagen,* ins Werk gesetzt seit 1764 als Umgebung der Sommerresidenz des Fürsten Leopold III. Friedrich Franz v. Anhalt-Dessau (regierte 1758–1817), sind ein Gartenkunstwerk von europäischem Rang, Ausdruck der philanthropisch geprägten, aufgeklärten Fürstenherrschaft in einem dt. Kleinstaat. In der Wohlfahrt des Landes das Schöne mit dem Nützlichen sinnfällig zu verbinden, war Teil eines großangelegten Reformprogramms, dessen Ausdruck nicht zuletzt das »Gartenreich« zwischen der Elbe im N, Dessau im W, Wörlitz im O und der Heide im S ist (vgl. Dessau, Umgebung). Begründeterweise geht das landwirtschaftlich genutzte Umfeld fast nahtlos in die Anlagen über, und diese selbst schließen Nutzpflanzungen ein. Die geringe Grundfläche des Gartens, der im flachen Gelände s des Elbdammes den Wörlitzer See und 2 Wallöcher umschließt, überrascht. In mehreren Planabschnitten, die, vom Schloßgarten ausgehend zunächst Neumarks Garten im W, dann, jenseits des Sees, Schochs Garten und schließlich die Neuen Anlagen hervorbrachten, verstanden es die Gärtner Johann Friedrich Eyserbeck, Johann Leopold und Johann Georg Schoch d. J. sowie Johann Christian Neumark, durch schmale Kulissenpflanzungen zwischen den Wiesen-, Wasser- und Feldflächen wechselnde Bilder, bedeutungsvolle Stimmungen und immer wieder Wahrzeichen setzende Sichten auf markante Punkte der näheren und ferneren Umgebung zu schaffen. Im 1. Jahrzehnt des 19. Jh. waren die Anlagen mit ihren Pflanzungen und Bauten im wesentlichen fertiggestellt. Als nahezu erster, jedenfalls berühmtester Landschaftsgarten außerhalb Englands, wo Fürst Franz und Friedrich Wilhelm v. Erdmannsdorff Vorbilder und Anregungen gefunden haben, hatten die Wörlitzer Anlagen zu dieser Zeit schon über die dt. Länder hinaus Schule gemacht.

< Wörlitz, Venustempel im Park

Wörlitz, Park, Leopold Friedrich Franz

Schloß: Nach dem schon 1765 erbauten *Englischen Sitz* und dem *Nymphäum* jenseits des Sees (1766–68) entstand mit dem Schloßbau in den Jahren 1769–73 das erste größere klassizistische Gebäude in Deutschland, ein kubischer Baukörper von zwei unterschiedlichen Geschossen mit zur Ortschaft hin weisender kolossaler Säulenvorhalle. Der Palmensaal auf dem Dach ist Ergebnis einer Abänderung von 1783. Das Schloß wurde bald nur noch von der Ge-

Wörlitz, Gotisches Haus

mahlin des Fürsten, der es auch gewidmet ist, bewohnt. Das Vorbild antiker Bauten ist deutlich durch die Architektur der italienischen Renaissance (Alberti, Palladio) vermittelt – Auftraggeber und Baumeister haben die notwendigen Anregungen an der Quelle geschöpft. Für die Ausgestaltung der Wohn- und Festräume, deren Ausstattung bis heute im wesentlichen unverändert erhalten ist, wurden unter anderem Vorbilder der farbenprächtigen Wandmalerei Pompejis wirksam. Auf die räumliche Organisation und die Ausführung der Ausstattung – alles von hohem Interesse – kann an dieser Stelle nicht weiter eingegangen werden (Besichtigung möglich). Zum Schloß gehört auch das Küchengebäude mit der vorgelagerten Halle des Sommersaals (1772–73).

Got. Haus: Nächst dem Schloß, entwicklungsgeschichtlich nicht weniger bedeutend, ist das Got. Haus zu nennen. 1773 wurde der am Wolfskanal gelegene Teil in den Formen venezianischer Gotik erbaut; ein Turmgemach (v. 1789) variiert Formen des Breslauer Rathauses. Der S-Flügel, schräg angefügt und im Geist der Tudorgotik gebaut, entstand 1785–86. Erst 1813 war die schrittweise vergrößerte Baugruppe fertiggestellt. Neben Erdmannsdorff wirkte hier Georg Christoph v. Hesekiel. Das Haus, mindestens seit 1788 der eigtl. Wohnsitz des Fürsten Franz in W., ist nicht zuletzt wegen der umfangreichen, dem Bau unmittelbar verbundenen *Kunstsammlung* berühmt. Werke des 15.–17. Jh. befinden sich hier neben einer in diesem Umfang erstmals zusammengetragenen Sammlung Schweizer Scheiben; das Sammeln altdt. Kunst zur Zeit der Romantik erscheint hier vorweggenommen. Auch heimische Kunst war der Aufnahme wert: Den Gartensaal schmückt eine barocke Decke aus dem Dessauer Schloß. Größter Raum im Haus ist der mit hölzernem Gewölbe schließende Rittersaal. An weiteren **Parkbauten** Erdmannsdorffs seien genannt: Die Pavillons des *Eisenhart* am w Parkrand (1778–83), der eine für die Sammlung des Weltreisenden Georg For-

Wörlitz, Ehemalige Synagoge

ster, der andere als Bibliotheksbau bestimmt. Die ehem. Synagoge in Gestalt des röm. *Vesta-Tempels,* 1790 am s Seeufer, das *Pantheon* (1794), der *Venus-* (1793) und der *Flora-Tempel* (1797) sind recht unmittelbare Umsetzungen antiker Architektur. Das ö Ende des Parks bezeichnen der urspr. *feuerspeiende Stein* und die ihm rückseitig angefügte *Villa Hamilton.* Wer den Park durchwandert, achte auf die höchst verschiedenartigen Brücken, die allesamt sehenswert sind (Weiße Brücke, Kettenbrücke, Sonnenbrücke, Eiserne Brücke, Hornzackenbrücke, Neue Brücke).
Die Gäste des Fürsten logierten im *Eichenkranz,* einem v. Erdmannsdorff 1785–87 gebauten großen Fachwerkbau, dessen Erdgeschoß sich über der alten Straße v. Dessau nach W. als Torbogen zum Städtchen hin öffnet.

Kirche: Die kleine, 1200 geweihte Ortskirche wurde 1805–10 nach Plänen Hesekiels erheblich erweitert und einheitlich ausgestattet. Ihr hochaufgestockter Turm ist ein wichtiger Blickpunkt in der landschaftlichen Szenerie des Parks.

Rathaus: Es wurde 1792–95 v. Erdmannsdorff erbaut und erinnert in seiner ideal-kubischen Gestalt an das Schloß im Dessauer Luisengarten (→ Dessau, Umgebung, Waldersee).

Ökonomie: 1783–87 v. Erdmannsdorff errichtet, leider teilweise verändert. Die Gebäude dienten als Musterdomäne für die heimische Landwirtschaft.

Außerdem sehenswert: *Wallwachhäuser* im unmittelbaren Parkbereich und auch außerhalb, so der *Limesturm.*

Umgebung

Griesen (1 km s): Baugruppe der *Volksschule,* 1788 nach Erdmannsdorff v. Hesekiel errichtet.

Riesigk (4 km ö): *Kirche,* 1798 erbauter großer Saalbau mit interessantem Altar, als Grabmal der Schwester des Fürsten Franz, Agnes v. Loen.
Vockerode (4 km w): *Kirche,* ansehnlicher neugot. Backsteinbau mit doppeltürmiger W-Fassade, 1810–12 v. Hesekiel erbaut.

Z

06712 Zeitz

Burgenlandkreis

Einw.: 37 460 Höhe: 192 m S. 291 □ F 8

Mit Meißen und Merseburg wurde Zeitz im Jahre 967 zum Suffraganbistum des neugegründeten Erzstifts Magdeburg erhoben. Als schon 1028 der Bischofssitz nach Naumburg verlegt wurde, verblieb auf dem Domhügel, ursprünglich wohl eine königliche Burg, ein Kollegiatstift. Allerdings residierten die Naumburger Bischöfe seit dem späten 13. Jh. zeitweilig in dieser ihrer Stadt, die im Hoch- und Spätmittelalter ein wichtiger Handelsplatz am Übergang über die Weiße Elster war. Zeitz scheint eine der ältesten deutschen Städte zu sein, denn die schon 1147 Civitas genannte Oberstadt mit der Marktkirche St. Michael, bald erweitert durch einen Neumarkt (1229), ist offenbar jünger als die unterhalb der Bischofsburg bestehende Unterstadt mit ihrem ältesten Markt. Als 1429 die Hussiten gegen das Naumburger Stift zogen, nahmen Stadt und Dom schweren Schaden. Die Kurfürsten von Sachsen, die die Landesherrschaft im 16. Jh. erlangt hatten, richteten 1656 hier eine Sekundogenitur ein – das kleine Herzogtum Sachsen-Zeitz hatte nur bis 1718 Bestand.

< Zeitz, Schloß Moritzburg

Anstelle des von Städten wie Naumburg und vor allem Leipzig angezogenen Fernhandels fand die Stadt schon im späten 18. Jh. mit der Textilfabrikation ein neues Auskommen, ein Jahrhundert später waren es u. a. die Kinderwagenherstellung und die chemische Industrie (in der Nähe reiche Braunkohlenvorkommen, seit ca. 1860 industriell abgebaut), die der Stadt zu neuer Blüte verhalfen. Zu Beginn des 20. Jh. verstand es Zeitz, sein historisches Stadtbild, dem sich in der Elsteraue mittlerweile große Fabriken angelagert hatten, durch gelungene Neubauten, u. a. Elsterbrücke zum neuen Bahnhof von 1915, Rathausumbau (s. u.), Wasserturm (1928), im Sinne der Zeit aufzuwerten.

Dom St. Peter und Paul, Schloß Moritzburg: Ältester Raum der *ehem. Stiftskirche* ist die Hallenkrypta, die wegen ihrer Wölbung mit kräftigen Gurtbogen kaum noch zur 1. Domkirche gehören wird. Zu einem Neubau des 11. Jh. wird auch das durchlaufende Querhaus gezählt; es ging um 1300 im hochgot. Chorneubau und 1433 ff. im Langhausneubau – einer spätgot. Hallenkirche mit sehr breiten Seitenschiffen – auf.
Das *Schloß,* an der Stelle der bischöflichen Burg (spätgot. Befestigungsreste) 1657–78 unter Herzog Moritz v. Johann Moritz Richter d. Ä. neu errichtet, ist ein großer frühbarocker Flügelbau von strengen Formen (vgl. die Schlösser in Gotha und Weißenfels), bedeutend in der Verknüpfung v. Erdgeschoßgalerie, Durchfahrt und Treppenhaus im W-Flügel, der in einem mächtigen Turm (darin ein großer Saal) schließt. Das *Torhaus* ist 1672 datiert. Dieser überaus regelmäßige, quaderförmige Bau erscheint mit seiner stark plastischen, fast skurrilen Gliederung als gebaute Idealarchitektur, der auch das bastionäre Schanzensystem zu entsprechen scheint. Im Inneren des Schlosses sind die Räume nicht nur in ihrer alten Anordnung, sondern auch mit ihren schweren und teils stuckierten Balkendecken erhalten (*Kreismuseum,* u. a. Bestände zur Industriegeschichte v. Z. und Umgebung).

Gleichzeitig mit dem Schloßneubau wurde die Stiftskirche zur Schloßkirche umgestaltet – als bauliche Veränderung ist dabei nur der Abbruch der W-Türme und die umfassende, kostbare *Neuausstattung* zu nennen. Die Altarwand v. 1671, seitlich am Choreingang beiderseits Emporen (mit darauf gestellten Orgeln entsprechend einer speziellen Anweisung v. Johann Heinrich Schütz), die Kanzel im Langhaus und die Hofloge im W sind hervorzuheben. Die Krypta nahm die Fürstengruft auf. Die im Bereich des 1. Langhausjoches stehenden Ausstattungsstücke wurden schwer beschädigt, als aufgrund jahrelanger bautechnischer Vernachlässigung nach 1980 ein Pfeiler samt den darauf ruhenden Gewölben einstürzte; Wiederherstellungsarbeiten sind noch in Gang. Die barocke Neuausstattung hatte die spätgot. Architektur einschließlich der Apostelfiguren an den Langhauspfeilern (2. und 3. Viertel des 15. Jh.) und der spätgot. Empore über dem Kreuzgangflügel im S-Seitenschiff in ihr Raumkonzept einbezogen und farblich eingestimmt.
Von der nicht mehr zahlreichen ma Ausstattung ist hier der prachtvolle spätroman. *Taufstein* hervorzuheben, der angeblich aus Kloster Posa bei Zeitz (dort bauliche Reste) stammt. An verschiedenen Stellen ist im Raum spätgot. Wandmalerei erhalten.
Unter einer großen Anzahl v. *Grabdenkmälern* können hier nur die wichtigsten genannt werden: bronzene Grabplatten für die Bischöfe Johann II. von Schleinitz († 1434), Peter v. Schleinitz († 1463) und Georg v. Haugwitz († 1463), der Werkstatt Peter Vischer d. Ä. zugewiesen. An den letzten kath. Bischof, Julius v. Pflug († 1564), erinnert das vorzügliche säulengerahmte Grabdenkmal aus feinem Sandstein. Dem v. Pflug nach Zeitz gerufenen Begründer der modernen Burgwerkskunde, Georg Agricola, hier 1555 verstorben, gilt eine bronzene Gedenktafel v. 1934.

Stadtkirche St. Michaelis: Die 1154 genannte, im 13. Jh. neu gebaute spätroman. Basilika mit Rechteckchor wurde seit dem 13. Jh. vielfach verändert. Ihre W-Turmfront, deren Obergeschosse erst um 1680 entstanden sind, krönt das Stadtbild. Die

Zeitz, Stadtkirche St. Michaelis,
< St. Michael am Portal

Zeitz, Stadtkirche St. Michaelis

Zeitz, Albrechtsches Haus

malerische Erscheinung des in der Mitte des 15. Jh. zur Halle umgebauten Langhauses ist nicht zuletzt einem Umbau v. 1844 zu verdanken. Im Inneren umziehen spätklassizistische Emporen v. 1827 den Raum, Reste der spätmittelalterlichen Ausstattung sind erhalten.

Franziskanerkloster: Es wurde bereits 1238 gegr. und hat als Stiftsgymnasium, erheblich verändert, die Zeiten überdauert. Die Stiftsbibliothek geht auf eine Schenkung des Bischofs Julius v. Pflug zurück. Wenngleich nicht ohne Bauschäden, ist die Klosterkirche als früher, in der Mitte des 13. Jh. entstandener Bettelordensbau v. besonderem Interesse.

Stephanskirche: Sie wurde 1739–41 w vor der Altstadt erbaut und ist die Nachfolgerin der Kirche des hier 1147 gegr. Benediktinerinnenklosters, das Kern der später hier entstandenen Vorstadt wurde.

Rathaus: Der an der S-Seite des Marktplatzes stehende große spätgot. Bau wurde 1505–09 von Sebald Woltstein errichtet. Nachdem die Stadtverwaltung um 1900 noch an einen Abbruch dieses Gebäudes gedacht hatte, wurde es 1906–09 instand gesetzt und ebenso geschickt wie repräsentativ erweitert (Architekten Weidenbach und Tschammer).

Stadtbefestigung: Von der einst starken Befestigung sind an der Turmstr. und hinter dem Rathaus ansehnliche Partien erhalten.

Öffentliche Bauten: Als Bauwerke des 19. Jh. können das ehemalige Waisenhaus (Schulstr. 5, 1818), die ehem. Bürgerschule am Markt (1834), das Gesellschaftshaus (1831) vor dem sö Stadtausgang, der Kalkstr., genannt werden. Eines der sehr selten gewordenen alten Kinos ist mit dem »Capitol« v. 1928 erhalten.

Wohnhäuser: Es lassen sich noch spätgot. Fachwerkhäuser wie Massivbauten des 16. Jh. mit schönen Giebeln und Portalen

Profen (Zeitz), Dorfkirche

finden. Aus der Herzogszeit stammen einige dreigeschossige Häuser in schweren barocken Formen (z. B. Messerschmiedestr. 9). Aus dem späten 18. Jh. stammt das fast schloßähnliche Albrechtsche Haus v. 1782 in der Badstubenvorstadt. Die historische Wohnhaussubstanz wurde im übrigen in den letzten Jahren durch verschiedene Abbrüche beeinträchtigt.

Industriebauten: An industriegeschichtlich interessanten Bauten ist Z. mit seiner Umgebung nicht arm. Neben der ehem. Näther-schen Kinderwagenfabrik ist auf eine alte, noch in der historischen Technik eingerichtete Klavierfabrik aus der 2. Hälfte des 19. Jh. unterhalb des Wendischen Berges hinzuweisen, ferner auf die in Fachkreisen geschätzte Brikettfabrik v. 1889.

Außerdem sehenswert: Im Goethepark, dem ehem. Oberen Johannesfriedhof, sollte das *Grabmal* des Theologen Johann Friedrich Delbrück, des Erziehers König Friedrich Wilhelms IV. v. Preußen († 1830), besucht werden. Der architektonische Aufbau in Gestalt einer Exedra wurde v. Karl Friedrich Schinkel entworfen.

Umgebung

Droyßig (8 km w): Die recht regelmäßig angelegte ma *Niederungsburg* wurde mehrfach, zuletzt in der Mitte des 19. Jh., umgebaut. Von besonderem Interesse ist die 1622 begonnene, unvollendet gebliebene *Schloßkapelle,* deren Spätrenaissance-Architektur im mitteldt. Raum nicht ihresgleichen findet. – Aus einer 1215 gestifteten geistlichen Niederlassung entstand das dicht an der Straße gelegene, in älterer Zeit befestigte *Gutsgebäude,* zuletzt ein Lehrerseminar. – Sehenswert ist die benachbarte *Dorfkirche,* nach der Mitte des 13. Jh. erneuert. Vom Vorgängerbau ist ein Portal erhalten. Im Inneren sind eine Reihe v. Grabdenkmälern der Ortsherrschaft (15.–18. Jh.) zu sehen.

Haynsburg (5 km sw): Die zeitweise den Naumburger Bischöfen gehörende kleine *Talrandburg* erscheint heute als spätmittelalterliche Baugruppe, die einen vermutlich noch roman., runden Bergfried umschließt; interessante Details des 16. Jh.

Profen (11 km nö): Schöne spätgot. *Dorfkirche* mit einem der in der Gegend nicht sehr häufigen Chorseitentürme. Der Chor netzgewölbt, umfassende Ausstattung des 16.–18. Jh. – Im Ort (wie auch in einigen Nachbardörfern) *Umgebindehäuser* vom Ende des 18. Jh., wie sie sonst aus der Lausitz bekannt sind.

39261 Zerbst
Anhalt-Zerbst

Einw.: 17 390 Höhe: 70 m S. 291 □ F 7

Der alte Burgort war im 12. Jh. teils Reichseigentum, teils schon askanischer Besitz. 1307 gänzlich askanisch, wurde die in spätmittelalterlicher Zeit blühende Stadt 1603 Sitz der Linie Anhalt-Zerbst; nach deren Aussterben fiel 1796 das Fürstentum an die Dessauer Linie. Ein Bombenangriff hat im April 1945 die in ihrem älteren Baubestand bis dahin wohlerhaltene Altstadt fast völlig

Zerbst, Pfarrkirche St. Nikolai, Gotische »Judensau«, Relief an der Nordseite, Mitte 14.Jh.

zerstört. Während der überwiegende Teil der Großbauten einschließlich der Stadtbefestigung teils als Ruine und dezimiert, teils wieder ausgebaut erhalten ist, wurde die das berühmte Stadtbild ebenso ausmachende bürgerliche Architektur des 15.–18. Jh. einschließlich des bedeutenden Rathauses ausgelöscht und hat einer trostlosen Typenbebauung Platz gemacht. Allein im Bereich der Schloßfreiheit ist ein historisch eindrucksvoller, städtebaulicher Zusammenhang bewahrt geblieben.

Schloß: Die als kreisrunde Anlage überlieferte Niederungsburg ist durch das ab 1681 nach Plänen v. Cornelis Ryckwaert erbaute Residenzschloß überbaut worden. 1696 war ein Teil, 1749 endlich das Ganze fertiggestellt, zuletzt der allein erhaltene O-Flügel nach einen Entwurf v. Georg Wenzeslaus v. Knobelsdorff. Zuvor entstand die *Reitbahn* (heute Stadthalle) im Schloßpark, ein Bau v. Johann Christoph Schütze.

Bartholomäikirche (ehem. Stifts- und Hofkirche): Vom 1215 geweihten Bau sind die O-Teile mit einem prachtvollen Säulenportal im N-Querhaus, dazu der um 1300 nach O verlängerte Chor erhalten; das im frühen 15. Jh. vergrößerte Langhaus mit seiner 1517 angefügten w Vorhalle ist seit 1945 Ruine. Der nö frei stehende Glockenturm der Kirche war urspr. ein Befestigungsturm der Burgsiedlung. Die bedeutenden Wandmalereien im Bereich des Querhauses werden in das 2. Viertel des 13. Jh. datiert. Die nachmittelalterliche Ausstattung ging im Beschuß zugrunde. An die Funktion der Hofkirche erinnert noch die an der S-Seite im Jahre 1700 angebaute Fürstengruft. Ein großes Gedächtnisgemälde an der Chornordwand auf die Einführung der Reformation im Jahre 1540 v. Lucas Cranach d. J., datiert 1566, zeigt den hier bestatteten Fürsten Wolfgang v. Anhalt (Grabplatte vor dem Altar) in Gegenwart der Taufe Christi; im Mittelgrund eine Gruppe v. Reformatoren und fürstlicher Verwandtschaft. Ein barockes Wandgrabmal des Fürsten Johann von Anhalt († 1672) ist neben zahlreichen

Grabsteinen des 14.–18. Jahrhunderts hervorzuheben.

Pfarrkirche St. Nikolai: Der großartige Hallenbau mit seinem reichdekorierten Umgangschor ist seit 1945 Ruine. Sein Abriß war in den 70er Jahren v. seiten der Behörden mehrfach geplant. Entstanden in mehreren Bauabschnitten im 2.–4. Viertel des 15. Jh. unter Leitung der Baumeister Hans und Mathias Kumoller, zeigt die gewaltige W-Front noch Teile der Türme des Vorgängerbaus aus dem 12. Jh. 1534 waren die Türme mit ihren 3 Spitzen vollendet; die Ähnlichkeit mit der Turmlösung des Erfurter Domes ist erstaunlich.

Trinitatiskirche: Der 1683–96 v. Cornelis Ryckwaert und Giovanni Simonetti in holländisch-reformierter Tradition errichtete kreuzförmige Zentralbau war für die Lutheraner in Z. bestimmt. Die Reformierten hatten zu dieser Zeit die Nikolaikirche in Beschlag genommen.

Ehem. Franziskanerkloster: Mitte des 13. Jh. gegr. Nach der Einführung der Reformation diente der Bau als Schule und wurde in der Folge zu diesem Zweck verändert. Neben der in Teilen noch aus dem 13. Jh. stammenden *Kirche* sind die um den Kreuzgang gelegenen *Klostergebäude* des 15. Jh. erhalten. An die 1276 gestorbene Stifterin Sophie v. Barby erinnert ein Grabstein. Im Haus befindet sich das *Heimatmuseum* mit seiner reichen Sammlung Zerbster Fayencen und einer dreibändigen Cranach-Bibel (1541).

Zerbst, Roland, 1445/46 von Meister Curd

Schloßfreiheit: Die beiden prächtigen zweigeschossigen Adelspalais entstanden zu Beginn des 18. Jh.

Markt: Hier steht die Sandsteinfigur des 1445 aufgerichteten, modisch gerüsteten *Rolands* unter einem neugot. Baldachin (v. Alexander v. Heideloff), weiterhin die auf hoher Säule stehende bronzene *»Butterjungfer«* von 1647, in der Tradition eines ma Bildwerkes, das vielleicht als Zeichen eines bürgerlichen Turnierplatzes zu erklären ist.

Stadtbefestigung: Sie umfaßt einen fast geschlossen erhaltenen *Mauerzug* v. insgesamt vier km Länge, mehrere *Türme* und drei *Tore* (vorwiegend wohl 15. Jh.).

Außerdem sehenswert: Die in Teilen erhaltenen *Klöster der Augustinereremiten* vom Ende des 14. Jh. (Altersheim), *der Zisterzienserinnen* am Frauentor (Teil der Berufsschule), Ende des 13. Jh. und 1728, und die ehem. *Zisterzienserinnenklosterkirche* im Ortsteil *Ankuhn* (1. Hälfte 13. Jh.).

Umgebung

Lindau (9 km n): Die *Kirche* ist ein Saalbau der Zeit um 1200 und wurde später verändert. Grabstein mit Ritzfiguren eines Priesters († 1267). – Von der einst großen *Burganlage* sind nur noch Reste erhalten.

Steckby (10 km sw): Spätroman. *Feldsteinkirche* des frühen 13. Jh.

Walternienburg (9 km w): Nach einer Fundstelle im Ort ist eine der Jungsteinzeit angehörende Gruppe der Trichterbecherkultur benannt.

Die v. einem Wassergraben umgebene hochmittelalterliche *Turmhügelburg* an strategisch wichtiger Stelle ist mit einigen verfallenden spät- und nachmittelalterlichen Gebäuden bebaut.

Register der Fachausdrücke

Ädikula: Wandnische, die zur Aufstellung einer Büste oder Statue dient; meist mit → Giebel, → Pfeilern oder → Säulen verziert.
Akanthus: Schmuckelement, das sich vor allem am → korinthischen → Kapitell findet und aus der stilisierten Darstellung eines scharf gezackten, distelähnlichen Blattes entwickelt wurde.
Altaraufsatz: Schreinartiger Aufbau über dem Altartisch.
Altarauszug: Oberer, abgehobener Teil des → Altaraufsatzes.
Altarretabel: → Altaraufsatz.
Ambo: Pult an den Chorschranken in altchristlichen und mittelalterlichen Kirchen; Vorläufer der → Kanzel.
Anna selbdritt: Darstellung von Anna, Maria und dem Jesusknaben.
Apsis: Abschluß des → Chors, meist halbkreisförmig. In der Regel Standort des → Altars.
Arabeske: Ein stilisiertes Blattwerk, das als Schmuckmotiv verwendet wird.
Architrav: Steinerner Hauptbalken über den → Säulen.
Archivolte: Bogenlauf über romanischen und gotischen Portalen.
Arkade: Bogen, der von → Säulen oder → Pfeilern getragen wird. Mehrere Arkaden werden zu Bogengängen zusammengefaßt. Wenn die Arkaden keine Öffnung haben (und nur aus dekorativen Gründen verwendet werden), spricht man auch von Blendarkaden.
Atrium: Bei den Römern ein zentraler Raum mit einer Öffnung im Dach, durch die das Regenwasser einfallen konnte.
In der christlichen Architektur ein Vorhof, der meist von → Säulen umgeben ist, auch Paradies genannt.
Attika: Eine (meist reich verzierte) Wand, die über das → Gesims einer Säulenreihe gemauert wird und das Dach verdecken soll.
Aula: Halle, Versammlungssaal.

Backsteingotik: Bauten aus → Backstein in den Forrnen der → Gotik.
Vorwiegend in Nord-, Ost- und Süddeutschland zu fnden.
Baldachin: Schutzdach über → Altären, Grabmalen, Statuen und Portalen.
Baluster: Kleine bauchige oder profilierte Säule.
Balustrade; aus → Balustern gebildetes Geländer.
Baptisterium: Taufkirche oder Taufkapelle, in der Regel Zentralbau.
Barock: Stilbezeichnung für die Kunst und Kulturepoche ab etwa 1600 bis etwa 1750. Bestimmend sind kraftvoll bewegte, ineinandergreifende Formen.
Basilika: Griechische Königshalle; im Kirchenbau Bezeichnung für eine mehrschiffige Kirche (→ Schiff), deren Satteldach über dem Hauptschiff höher ist als die Pultdächer über den Seitenschiffen. Siehe auch → Säulenbasilika und → Pfeilerbasilika.
Basis: Fuß einer → Säule oder eines → Pfeilers, meist breit auslaufend und dekorativ gestaltet.
Bergfried: Hauptturm einer Burg, letzte Zufluchtsstätte bei Belagerungen.
Biedermeier: Kunst und Kulturepoche (v.a. im deutschsprachigen Raum) v. ca. 1815 bis ca. 1850.
Blendarkade: → Arkade.
Blende: in die Wand eingetieftes Feld oder der Wand vorgelegtes architektonisches Motiv mit der Wirkung einer Scheinarchitektur.
Blendmaßwerk: → Maßwerk.
Bogenformen: Der Bogen dient zur Überbrükkung größerer Spannweiten im Steinbau.
Bogenfries: Ein → Fries in der Form von Rundbogen (häufig bei romanischen Bauwerken).
Bündelpfeiler: In der Gotik beliebte → Pfeilerform. Um Kernpfeiler gruppieren sich kleinere und größere Dreiviertelpfeiler.

Campanile →Kampanile.
Cella: Hauptraum des antiken Tempels mit dem Götterbild.
Chor: Der meist erhöhte und in der Regel östlich gelegene Abschluß des Kirchenraumes. Der Chor hat meist nicht die gleiche Breite wie das → Schiff. Er dient zur Aufnahme des → Altars. Im Mittelalter war der Chor oft durch Schranken zum Kirchenraum abgegrenzt.
Chorumgang: Ein Gang, der durch die Fortführung der Seitenschiffe entsteht und um den Chor herumführt.
Confessio: Vorform der ma Krypta. Unter dem Hochaltar angelegtes Märtyrer- oder Kirchenheiligengrab.

Dachformen, *Pultdach:* eine einzige schräg ansteigende Dachfläche. *Satteldach:* zwei schräge, gegeneinander aufsteigende Dachflächen, an den Enden durch einen Giebel begrenzt. *Tätschdach:* flach geneigtes Satteldach. *Walmdach:* Satteldach, bei dem auch die Giebelseiten mit einer Dachfläche (Walm) versehen sind. *Krüppelwalmdach:* Walmdach, bei dem nur der obere Giebelteil abgewalmt ist. *Zeltdach:* vier steil aufsteigende Dachflächen über viereckigem Grundriß, z.B. als Turmabschluß. Vgl. → Klebdach.
Dachreiter: Türmchen über dem Dachstuhl.
Dienste: Dünne Säulen oder Rundstäbe, die einer Wand oder einem Pfeiler vorgelagert sind, meist zur Unterstützung des Gewölbes.

Diptychon: Zusammenklappbare zweiteilige (Altar-)Tafel.
Dorische Säulenordnung: → Ordnung, bei der die → Säulen ohne → Basis direkt auf den Boden gesetzt sind und flache, wulstförmige → Kapitelle tragen.
Draperie (franz. drap »Tuch«): Dekoration mit Stoffen, Behänge aus Stoffen und deren malerische Darstellung.

Epitaph: Gedenktafel oder Gedenkstein an Wand oder Pfeiler, oft über dem Grab des Verstorbenen.
Exedra: Apsis, überwölbt mit einem Kuppelausschnitt.
Exvoto: Ein aufgrund eines Gelübdes gestiftetes Bild: Votivbild, -tafel.

Fassade: Haupt- oder Schauseite eines Bauwerks.
Fassung: Bemalung.
Fayence: Töpferwaren mit Glasurüberzug, benannt nach der italienischen Stadt Faënza.
Fiale: Ziertürmchen in der → Gotik; oft als Bekrönung eines → Strebepfeilers.
Filigranwerk: Ursprünglich Goldschmiedearbeit, bei der Gold- und Silberdraht ornamentartig auf eine Metallunterlage gelötet werden. Auch auf vielfach durchbrochene Schnitzwerke und Stukkaturen übertragen.
Fischblase: Flammenförmige Ornamentform im gotischen → Maßwerk.
Flügelaltar: Der → Altaraufsatz hat ausklappbare, reich geschnitzte oder bemalte Flügel.
Fresko: Auf den noch feuchten Kalkputz werden Wasserfarben ohne Bindemittel aufgetragen. Beim Trocknen des Mörtels verbinden sich die Farben besonders haltbar mit dem Putz.
Fries: Schmuckstreifen zum Abschluß oder als Untergliederung einer Wand. Der Fries kann flächig oder plastisch sein, er kann aus Figuren oder → Ornamenten bestehen.

Galerie: Ein langgestreckter Raum; oft werden → Emporen und → Arkadengänge auch Galerie genannt.
Gaube: Als Giebelhäuschen ausgebildetes Dachfenster.
Gesims: Ein vorspringender Wandabschluß.
Gesprenge: Abschließende Bekrönung des → Altaraufsatzes.
Gewölbe: Bogen- oder haubenförmiger Abschluß eines Raums.
Gewölbeformen: *Tonnengewölbe:* Gewölbe mit dem Querschnitt eines Halbkreis-, Segment-, Korb- oder Spitzbogens.
Stichkappengewölbe: Tonnengewölbe, das durch einen seitlich einschneidenden Kappenkranz, meist mit Fensteröffnungen, begrenzt ist. *Kreuzgewölbe/Kreuzgratgewölbe:* rechtwinklige Durchdringung von zwei gleich hohen Tonnengewölben, die Durchdringungslinien heißen Grate. *Kreuzrippengewölbe:* Kreuzgratgewölbe mit tragenden Rippen entlang der Grate.
Sterngewölbe: sternartig verzweigtes Rippengewölbe.
Gobelin: Bildteppich.
Gotik: Epoche der europäischen Kunst und Kultur, die von der Mitte des 12. Jh. bis ins 16. Jh. reicht.
Grisaille: Malerei in verschiedenen Grauabstimmungen.

Hallenkirche: Im Gegensatz zur → Basilika sind Hauptraum und → Seitenschiffe gleich hoch; ohne → Querhaus.
Halsgraben: Künstlich geschaffener Graben, der Burgen vom Landrücken trennt. Oft auch Zugang über Zugbrücken.
Helm: Der Abschluß eines Turmes.

Intarsia: Einlegearbeit in Holz, Stuck, Stein etc.
Ionische Säulenordnung: → Ordnung, bei der die → Säulen auf einer mehrgliedrigen → Basis stehen und das → Kapitell durch zwei Schnekkenbögen charakterisiert ist.

Joch: Grundeinheit des durch → Pfeiler, → Säulen oder → Gurtbogen gegliederten Raumes.
Jugendstil: Nach der Münchner Zeitschrift »Jugend« benannte Stilrichtung, die sich gegen die Übernahme alter Formen wendet und neue, der Natur entnommene Ausdrucksformen schafft. Schwerpunkt von 1895 bis um 1905.

Kämpfer: Steinplatte zwischen → Säule bzw. → Kapitell und Bogen oder Gewölbe.
Kalotte: Gewölbte Kuppel in Form eines Kugelabschnitts.
Kamee: Stein oder Edelstein mit erhaben geschnittener Darstellung.
Kampanile, *Campanile:* (meist frei stehender) Glockenturm.
Kanon: Regelmäßiges, wiederkehrendes Maß.
Kapitell: Abschließender, kopfartiger Teil einer → Säule. Die Form der Kapitelle ist ausschlaggebend für Stil oder → Ordnung.
Kapitelsaal: Versammlungsraum der Klostergemeinde.
Kartusche: Zierrahmen, mit dem Wappen, Initiale oder Inschriften eingefaßt sind.
Karyatide: → Gebälk tragende Figur.
Kassettendecke: Diese in rechteckige Felder unterteilte Decke ist durch → Ornamente, Bemalung oder anderen Schmuck ausgeprägt.
Kathedrale: Bischofskirche, Dom.
Klassizismus: Von klassisch-antiken Vorbildem ausgehende Stilrichtung, die zwischen etwa 1770 bis etwa 1830 ihren Höhepunkt erreichte.
Klostergewölbe: (Haubengewölbe): Ein kup-

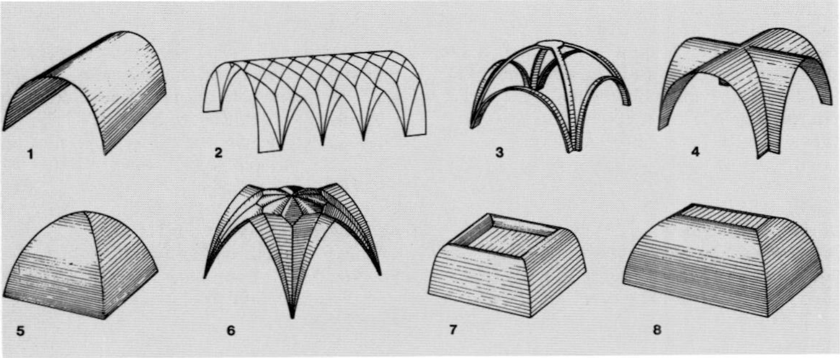

1 Tonnengewölbe 2 Stichkappengewölbe 3 Kreuzrippengewölbe 4 Kreuzgrat-gewölbe 5 Klostergewölbe 6 Sterngewölbe 7 Kassettengewölbe 8 Spiegelgewölbe

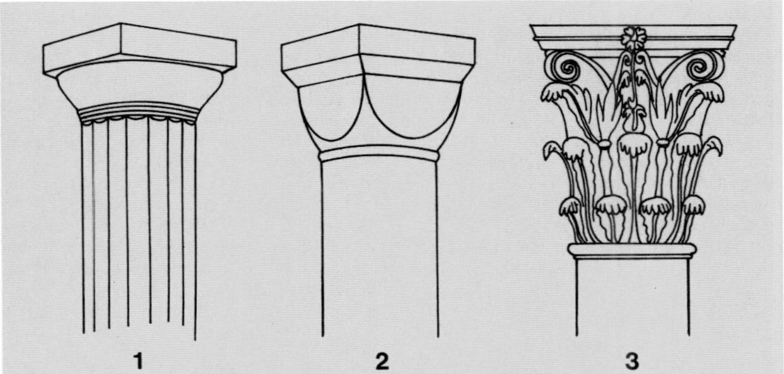

1 dorisches Kapitell 2 romanisches Würfelkapitell 3 korinthisches Kapitell 4 ionisches Kapitell 5 gotisches Knospenkapitell 6 gotisches Blattkapitell

pelähnliches, waagrecht gerade abschließendes Gewölbe aus Tonnenabschnitten.

Knorpelstil: Die vorbarocke Form des → Ornaments, aus dem → Beschlagwerk entwickelt, mit ohrmuschelartigen Formen.

Knospenkapitell: Abwandlung des → korinthischen Kapitells in frühgotischer Zeit.

Konche: Halbrunder, sich in einen Nebenraum öffnender Raum, besonders Halbkuppel der Apsis.

Konsole: Wandvorsprung, Balkenstütze.

Korbbogen: Flachgedrückter Rundbogen.

Korinthische Säulenordnung: Reiche Zierformen kennzeichnen bei dieser → Ordnung die → Kapitelle. Die → Basis ähnelt der → ionischen Ordnung.

Kragstein: Aus der Mauer herausragender Stein, der als Stütze, als Auflage oder auch nur als Träger für eine Büste dient.

Kreuzgang: Meist gewölbtes, nach innen durch → Arkaden geöffnetes Geviert, das als Umgang im Hof eines Klosters dient und an einer Seite an die Kirche anschließt.

Kreuzgewölbe: Ein → Gewölbe, bei dem sich zwei → Tonnengewölbe rechtwinklig kreuzen. Man unterscheidet das einfache Kreuzgratgewölbe von dem Kreuzrippengewölbe, bei welchem die Schnittkanten durch Rippen verstärkt sind.

Krypta: Unterkirche, Grabraum, meist unter dem → Chor gelegen. Oft sind Kirchen über einer alten Krypta errichtet worden.

Kuppelformen, wichtigste: *Pendentif- oder Hängekuppel:* über quadratischem oder vieleckigem Grundriß gewölbte halbrunde Kuppel mit ausgeschiedenen Seitenflächen. Die von der Kuppelwölbung in den Kuppelansatz überleitenden sphärischen Dreiecke heißen *Pendentifs* oder *Hängezwickel. Tambourkuppel:* Pendentifkuppel mit zylindrischem oder polygonalem Zwischenstück *(Tambour, Trommel)*, das zwischen Pendentifs und Halbkugel geschoben ist. Der obere Abschluß einer Kuppel wird meist durch eine → Laterne gebildet.

Langhaus: Hauptteil der Kirche, für die Gemeinde bestimmt (ohne → Chor und → Apsis).

Laterne: Runder oder polygonaler, mit Fenstern versehener kleiner Aufbau über der Scheitelöffnung einer Kuppel oder als Turmbekrönung.

Leibung, Laibung: Fläche des Mauereinschnitts bei Fenstern und Türen.

Lettner: Wand oder Brüstung zwischen → Chor und → Mittelschiff, die den klerikalen Bereich vom Laienraum trennt.

Lisene: Schwach aus der Wand vortretender senkrechter Mauerstreifen ohne Basis und Kapitell.

Loggia: Nach außen geöffnete Säulenhalle eines Bauwerks, häufig im Obergeschoß.

Louis-Quatorze: Französischer Kunststil, dem deutschen → Barock vergleichbar; benannt nach Ludwig XIV. (1638–1715).

Louis-Quinze: Epoche des Spätbarock in Frankreich, benannt nach Ludwig XV. (1710 bis 1774). Entspricht in etwa dem → Rokoko in Deutschland und Österreich.

Louis-Seize: Beginn des → Klassizismus in Frankreich, benannt nach Ludwig XVI. (1754 bis 1793); eine gemäßigte Form des → Rokoko.

Lüftlmalerei: Malerei an Hauswänden, vornehmlich im süddeutschen Raum.

Lünette: Halbkreisförmiges Feld über Türen und Fenstern, oft mit Malerei oder Plastik.

Manierismus: Kunststil zwischen → Renaissance und → Barock (ungefähr von 1530 bis 1630). Der Manierismus vernachlässigt natürliche und »klassische« Formen zugunsten gewollter Künstlichkeit der Manier.

Maßwerk: Gotische geometrische Zierformen, vor allem für die Ausgestaltung von Fensterbögen oft verwendet. Liegen die Zierbogen direkt auf der Wand, spricht man von Blendmaßwerk.

Mausoleum: Ein prächtiges Grabmal, meist in der Form eines Hauses oder Tempels.

Mensa: Die Deckplatte des Altars.

Mezzanin: Halb- oder Zwischengeschoß.

Miniatur: Kleinformatiges Bild; handgemalte Bilder in alten Handschriften.

Monstranz: Schmuckgerät, in dem (meist hinter Glas) die geweihte Hostie gezeigt wird.

Mosaik: Wand-, Boden- oder Gewölbeschmuck, zusammengefügt aus kleinen bunten Steinchen, Glasscherben oder anderen Materialien.

Münster: Große Klosterkirche bzw. große Stiftskirche, vor allem in Rheinnähe gebräuchlich.

Muschelwerk: Zierornamente, die dem Muschelmotiv nachempfunden sind; vor allem in der späten → Renaissance und im → Rokoko.

Narthex: Vorhalle von Basiliken und Kirchen.

Netzgewölbe: Ein → Gewölbe, bei dem sich die Rippen mehrfach kreuzen. Vor allem zur Zeit der → Gotik anzutreffen.

Neubarock: Reaktion auf den kühlen → Klassizismus. Die Wiederverwendung der Formen des → Barock entwickelte sich im letzten Drittel des 19. Jh. als ein historisierender Prunkstil mit übertriebenem plastischem Schmuck und auffälligen Farben.

Neugotik (Neogotik): Historisierender Kunststil, mit dem man im 19. Jh. die Bauformen und Schmuckornamente der → Gotik neu beleben wollte.

Nonnenchor: → Empore, auf der Nonnen dem Gottesdienst beiwohnen.

Obelisk: Frei stehender Pfeiler mit quadratischem Grundriß und pyramidenartiger Spitze.

Odeon: Meist rundes Gebäude, in dem musikalische und andere musische Aufführungen stattfinden.
Oktogon: Gebäude mit achteckigem Grundriß.
Olifant: Das Wunderhorn Rolands, ein Signal- und Kriegshorn aus Elfenbein, reich geschnitzt und in Edelmetall gefaßt.
Orangerie: Teil barocker Schloß- und Parkanlagen, ursprünglich für die Überwinterung der während des Sommers im Freien aufgestellten Orangenbäume und anderer südlicher Gewächse gedacht.
Oft erhielten die Orangerien jedoch Festräume für große Hofgesellschaften.
Oratorium: Kleine Kapelle, die in der Regel nicht für die Öffentlichkeit zugänglich ist, oft dem →Chorraum angegliedert.
Ordensburg: Burgen des Deutschen Ritterordens, vornehmlich in Preußen und Livland. Die vierflügeligen Anlagen sind um einen Innenhof gruppiert und durch sehr starke Befestigungsanlagen geschützt. Kloster, Garnison und Verwaltung sind in den Ordensburgen gemeinsam untergebracht gewesen.
Ottonische Kunst: Kunst aus der Zeit der Könige Otto I., Otto II. und Otto III. (936 bis 1002). Anreger und Finanziers dieser Kunst waren die Könige sowie Würdenträger der Kirche.

Pagode: Süd- und ostasiatischer Reliquienschrein und Tempel.
Pala: Altaraufsatz.
Palas: Wohnbau einer Burg.
Pallium: Ein mantelähnlicher Umhang der Römer, im Mittelalter Krönungsmantel für Könige und Kaiser, später auch bei Erzbischöfen.
Paneel: Brusthohe Holzvertäfelung.
Pantheon: Den Göttern geweihter Tempel. Nach dem Vorbild des Pantheons in Rom.
Paradies: → Atrium.
Patio: Innenhof des Hauses, vor allem in Spanien.
Pavillon: Meist mehreckiger oder runder Bau in Parkanlagen. Bei Barockschlössern verbinden sehr häufig Eckpavillons den Hauptbau mit den davon abzweigenden → Galerien.
Pendentifkuppel: → Kuppelformen.
Peristyl: Einen Hof umgebende Säulenhalle, bei profanen wie sakralen Bauten verbreitet.
Pesel: Wohnraum und Zentrum norddeutscher Bauernhäuser.
Pfalz: Wohnstatt für Könige und Kaiser, die im Mittelalter nicht an einem Ort residierten, sondern ihren Sitz regelmäßig wechselten.
Pfeiler: Stützglied wie die → Säule, doch von recht- oder mehreckigem Grundriß.
Piano Nobile: Das wichtigste Geschoß eines Profanbaues, meistens das 1. Obergeschoß z. B. mit Prunk- und Repräsentationsräumen.
Pilaster: → Pfeiler, der aus einer Wand hervortritt (Halbpfeiler), mit → Basis und → Kapitell.
Pinakothek (griech.): Bildersammlung.
polychrom: Vielfarbig ausgeführt; Farben deutlich gegeneinander abgesetzt: Ggs. monochrom.
Polygon: Vieleck.
Polyptychon: Ein aus mehreren Tafeln (Flügeln) zusammengesetztes (Altar-)Bild.
Portikus: Von → Pfeilern gestützte Vorhalle.
Postament: Sockel eines Standbildes.
Predella: Unterbau des → Altars.
Presbyterium: Ursprünglich »Raum der Priester«, heute allgemeine Bezeichnung für den → Chor bzw. die → Apsis einer Kirche.
Propyläen: Die Eingangshalle monumentaler Bauten. Vorbild späterer Bauten waren die Propyläen auf der Akropolis in Athen (entstanden 437 bis 432 v. Chr.).
Pulpitum: Frei stehende Kanzel.
Putten: Nackte engelhafte Kinderfiguren in der → Renaissance, im → Barock und im → Rokoko.

Quader: Behauener Block aus massivem Stein.
Quadriga: Ein vierspänniger Wagen.

Refektorium: Speiseraum in Klöstern.
Régence: Französische Ausformung des → Rokoko.
Relief: Bildhauerarbeit, bei der die Figuren halbplastisch aus der Fläche herausgeschnitten (Holz) oder gemeißelt (Stein) sind. Je nach der Stärke der Erhebung spricht man von Flach-, Halb- oder Hochrelief.
Reliquiar: Behälter, in dem die Reliquien eines Heiligen aufbewahrt werden.
Remter: Speisesaal einer → Ordensburg (→ Refektorium).
Renaissance: Stilbezeichnung für die bildende Kunst ab etwa 1500 bis etwa 1600. Die Renaissance fällt zusammen mit dem Ende des mittelalterlichen Weltbilds und dem Beginn einer neuen, an der Antike orientierten Lebenshaltung (ital. rinascimento = Wiedergeburt).
Risalit: Aus der Fluchtlinie vortretender Teil eines Gebäudes, der dessen volle Höhe erreicht.
Rocaille: Reich gestaltete, muschelähnliche → Kartusche, die namengebend für das → Rokoko wurde.
Rokoko: Stilbezeichnung für die Zeit des ausklingenden → Barock (etwa 1720–70), mit eleganten, leichten, oft verspielten, vor allem ovalen Formen.
Romanik: Die zusammenfassende Bezeichnung für die Kunst vom Jahr 1000 bis ins 13. Jh.

In ihren Bauwerken ist die Romanik bestimmt von Rundbogen, ruhigen Omamenten und einer insgesamt schweren Haltung.
Romantik: Kunstrichtung zu Beginn des 19. Jh., die sich vor allem in der Literatur (Märchen),

Malerei und Musik ausbreitete. Sie nimmt Formen und Motive des Mittelalters wieder auf und bedeutet eine Abkehr von den rationalen Normen des → Klassizismus.
Rosette: Rosenartige Dekorationsform, z. B. in Kassetten oder an Friesen.
Rotunde: Rundbau.
Rustika: Mauern aus → Quadern, deren Schauseite absichtlich unbehauen geblieben ist.

Saalkirche: Stützenfreier Kircheninnenraum, also ohne → Seitenschiff.
Säkularisation: Umwandlung geistlicher Besitztümer in weltliche, vor allem in der Zeit unter Napoleon (1803).
Säule: Stützglied mit kreisförmigem Grundriß, Gliederung in Basis, Schaft und Kapitell. Säulenordnungen sind durch strenge Maß- und Proportionsregeln gekennzeichnet und kommen in den klassischen bzw. den von der Klassik beeinflußten Stilepochen vor (→ Pfeiler).
sakral: kirchlich, geistlich (im Gegensatz zu → profan).
Sakramentshäuschen: Gehäuse zur Aufbewahrung der geweihten Hostien. In der späten → Gotik entstanden zahlreiche große Sakramentshäuschen, die zu bedeutenden Kunstwerken ausgestaltet sind.
Sarkophag: Meist reich verzierter steinerner Sarg.
Satteldach: Von zwei schräg gegeneinander gestellten Flächen gebildetes Dach. Die 2 Giebel befinden sich an den Schmalseiten.
Schalldeckel: → Kanzel.
Schiff: Der Raumteil einer Kirche; daraus einschiffige oder mehrschiffige Kirchen; letztere durch → Säulen oder → Pfeiler aufgeteilt.
Sepultur: Für Begräbnisstätten reservierter Kirchenraum.
Sgraffito: Kratzputz.
Sprengwerk: → Gesprenge.
Stabkirche: Holzkirche (in Deutschland fast ausschließlich im Harz) aus senkrecht stehenden Planken und Pfosten.
Stabwerk: Senkrechte Stäbe zur Gliederung gotischer Fenster und Fassaden (→ Maßwerk).
Stichkappengewölbe: Ein von dreieckigen Kugelflächen eingeschnittenes → Tonnengewölbe.
Strebewerk: System von Strebepfeilern und -bögen an Außenwänden zur Abstützung von Mauern und Gewölben; im got. Kirchenbau häufig verwendet.
Strickbau: → Blockbau.
Stuck: Ein leicht formbarer Werkstoff aus Gips Kalk, Sand und Wasser, der v.a. im 17./18.Jh. zur plastischen Ausschmückung von Innenräumen gedient hat.
Stukkatur: Ornamentale und figürliche Stuck-Dekoration v.a. im Barock.
Synagoge: Jüdisches Gotteshaus.

Tabernakel: Altargehäuse für die Hostie.
Tabor: Befestigtes Lager, Befestigung, besonders in der Steiermark gegen Türkeneinfälle; auch Taborkirche.
Terrakotta: Gebrannte, unglasierte Tonerde.
Tonnengewölbe: → Gewölbe, das einer Tonne gleicht, die in Längsrichtung durchgeschnitten wird.
Triptychon: Dreiteiliges Altarbild.
Triumphbogen: Geschmückter Torbogen.
Tumba: Aufbau über einer Grabstelle.
Tympanon: Das Bogenfeld über dem mittelalterlichen Portal.

Vedute: Gemälde oder Zeichnung mit der genauen Darstellung einer Stadt oder Landschaft.
Verblendung: Verkleidung von Bauteilen, die nicht sichtbar sein sollen.
Verkröpfung: Vorziehen eines Gesimses über einem vorstehenden Bauteil (Wandpfeiler, Pilaster usw.).
Vesperbild: Pieta.
Vierung: Die Stelle, an der sich → Lang- und → Querhaus kreuzen.
Vollplastik: Allseits plastisch gearbeitetes Bildwerk (dagegen → Relief).
Volute: Spiralenförmiges → Ornament.
Vorhalle: Ein der Westfassade integrierter Vorraum bei Kirchenbauten.

Wange: Seitlicher Abschluß des → Chorgestühls.
Welsche Haube: Geschwungenes Haubendach für Türme, Vorläufer der → Zwiebelhaube.
Westwerk: Monumentaler Westabschluß bei Kirchen aus karolingischer, ottonischer und romanischer Zeit.
Als Kirche für den Herrscher vorgesehen und deshalb oft auch mit einem eigenen Altar ausgestattet.
Wimperg: Giebelartige Bekrönung über got. Portalen und Fenstern, meist aus Maßwerk konstruiert.

Ziborium (auch Ciborium): Großer von Säulen getragener steinerner → Baldachin über dem → Altar.
Zopfstil: Stilrichtung aus der Zeit zwischen → Rokoko und → Klassizismus (etwa um 1760–80); geprägt von strenger Ausdrucksweise.
Zwerchhaus: Dachhäuschen mit einem Giebel, der quer zum Hauptdach steht.
Zwerggalerie: Gang in der Außenmauer unter dem Dachgesims; nach außen geöffnet und meist reich verziert.
Zwiebelhaube: Dach in der Gestalt einer Zwiebel.
Zwinger: Das Gelände zwischen den inneren und äußeren Mauern der mittelalterlichen Stadtbefestigungen. Hier wurden oft Tiere gehalten. Im → Barock errichtete man an dieser Stelle dann oft Vergnügungsstätten.

Künstlerregister

Ortsregister

Anschluß-Seite 290

Anschluß-Seite 29

Anschluß-Seite 288

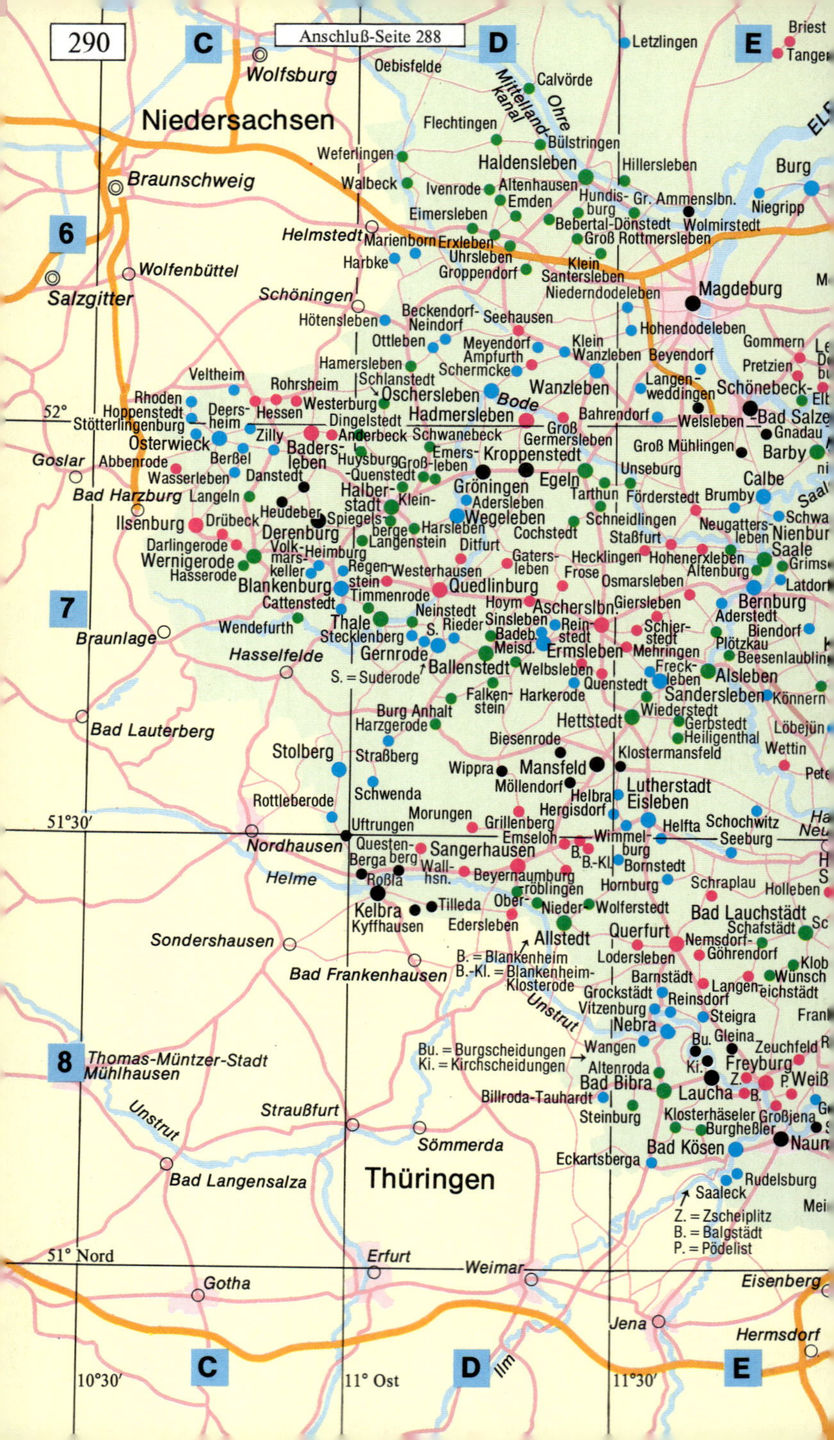

Anschluß-Seite 289

Abkürzungen

bes.	besonders	kath.	katholisch	sächs.	sächsisch
d. Ä.	der Ältere	km	Kilometer	sog.	sogenannt(e)
d. Gr.	der Große	l	links	sorb.	sorbisch
d. h.	das heißt	m	Meter	St.	Sankt
d. J.	der Jüngere	MA	Mittelalter	u. a.	und andere, unter anderem
dt.	deutsch	ma	mittelalterlich		
ehem.	ehemalig(e)	N	Norden, Nord-	urspr.	ursprünglich
eigtl.	eigentlich	n	nördlich	usw., etc.	und so weiter
ev.	evangelisch	O	Osten, Ost-	v.	von
gegr.	gegründet	ö	östlich	vgl.	vergleiche
got.	gotisch	qm	Quadratmeter	W	Westen, West-
griech.	griechisch	r	rechts	w	westlich
Hl., hl.	Heilige(r), heilige(r)	röm.	römisch	z. B.	zum Beispiel
		roman.	romanisch	z. T.	zum Teil
Jh.	Jahrhundert	S	Süden, Süd-		
Jtd.	Jahrtausend	s	südlich		

Knaurs
Kulturführer
in Farbe
Griechische Inseln

Knaurs
Kulturführer
in Farbe
Großbritannien und Irland

Knaurs
Kulturführer
in Farbe
London
und Umgebung

Knaurs
Kulturführer
in Farbe
Heiliges Land

Knaurs
Kulturführer
in Farbe
Holland

Knaurs
Kulturführer
in Farbe
Italien

Knaurs
Kulturführer
in Farbe
Florenz und Toskana

Knaurs
Kulturführer
in Farbe
Rom und Latium

Knaurs
Kulturführer
in Farbe
Sizilien

Knaurs
Kulturführer
in Farbe
Südtirol

Knaurs
Kulturführer
in Farbe
Venedig und Venetien

Knaurs
Kulturführer
in Farbe
Japan

Knaurs
Kulturführer
in Farbe
Marokko

Knaurs
Kulturführer
in Farbe
Mexiko

Knaurs
Kulturführer
in Farbe
Norwegen

Knaurs
Kulturführer
in Farbe
Österreich

Knaurs
Kulturführer
in Farbe
Kärnten

Knaurs
Kulturführer
in Farbe
Tirol

Knaurs
Kulturführer
in Farbe
Wachau
Nibelungengau · Waldviertel

Knaurs
Kulturführer
in Farbe
Salzburg
Salzburger Land